JN195985

家族心理学

家族システムの発達と臨床的援助
〔第 2 版〕

中釜洋子・野末武義・布柴靖枝・無藤清子 編

有斐閣ブックス

　本書の初版を刊行して，早いもので 11 年の歳月が経った。10 年一昔と言うが，この 10 年あまりの社会の変化は急速であり，5 年一昔と言っても過言ではないかもしれない。そして，この 10 年の間で，日本の家族をめぐる問題はより複雑化・深刻化している。児童虐待の問題 1 つとっても，児相相談所が扱う相談件数は増加の一途をたどっており，幾度となく深刻な死亡事例がメディアで取り上げられ，社会的な関心も高くなっている。また，DV，不妊，離婚，再婚，ステップファミリーなど，家族をめぐるさまざまな問題も多くなり，それらは誰にとってもより身近な問題になってきた。そして，家族に関わる心理学的な研究や支援も少しずつではあるが，蓄積されつつある。

　こうした社会と家族の変化を踏まえ，今回の改訂では最新の統計データや実証的研究の成果，ならびに臨床実践の成果を参照し，今日の家族をめぐる実情と問題について改めてまとめ直すことにした。また，医療，教育，福祉などさまざまな領域での重要な課題となっている発達障害について詳しく取り上げることとし，新たに第 12 章に「発達障害と家族支援」を加えた。その他，コラムについても新たな執筆者にお願いして，今日的なトピックを取り上げるようにした。

　一方で，旧版と変わらない本書の基本的な姿勢としては，個人・家族・社会を統合的に理解する視点を強調したい。システム論的に言えば，家族は個人の単なる総和ではないが，だからといって個人を無視して家族を論じることはできない。また，家族はそれだけで独立して存在しているわけではなく，学校・職場・地域など多くの社会システムと関わり，さまざまな影響を受けまた影響を与えながら生きている。「家族心理学」は，家族のみならず個人も社会も含めて統合的に理解し援助する心理学でありたいと考えている。

　ところで，2018 年 9 月に心理職としては初の国家資格である公認心理師の第 1 回試験が実施された。そして，多くの大学では公認心理師資格対応カリキュラムが編成されることになり，学部段階では「社会・集団・家族心理学」が必須科目となった。この科目名だけ見ると，あたかも家族心理学が重視されて

いるように見えるが，実際には必ずしもそうではなく，公認心理師として将来さまざまな領域で仕事をしていくために必要な基礎知識の，ほんのごく一部を学ぶことが求められているに過ぎない。

そんな中，本書の第2版作成に取り組むにあたって3人の編者で意見が一致したのは，将来公認心理師や臨床心理士などの心理専門職になることを考えている人にとっても，また自分自身の家族や身近な人の家族を理解しようとしている人にとっても，役立つものにしたいということであった。そして，基本的には旧版の内容を踏襲しながら，私たちが大切だと思っていること，これだけは学部の段階で最低限学んでほしいと思っていること，を大切にして構成しようということであった。とはいえ，家族に関わるすべての問題を取り上げられたわけではなく，まだまだ書きたいこと伝えたいことはたくさんあるというのが正直なところである。

さて，残念ながら，本書の筆頭著者であった中釜洋子さんは2012年9月28日に逝去された。本書の旧版が発行されて4年後のことであった。私たちが中釜さんという家族心理学・家族療法の仲間を失った悲しみは非常に深いが，それと同時に日本の家族心理学・家族療法の普及と発展にとっても大打撃である。本書でも何度か引用されているマクゴールドリック（M. McGoldrick）とカーター（B. Carter）が編集した *The Family Life Cycle* は，アメリカにおける家族心理学・家族療法の代表的なテキストとして有名である。1980年に初版が発行され，それ以降第4版までは約10年に1回のペースで改訂され，最近では2011年の第4版発行から5年後の2016年に第5版が発行されている。生前，中釜さんと本書の内容について，「*The Family Life Cycle* のように10年に1度は改訂して，良いものを作り続けていきたいね」と話し合ったことがある。この第2版を手にとって，中釜さんはどんな気持ちであろうかと思わずにはいられない。

最後に，有斐閣の渡辺晃さん，中村さやかさんに感謝を捧げたい。長期間にわたる細やかなお力添えに，改めて厚くお礼申し上げる。

2019年12月

編者を代表して

野末 武義

　ここ最近の変化として，学校や幼稚園・保育園，病院など，さまざまな場で"親たちが変わった""家族が変わった"と指摘される。児童虐待やドメスティック・バイオレンスをはじめとする家庭内の暴力事件が，止むことなく報道されているという現実もあり，家族は，「解体の危機に瀕している」ととらえられる側面がある。しかし，その傍らで，変わらず積み上げられ続けている営みもある。私達が親密な他者を求める気持ちは相変わらず強く，最愛の人との共同作業を繰り広げる場として，また，幼い者・弱い者を守り育くむ環境として，"家族"に引き続き大きな期待が寄せられている。

　——家族の「今」が大変なことになっている。と同時に，どのようなプロセスをたどって今後の社会にますますマッチした家族関係へと修正され再編されていくか，目が離せない興味深い時期にもあるともいえる——このような理解を出発点に，本書の刊行が企画されることになった。

　家族や家族内の人間関係について，心理学的視点から考え深めたいし学びたいという一般の人々からの声，家族心理学をじっくり学びたいという学生たちの意見は少なくない。それらに応えたいというのが，この本の執筆の何よりのねらいである。各章の執筆を担当した著者たち4名はいずれも，家族心理学の教育に従事する傍ら，家族の内側に備わる力の重視やエンパワメントを特徴とする家族臨床の実践と教育研修にあたっている。家族について，鍵となる理論や概念の紹介に加えて，日頃の実践活動の中で感じた問題意識と学問研究としてのおもしろさもあわせて伝えたいと考え，本書の構成を練った。家族そのものへの理解を深めるために，また，家族心理学の研究や家族臨床に臨むための準備として大いに活用していただきたい。本書の講読を通じて，家族というシステムへの興味関心がますます大きくなったとすれば，著者としてこれほどうれしいことはない。

　ブックガイドも充実させて，わかりやすくも質の高さを兼ね備える家族心理学のテキストづくりを目指したが，本書の特徴として，とりわけ次の3点をあげることができる。

第1の特徴は，家族をシステムとして理解する視点（＝家族システム論の視点）で全編が貫かれていることである。システム論的なものの見方は最初はどうにも身になじまず，理解が容易でないと感じられるかもしれない。が，ひとたび自分のものにすることができると，家族だけでなく，複数の人が相互に影響を与えながら機能する会社組織や学級，学校システムの理解に適用することができる大変便利なものの見方である。第Ⅰ部で2章にわたって，家族システム論をできるだけ簡潔に解説した。

　第2の特徴は，家族発達を第一軸に，家族が抱える臨床的問題とそれへのアプローチを第二軸に据えたことである。第Ⅱ部で，結婚による新しい家族の誕生からメンバーの死を通じた家族の消失まで，臨床的問題を抱えた家族も抱えていない家族も一様にたどるライフサイクル上の変化・発達の丁寧な記述に努めたうえで，第Ⅲ部では家族療法／家族カウンセリングのわかりやすい解説に努めた。家族心理学が，家族発達心理学と家族臨床心理学という2領域からなることがよくわかる構成となっている。テキストとして使用する場合は，順番に参照いただくのでもよく，カリキュラムしだいで，2つの部を別々に使っていただくのもよいだろう。

　第3の特徴は，各章に必ず1つ，合計15のコラムをつけたことである。それぞれの章のより具体的な理解を促すため，本論とは異なる角度から問題を提起したり，関連領域の実践の一部を紹介しようと試みた。4人の著者のほかに，日本の家族心理学の誕生に多年にわたりご尽力くださった平木典子先生をはじめ，5名の方々の手をお借りすることができた。おかげさまで，コラムだけでも一読をお勧めしたい小論がたくさん盛り込まれている。読者の皆さんには，初めて知ることもあり改めて考えさせられることもありで，大いに楽しんでいただけるのではないか。

　最後に，有斐閣の櫻井堂雄さん，中村さやかさんに感謝を捧げたい。長い期間にわたるお力添えに，改めて厚くお礼申し上げます。

　2008年9月

中釜 洋子

執筆者紹介

（五十音順，＊は編者，担当の下線は共著）

大塚 斉（おおつか ひとし）　　　　　　　　　　担当：第6章／Column ⑪
［公認心理師・臨床心理士・家族心理士］
現在，埼玉県立大学保健医療福祉学部教授。
主要著作：『少年非行（これからの対人援助を考える　くらしの中の心理臨床6）』（共編，2019，福村出版），「児童養護施設のプレイセラピー」（2017，『子育て支援と心理臨床』14，25-30），「児童養護施設における子どもと家族の歴史を紡ぐジェノグラム──システミックな援助実践」（2014，『地域と家族の未来像（家族心理学年報 32）』，112-124）

大山 寧寧（おおやま ねね）　　　　　　　　　　担当：Column ⑬
［公認心理師・臨床心理士］
現在，日本赤十字社医療センターメンタルヘルス科心理判定員。
主要著作：「死別からの回復過程におけるレジリエンス──介入研究のシステマティックレビュー」（2019，『総合病院精神医学』31，257-384），「喪失体験からの回復過程における家族レジリエンス要因の検討」（2015，『家族心理学研究』28，120-135），「家族レジリエンス測定尺度の作成および信頼性・妥当性の検討」（共著，2013，『家族心理学研究』27，57-70）

北島 歩美（きたじま あゆみ）　　　　　　　　　担当：Column ⑦，⑫
［公認心理師・臨床心理士・家族心理士］
現在，日本女子大学カウンセリングセンター専任研究員。
主要著作：『家族関係・集団・地域社会（公認心理師実践ガイダンス3）』（分担執筆，2019，木立の文庫），「学生相談で親と会うこと」（2015，『個と家族を支える心理臨床Ⅰ（家族心理学年報 33）』，59-67），『アタッチメントの実践と応用──医療・福祉・教育・司法現場からの報告』（分担執筆，2012，誠信書房）

神前 裕子（こうざき ゆうこ）　　　　　　　　　担当：第15章
［公認心理師・臨床心理士］
現在，聖心女子大学現代教養学部准教授。
主要著作：『学びを人生へつなげる家族心理学』（分担執筆，2017，教育情報出版），『アクティブラーニングで学ぶジェンダー──現代を生きるための12の実践』（分担執筆，2016，ミネルヴァ書房）

田附 あえか（たつき あえか）　　　　　　　　担当：第6章／Column ⑥
[公認心理師・臨床心理士・家族心理士]
現在，大正大学臨床心理学部准教授。博士（心理学）。
主要著作：『子どもを虐待から守る科学——アセスメントとケアのエビデンス』（共著，2020，金剛出版），「児童養護施設における心理職の役割と家族支援——子どもが育つ場での心理的援助」（共著，2018，『福祉分野に生かす個と家族を支える心理臨床（日本家族心理学年報36）』，51-61），「児童養護施設で暮らす子どもと親のきずなをつむぐ9年間の援助過程——子ども虐待が生じた家族とリジリアンス」（共著，2016，『家族療法研究』33，263-268）

中釜 洋子*（なかがま ひろこ）　　　　　担当：第1，6，7，9，13章／Column ③
[臨床心理士・家族心理士]
元，東京大学大学院教育学研究科教授。博士（教育学）。
主要著作：『家族のための心理援助』（2008，金剛出版），『家族の心理——家族への理解を深めるために』（共著，2006，サイエンス社），『いま家族援助が求められるとき——家族への支援・家族との問題解決』（2001，垣内出版）

布柴 靖枝*（ぬのしば やすえ）　　　　　担当：第2，11，14章／Column ①，⑭，⑮
[公認心理師・臨床心理士・家族心理士・社会福祉士]
現在，文教大学人間科学部教授。博士（教育学）。
主要著作：『家族関係・集団・地域社会（公認心理師実践ガイダンス3）』（共編著，2019，木立の文庫），『いのちを巡る臨床——生と死のあわいに生きる臨床の叡智』（分担執筆，2018，創元社），『心理臨床実践におけるスーパーヴィジョン——スーパーヴィジョン学の構築』（共著，2014，日本評論社）

野末 武義*（のずえ たけよし）
　　　　　　　担当：第3，4，5，7，9，10，16章／Column ②，③，④，⑤，⑨，⑩，⑯
[公認心理師・臨床心理士・家族心理士]
現在，明治学院大学心理学部教授。IPI統合的心理療法研究所所長。
主要著作：『マインドフル・カップル——パートナーと親密な関係を築くための実践的ガイド』（監訳，2022，金剛出版），『夫婦・カップルのためのアサーション——自分もパートナーも大切にする自己表現』（2015，金子書房），「心理臨床実践にいかに夫婦・家族面接を取り入れるか」（2015，『個と家族を支える心理臨床実践Ⅰ（家族心理学年報33）』，13-21）

三谷 聖也（みたに せいや）　　　　　　　　　　　　　担当：第12章

［公認心理師・臨床心理士・家族心理士・ブリーフセラピストシニア］

現在，東北福祉大学総合福祉学部教授。博士（教育学）。

主要著作：『家族関係・集団・地域社会（公認心理師実践ガイダンス3）』（分担執筆，2019，木立の文庫），「エンドオブライフ期における家族支援」（2018，『福祉分野に生かす個と家族を支える心理臨床（家族心理学年報 36）』，105-113），「発達障害とライフデザイン支援」（2016，『個と家族を支える心理臨床実践Ⅱ（家族心理学年報 34）』，145-152）

無藤 清子＊（むとう きよこ）　　　　　担当：第1，8，13，15章／Column ⑧

［臨床心理士］

現在，東京女子大学名誉教授。訪問看護ステーションしもきたざわ臨床心理士。

主要著作：「神経変性疾患で在宅療養中の人と家族との協働的実践としてのディグニティセラピー」（共著，2019，『家族療法研究』36，24-30），「在宅医療における支援としてのディグニティセラピー――訪問看護ステーションにおける臨床心理士の実践から」（2019，『保健医療分野に生かす個と家族を支える心理臨床（家族心理学年報 37）』，119-131），「高齢者の家族介護者を支援するサポーターと臨床心理士の協働」（2017，『個と家族を支える心理臨床実践Ⅲ（家族心理学年報 35）』，76-90）

第 **11** 章　**子育てをめぐる問題と援助** ──────────── 177
──次世代を誰がどう育てるかという問い

本書の Web サポートページ（下記）で各種補足資料を紹介しております。
ぜひご覧ください。
http://www.yuhikaku.co.jp/books/detail/9784641184466

家族とは何か

第 **1** 章　家族システム理論

　第1章では，家族を心理学という観点からとらえることについて考える。家族はどんな時代や社会にも存在し，私たちの暮らしに欠かせないものであるが，そもそも家族とは何だろうか。そんな基本的問いに目を向けたうえで，家族心理学のねらいを押さえる。さらに，家族という複雑な事象をとらえる学問的基盤としてしばしば導入される，家族システム理論について解説する。

第 *1* 節　家族とは何かをめぐる理解の変遷

(1)　カウンセリング・ルームでのひとコマから

　家族 とは何かを考えるために，まずは家族カウンセリングにおける，経験から紐解いてみよう。

　カウンセリングを求めて1組の母娘がやってきた。初めにお会いしたのは60代の母親のほうだった。孫息子K男の学校での素行を案じての相談だったので，翌週には，その娘，K男の母親にあたる30代の女性にも来ていただいた。それぞれに別々の相談申込書を手渡したので，家族欄にも別々に記入をお願いすることになった。母親（K男の祖母）は，自分と夫，娘とK男の4人の名前・年齢を迷わずに記入した。翌週，娘のほうは，自分とK男の2人の名を連ねたところで，一瞬，書く手を止めた。「今の家族は私と息子の2人ですが，K男にとっては父親なので，別れた夫の名前もここに書きましょうか」というのが彼女の質問だった。結果，元夫婦とK男の3名が家族欄に記された。

　別の少女はまた，次のようなエピソードを報告してくれた。「修学旅行中に一番困ったのは，家族にお土産を買う時間だった。お母さんがくれたお小遣い

で，おじいちゃん，おばあちゃんの分まで買っていいのかいけないのかわからなくて，結局誰の分も買えなかった」「買おうとするとお母さんの怒った顔が浮かんで，やめようとすると悲しそうなおじいちゃんとおばあちゃんの顔が浮かんだ」。3世代同居の歯車がある時点から軋<ruby>軋<rt>きし</rt></ruby>み出し，全員を巻き込んで，誰が家族かをめぐって長いこと迷い続けた家族だった。

　家族とは何か。この問いの答えは，一見自明なもののように感じられる。誰もが家族についていろいろな経験を積んでおり，家族というものを知っているからというのが理由である。しかし，家族についての理解や期待は揺れ動き，変化しつつあるといわれる。私たちが抱いているのは，常識的理解だったり，自分の経験に根ざしたもの，あるいはむしろそれを払拭したいと，経験とは真逆のイメージからつくりあげた理解だったりする。経験は必ずしも単一でなく，それゆえ，家族とは何か，誰が家族かについて，身近な人々の間にも先にあげたようなずれが存在することは，今日ではあまり珍しくない。

(2)　家族の定義

　家族の定義について，オックスフォード大学から出版された『心理学辞典』（Colman, 2001）で調べてみると，「家族：親，その子（子孫）や，（ある社会では）同じ世帯を共有している親戚（**拡大家族**）からなる，**第一次の社会的集団**。広義には，共通の祖先を持つ子孫や血縁関係にある個体からなる集団のこと」（太字は引用者）とある。多くの場合にあてはまるような，包括的説明がなされている。心理学に先んじて家族の研究を始めた家族社会学の中で，家族の定義をめぐっていくつかの議論が交わされてきた。そちらにも視野を広げ，代表的な定義をいくつか参照してみよう。

　まずは1980年代の定義である。「家族とは，夫婦・親子・きょうだいなど少数の近親者を主要な成員とし，成員相互の深い感情的包絡で結ばれた，第一次的な幸福追求の集団である」（森岡・望月，1983）というものである。たいへんよく似ているが，「夫婦を中心とし，親子，きょうだいなどの近親の血縁者を構成員とする，相互の愛情と信頼の絆で結ばれた小集団である」（長田，1987）というのもある。いずれも，血縁近親者，感情的包絡や愛情と信頼の絆といった表現が印象に残る。現代の読者からは，血縁でなければ家族でないのか，夫

と妻が両方そろわない場合はどうするか，といった疑問が沸いてくるだろう。

　90年代に入ると，従来の定義への批判もあって「**家族同一性（ファミリー・アイデンティティ）**」（上野，1991，1994）という概念がいわれるようになる。上野は，自分を取り巻く人間関係のどこまでを自分の家族と考えるか，定義するところから出発しようと提案した。家族であるかないかの別は，個々人の認識の問題であり，その違いを決定する権限は個々人に備わっているという考えを前提にしている。この主張に基づけば，家族とは何かを外部から限定的に定義すること自体がナンセンスとなるだろう。多様になりつつある個々人の認識と家族の現実を反映しているという意味で，私たちの納得度はぐんと増すに違いない。それと同時に，個人間の理解のずれが当然のものとなり，異なる理解を抱く人々が一つ屋根の下で暮らすという，前述のような複雑な状況が生じることになる。

　難易度の高い定義だが，きわめて現代的なものとして「家族とは，人々の間に流布する **ディスコース（言説）** によって社会的に構築されるもの」という一文をあげておこう。ディスコースは，フランスの哲学者フーコー（M. Foucault）の最も重要な用語の1つである。文あるいは一連の言葉としてまとまった内容をもつ言語表現の意味をさしている。言葉で表される1つの現象に，通常は何種類かのバージョンの一般的理解が存在するが，話されている文脈によってそのうちの何を意味しているかが決まってくる。家族もそんな言葉の1つだということを述べている。例えば，「都会」という言葉は，辞書的には村落でない都市部を意味するが，あるときは，商工業が盛んでいろいろな文化的設備がある場，また別のときには，人がたくさん住んでいる喧噪，誘惑と危険がたくさん待ち受けている場という意味が強調されて用いられる。どんな意味で「都会」という言葉が用いられるかは，語られている文脈によって決まり，通常，その文脈を共有する人々の間に何らかの共通理解が生み出されている。家族もそのような言葉の1つであって，どんな文脈で語られたかによって意味する内容にいくつかの異なる答えがあると考えられる。

　以上まとめると，次のような傾向を読み取ることができるだろう。家族とは何かについて，①保守的理解から現代的な理解までの変遷があること，②変遷の方向は，限定的な定義から，より多様なものを含む定義へと広がり，さらに

は，③家族という客観的事象がはじめからあるわけでなく，人々の理解が家族という概念そのものをつくりあげ，つくり変えていくという理解へと動いてきた。

(3) 社会的構成物としての家族

近代科学を支えてきた客観主義・実証主義に対抗するメタ理論として，**社会構成主義** がしばしば言及されるようになった。私たちが自明なものととらえてきた現実は，実のところ，言葉を介して私たちが意味づけ，共通理解としてきたものに過ぎないという理解を出発点に据えている。社会構成主義に基づけば，唯一絶対の真実は存在せず，これまで客観的事実だととらえられてきたことは，ある人々の眼鏡を通して切り取った「その人にとっての真実」に過ぎない。どちらが正しいかの議論は意味をもたず，それぞれの眼鏡を自覚しながら，互いの意見に耳を傾け合うことが大切となる。家族の定義の変遷も，このような時代精神の影響を受け，「家族もまた社会的構成物の１つである」という理解が身になじんだ現れととらえることができるだろう。自分が抱く家族観を相対視する姿勢は，家族史を紐解いて家族の歴史的移り変わりを後追うこと，多文化間比較を行って文化的多義性に開かれることでいっそう確かなものになるだろう。

柏木惠子は，自著『家族心理学』（柏木，2003）の中で，歴史学・歴史人類学・文化人類学の知見を参照しながら，家族の多義性について論じている。歴史的検討としては，アリエス（P. Ariés）の論考を引き，長らく大人の縮図としての子ども理解しか存在せず，子ども独自の価値の発見は18世紀末を待たなければならなかったこと，現在よりはるかに淡白な家族関係や子どもの死をめぐる体験があったことを紹介している。多文化間比較としては，①男子が宗教的義務として妻子の扶養を担うことが，家族づくりの核となるイスラム社会，②夫婦と子どものほかに，姉妹や親など広範な親類縁者が集まって大家族を形成する西サモアの社会，③誰が家族で同居者は誰かをほとんど意に留めない，狩猟民族であるヘアー・インディアン社会という３種類の家族形態を紹介している。いずれも，日本では当然とされる常識が他の文化では通用せず，絶対的な家族の基準など，ないのかもしれないと改めて気づかせてくれる。真空空間

に家族が存在するのでなく，社会のあり方が相互連関的に家族の形態や機能を規定するのであって，現在進行形で進んでいる社会変動に対して，今も **家族の最適化** が起こっているというのが柏木（柏木，2000，2003；柏木ら，2009）の主張である。

第 *2* 節　家族心理学の誕生と家族システム理論

(1)　**家族心理学の誕生**

　社会学，歴史学，法学など，家族の切り口はいろいろあるが，特に心理学によって家族を理解することの意味を考えてみよう。心理学に焦点を絞ると，家族についての心理学的研究の歴史は浅く，比較的最近になって始まったということが見えてくる。それも初期には，個人の環境としての家族内人間関係，子どもが育つ場としての家庭についての研究がほとんどだった。1950年代に入ってようやく，家族をひとまとまりのものととらえ，それに対する研究がアメリカで本格的に開始した（平木ら，2019）。

　家族心理学は，発達心理学と臨床心理学という2つの心理学を母体に誕生した（中釜，2006）。発達心理学は，子どもの発達研究から出発し，それを支える者である母親のあり方の研究へと広がり，やがて両者の **関係性研究** へ，母親のみならず父親に対する視点ももとう，親自身の発達や家族全体の研究にも目を向けようという方向へと進んだ。かたや臨床心理学では，クライエントの家族に対する心理援助的働きかけや集団療法の蓄積を生みの親とし，**システム理論** の導入がきっかけとなって **システム論的家族療法** が誕生し，その成熟を大きな推進力として，個人と家族などとの関係性とそれを取り巻く文脈（コンテキスト）を視野に入れた援助実践の必要性が説かれるに至った。基礎研究（実証研究）と実践研究の両方の領域を含む学問であり，①関係や相互作用に注目する，②文脈主義（コンテキストに注意を払う）を前提とする，③文化や **パワー** の影響，**ジェンダー** の問題などに対する意識（自分の状態にしっかり気づいていこうという意味で，しばしば **アウェアネス** 〔気づき〕と呼ばれる）を高くもとうと心がける研究領域にまとめられる。

　亀口（2000）は，家族療法と心理学の最近領域である家族心理学の融合から

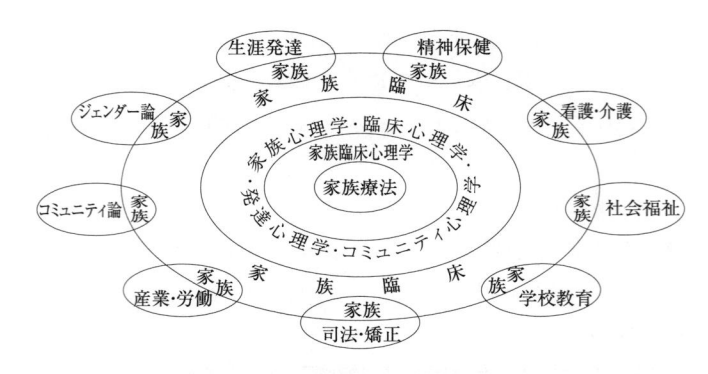

図1-1　家族臨床心理学の関連領域

（出所）　亀口，2000。

生まれた臨床心理学における新しい学問領域として，家族臨床心理学を紹介した。「複雑系」としての家族システムを研究対象とする心理学であって，家族療法を中核に据えて，狭義の心理学の枠組みにとどまらず，医療や福祉あるいは教育，労務管理など幅広い現実世界での実践領域と多くの接点をもつと説明している。生涯発達，精神保健，看護・介護，社会福祉，学校教育，司法・矯正，産業・労働，コミュニティ論，ジェンダー論の各領域と家族の関連について述べ，家族心理学・家族臨床心理学の広がりを示した（図1-1）。関係の中で初めて人は人として育つことができる。そんな営みを担う場について，日々繰り広げられる関係の複雑な様態と個人の精神健康・発達変化の相互影響関係という観点から，家族の平均像から臨床群までを視野に入れて解明していくことが，家族心理学の特徴である。

⑵　システムとしての家族

　ここからしばらくスペースを割いて，**家族システム理論** の基本概念をいくつか説明しよう。家族をシステムとしてとらえる視点は，1950年代，家族間コミュニケーションの研究をしていた文化人類学者の **ベイトソン**（G. Bateson）らによって取り入れられ，いち早く家族療法に影響を与え，家族療法を越えて心理援助や臨床心理学全体に発想転換を迫る役割を担った。

❍ 家族はシステムである

　システムとは，あるまとまりをもった全体のことをいう。意味のない要素の集まりはシステムとはいわない。何らかの意味があれば，それら要素の集まりをシステムと見なすことができる。きわめて簡単なこれだけの定義なので，ぜんまい仕掛けの単純なおもちゃから国家・宇宙といった複雑で広大なものまで，無生物・生物・精神過程・社会過程の無数をシステムととらえることができる。ベルタランフィ（Bertalanffy, 1968）は，それまでの学問が目指した分析的で要素還元主義的，原因究明的な方法とは異なる仕方で自然界の対象を統一的に理解しようと考え，『**一般システム理論**』を著した。この理論によれば，システムは，**無生物体システム** と **生物体システム** の2種類に分類される。家族もまたシステムであり，人や学級や学校，会社，コミュニティなどと同様，ある時点で誕生し発達して死に至る性質を備えた，生きたシステム（生物体システム）と見なすことができる。ミラー（Miller, 1978）は，生物体システムについて「一般生物体システム理論」を論じたが，これを参考にして，家族をシステムととらえる家族システム理論が生まれた。

❍ 生物体システムの特徴

　無生物体システムが閉じたシステム（**閉鎖システム**）であるのに対して，生物体システムは，周囲の環境との間でエネルギーや情報などのやりとりを行う開かれたシステム（**開放システム**）である。家族も開かれたシステムの1つで，周囲の環境から情報を得たり，物を取り入れたり排出したりしている（図1-2）。開放システムである家族システムを，周囲の環境から切り離してそれだけを分割して理解しようとすると，通常とは明らかに異なる状態が生まれてしまう。つまり，家族の現実をとらえるには，できるだけ周囲の環境ごと，家族がおかれる文脈全体を視野に入れなければならない。

❍ システムの階層性

　生物体システムは，何らかの特徴に注目することで，それを構成するさらに小さな単位に分けることができる。分けられた小さな単位を，もとのシステムの部分にあたるという意味で，**サブシステム**（**下位システム**）と呼ぶ。このサブシステムもシステムであるから，さらに小さな，サブシステムのサブシステムに分けることができる。こうして分けられた何次元かのシステムが階層式に連

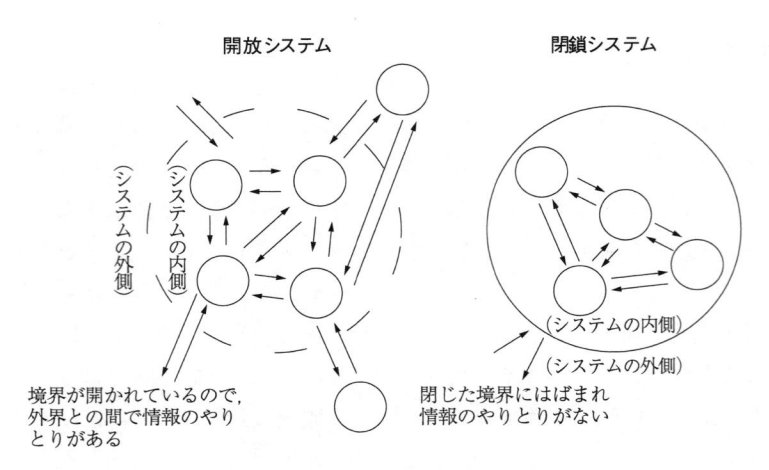

図 1-2　開放システムと閉鎖システム

（出所）　中釜，2001a。

なっている様子を，**システムの階層性** という （図 1-3）。

　家族システムを中心にすると，個人システムは家族のサブシステムであり，複数組の家族が集まってつくられる近隣コミュニティは，家族システムの**スープラシステム（上位システム）** となる。

　サブシステムは，システムの一部分として上位システムに対しては従属的に振る舞うが，自分よりさらに下位のシステムを包含し，それが機能する環境を与える。

○ 円環的因果律

　原因 A から結果 B が導かれ，別の原因 a からは異なる結果 b が生じるといった一方向性の原因 – 結果のつながりを，**直線的因果律** という。それに対して，ある出来事が多方向に影響を与えたり，出来事同士が相互に影響し合って，どちらも原因でもあれば結果にもなるといった込み入った因果関係の流れを **円環的因果律**（または **循環的因果律**）と呼ぶ（図 1-4）。外界との間にさまざまな出入りがある開かれたシステムでは，物事の生起は円環的・循環的にとらえられるのがせいぜいで，直線的な因果関係でとらえることができない。

　とりわけ対人関係上の出来事は，すべて相互影響関係の中で起こっている。親子のぶつかり合いを例に取ると，当事者の 1 人である子どもは，内心で「親

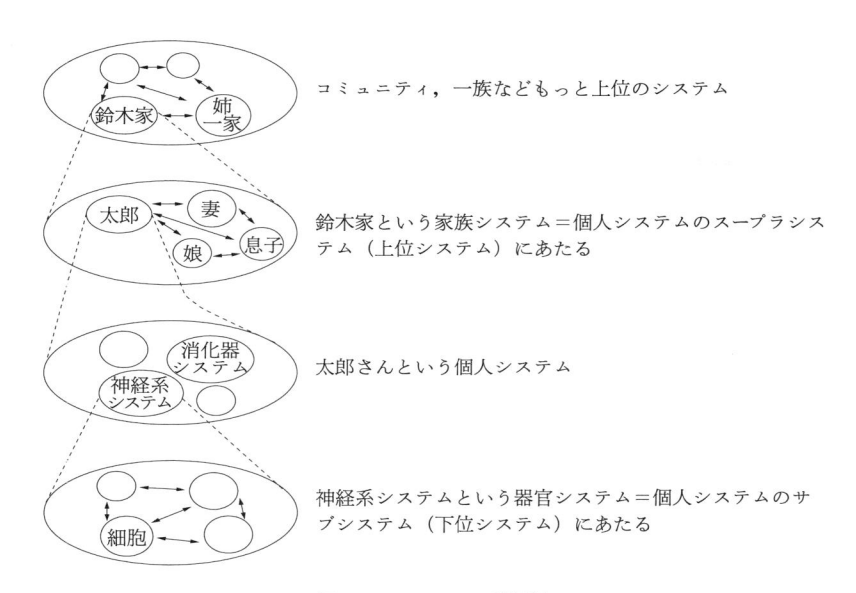

図1-3　システムの階層性

（出所）　中釜，2001a；平木ら，2019。

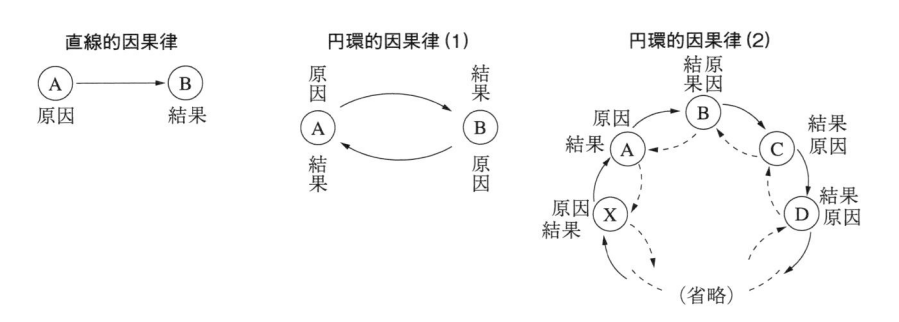

図1-4　直線的因果律と円環的因果律の違い

（出所）　中釜，2003a。

が余計なひと言を言ったのが悪い」と思っていて，親のほうでは，「子どもの態度がけんかの火種だ」と考えるといった状況がよくある。どちらも直線的因果律を持ち込んで現状を歪めて理解している。物事の生起を詳細に後追ってみると，ある時，親の何気ない言葉にカチンときた子どもが親を挑発するような

態度を取り，それを見咎めた親がさらにきつい言い方で相手を批判したが，それとほぼ同時に子どもは親を睨みつけていた。それが視野に入った親の批判のトーンがいっそう高まってしまったなど，いくつもの反応の連鎖が見えてくる。円環的因果律でしかとらえることができない複雑な事態が起こっている。

○ 形態維持と形態発生

　生物体システムには，システム内外に生じる絶え間ない変化にもかかわらず，安定状態を維持しようとする傾向が備わっている。変化が生じると，すぐに変化を抑える方向で作用するネガティブ・フィードバックが働いて変化が抑制され，システムが一定状態に保たれる。そんな動きがしばらくの期間は繰り返されるが，ある地点に達すると，変化を増幅する作用のポジティブ・フィードバックが生じて変化はぐいぐいと大きくなり，ついには，これまでと異なる次元の大がかりな質的変化が生じる。前者の，不変化を貫いてシステムの同一性を維持する傾向を **形態維持的変化**（もしくは **第一次変化**）と呼び，後者の，システムが大がかりに変化して次のステージへの発達・移行を引き起こす傾向を **形態発生的変化**（もしくは **第二次変化**）と呼ぶ。これら 2 つの力を使い分けて，あるときは変化を最小に抑え，また別のときにはシステムが必要とする再編・再体制化を図ることで，家族は，より高次なシステムへと発達変化（**家族発達**）を達成していく。

　家族発達には，結婚によって家族が誕生してからメンバー全員が亡くなるまでその家族一代の変化をとらえる視点もあれば，何世代も連なった多世代的発達をとらえる視点もある。結婚後生活をともにしている家族を **核家族** と呼ぶのに対し，生まれ育った家族を，自分の起源・根源とも考えて，**源家族**（family of origin）と呼ぶことが一般的であり，源家族からの独立という節目をいかに乗り越えるかは，核家族のあり方に何らかの影響を及ぼす。

(3)　システム理論の発展・進化

　システム論的認識論 の導入により，まとまりをまとまりのまま，要素に分割せずとらえる試みが始まって，心理援助と臨床心理学が，社会や文化といったより上位のシステムを理解する目を遅ればせながら発展させるようになった。それは，臨床心理学が心の中の出来事だけに目を向ける閉じた学問であること

をやめ，それまでは対立し合うととらえられがちだった，流派の異なる心理療法理論を統合的につなぐこと，発達心理学や社会学など他領域との接点を見出す動きにもつながった。システム論的認識論の取り入れは，いくつもの意味で画期的な出来事だった。

その反面で，家族システム理論には，当初からある種の批判が存在した。システム理論と取り組んだ当時の研究者の一部が，理論の複雑性にとらわれたあまり，個人の内的プロセスをあえて見ないと言い切ったことも批判の焦点となった。システム理論はいささかメカニックなとらえ方なのではないか，家族のサブシステムである個人には，サブシステムという以上に生身の人として，つまり，意味を生み出す主体として，独自の動きをつくりだす力が備わっているという主張がまずは批判の１つだった。家族にキスすることはできるが，「システムにキスすることはできない」(Duhl, 1983) という言葉で，類似の批判を述べた研究者もいる。

もう１つの批判は，**フェミニスト**たちから寄せられた。家族システム理論の中で，家族メンバーは，家族システムを構成する一要素としてほとんど等価に扱われる傾向があった。つまり，１組の男女に暴力を交えたコミュニケーションの**悪循環**がある場合，両者は同程度に悪循環に寄与していると当初はとらえられがちだった。しかし，家族生活の実際に目を向ければ，そんな見方はあまりに大雑把で，女性側に家庭生活を維持する負担が多くかかっている事実や男女間・子ども－大人間の立場やパワーの違いを無視し，被害と加害の軸を否認した間違ったとらえ方だというのが，フェミニストたちの主張だった。こうして関係の対等性にさらに注意を喚起する流れが生じ，**多文化主義**からの文化の違いを十分鑑みようという意見，家族づくりの担い手自身の意向をいっそう尊重しようという**消費者中心主義**の動向も加わって，家族療法内部から見直しの機運が生まれた。システム理論のとらえ直し作業の中から生まれたのが「**第二次家族療法**」である。そこにおいては，家族理解と援助実践にあたって，①円環的思考にますます立脚し，因果律や善悪の問題でなく，お互いがうまく噛み合っているか，それとも組み合わせが悪く衝突や摩擦が生じやすいかなどといった「**適合性**（fit）」(Dell, 1985) という概念に基づいた思考法を採用する，②肯定的側面や偶然性を重視し，③関係のパワー構造へのアウェアネスを高め

るなどが目指される（亀口，2000）。

第 *3* 節　変わりゆく社会・多様な家族

(1)　晩婚化・非婚化・少子化・核家族化・単独世帯の増加

　本節では，日本の家族状況，社会変動に目を向ける。

　最近の人口動態統計や国民生活基礎調査の結果をふまえて（厚生労働省政策統括官，2018b），**晩婚化・非婚化・少子化** がしばしば指摘される。これらは，「家族が危機に瀕している」という主張を裏付けるものとして，引き合いに出される数値でもある。柏木の「最適化」やデルの現代社会・文化との「適合性」という考えをもち出せば，必ずしも否定的変化でなく，何らかの意味があって進行中の移行と見ることができる。家族構造の変化についての詳細な検討は，第Ⅱ部以降に譲るが，ここではその概要を押さえておこう。

　まず婚姻については，1950 年代後半以降，平均初婚年齢が男女ともに緩やかに上がり，あわせて晩産化の傾向が認められる。生涯未婚率の統計は，2010 年頃まで上昇が著しく，その後おおむね横ばいの傾向である。2015 年時点では 35～39 歳では，男性はおよそ 3 人に 1 人（35.0%），女性はおよそ 4 人に 1 人（23.9%）が結婚していない。自分自身が望んだ非婚では必ずしもなく，結婚できなかった結果の非婚と見なすこともできるかもしれない。また，長期にわたって低位を保ってきた日本の離婚率は，上昇を続け 2002 年には 1899 年以降最多となったが，2003 年以降は減少傾向が続いている。増加期には，婚姻期間の長い **熟年夫婦の離婚** の増加が注目を集めたが，その後横ばい傾向である。未成年の子がいる離婚も多く，2016 年には離婚全体の 58.1% であった。ちなみに，再婚率は増加の傾向である。なお，**少子化傾向** は，子どもの出生数および出生率の低下の問題がマスコミによって取り上げられ，お茶の間を賑わす話題にまでなった。1967 年に 2.23 だった合計特殊出生率は漸減して，1989 年に 1.57 になったことをきっかけに政府が少子化対策への取り組みを始めた。その後は，2005 年の 1.26 の後は漸増・横ばい傾向で，2017 年には合計特殊出生率は 1.43 であった（ちなみに出生数は過去最少）。世帯人員別に見た世帯数の構成割合の年次推移を見ると（厚生労働省政策統括官，2018a），2 人世帯と 1 人世帯

が年々増加しており，3人世帯は横ばい傾向，4人以上の世帯は減少している。2016年では，単独世帯26.9％であり，核家族世帯は60.5％（夫婦と未婚の子の世帯29.5％，夫婦のみの世帯23.7％，ひとり親と未婚の子のみの世帯7.3％の合計）となっていて，相変わらず核家族が多い状況である。また，親との同居増の中で，親の収入で生活している壮年未婚者も増えている（2016年の35〜44歳で217万人）。高齢化も見られる（第8章参照）。

　したがって，このような動向をふまえて，家族ライフサイクルについても考えていく必要がある。

(2)　家族を取り巻く社会文化的文脈の変化

　現代のような社会の変動期にあっては，家族を取り巻く社会文化的文脈の変化，そして，その影響を受けて進む家族の質的変化について，しっかりととらえていかなければならない。代表的変化として，以下の6項目をあげる。

○ 家族の縮小化

　少子化傾向や，2人世帯・単独世帯の増加の影響を受けて，家族サイズの縮小が進み，家族内人間関係がますます多様性を失いつつある。祖父母やおじ・おば，多くのきょうだいといったさまざまな年齢層の家族メンバーに囲まれて子どもが育つことはごくまれとなり，多くは，ごく限られた人間関係の中で，または1人で日々の生活を展開している。少ない家族メンバーにすべてのケア役割が集中する問題，関係が行き詰まっても緩衝役を務めてくれる人が見つからず，葛藤が解決しづらいなどの問題なども生じやすい。

○ 家族機能の弱体化

　産業化が進んだ現代社会では，家族でなければ果たせない機能がどんどん目減りする傾向にある。家族は，生産体として，生存に不可欠な共同体としての意味を失い，娯楽や衣食住の提供も，子どもの教育すらもかなりの程度が外注化されるようになった。現代の家族は，ケアの授受や温かい人間関係のみに存在意義を依存する，脆弱な集団となりつつある。

○ 個人の生き方の変化

　平均寿命の伸長やライフコースの選択肢の広がりは，個人発達の様相を，変化に富んだ複雑なものへと変化させた。もはや，成熟した迷いのない大人とケ

アを必要とする子どもからなるという単純な家族観は当てはまらず，大人も子どもも，生涯発達の過程で何度もアイデンティティを選び直す複数の人として，互いに調整しながら相互ケアを提供し合う家族観への移行が求められている（中釜，2006）。

❍ 地縁・血縁関係の希薄化

人々の流動が激しい社会は，プライバシーと自己選択権が尊重される自由な社会だが，反面では，隣人の顔も知らないコミュニティを各地に生み出す。地域コミュニティにおける相互扶助の欠落は，必然的に安全な社会の崩壊を招く。

しかしながら，家族という範囲を超えた「地域コミュニティ」も注目されるようになってきている。行政による地域包括ケアなどへの動き，また，例えばNPOなどによって，家族や社会が抱える課題を地域で解決しようと志向する動向も見られるようになってきている。広井（2018）はケアへの注目から地域コミュニティへと目が向くようになったと述べ，「地域密着人口」（子どもと高齢者）が2000年前後を谷にしてU字カーブを描いて増加しており，ライフサイクル上，地域コミュニティへの関心が強まっていく傾向を指摘している。

❍ 家族の多様性の認識へ

家族の多様性について考えるとき，セクシュアリティは重要な点である。性的指向（sexual orientation）と性自認（gender identity）の両面から考えられている。前者は，LGBTQs（レズビアン，ゲイ，バイセクシュアル，トランスジェンダー，クエスチョニングなど）などと表記されている。なお，ソジ（SOGI：sexual orientation and gender identity；性的指向・性自認）をめぐっては，2016年の国連人権理事会において，性的指向と性自認を理由とする暴力と差別からの保護が決議され，厚生労働省のモデル就業規則でも言及されている。セクシュアリティはすべての人に関わる問題であり，教育や医療の現場でも，理解の必要性が指摘されてきている。セクシャリティの多様性についての認識が広まるにつれて，セクシャルマイノリティの人が家族を形成することをめぐって，同性カップルを結婚に相当する関係と認めての同性パートナーシップ条例を策定する動向などが，緒に就いたところである。

❍ コミュニケーションの変質

携帯電話やインターネットおよびSNS（ソーシャル・ネットワーキング・サー

ビス）の急激な普及によって到来した IT 社会は，私たちのコミュニケーショ
ン能力や対人関係のもち方に確実に大きな影響を与えている。世界規模の莫大
な量の情報が，映像つきかつリアルタイムで，家族の文脈を無視し個々人の咀
嚼 能力を考慮しない形でなだれ込んでくる。こんな時代にあって，最も親密
で影響力の強い関係であり続けることができるか否か，個々の家族に問われて
いる。

　一方では **家族危機説** や存在無用説が述べられ，反面では子どもの発達をめ
ぐる昨今の事情から，ますます **家族重要説** が強調されるという矛盾を抱えて
いるのが現代日本の家族である。家族の多様化に伴い，固定観念やバイアスの
強化に加担することなく，相互尊重的で情緒的ケアの要請に応えることのでき
る関係づくりを推進するための，実証的・実践的研究を展開することが家族心
理学に求められている。

【中釜洋子・無藤清子】

筆者は，1990年代前半にアメリカ・ボストンで家族療法のトレーニングを受ける機会を得た。毎週の宿題として，各学派の理論とともに必ずフェミニストの視点からのクリティーク（批判）論文もあわせて読むようにいわれた。このようにマイノリティや多文化の視点を理解し，取り入れているのは，さすが多民族国家のアメリカであると感心したのを覚えている。ちなみに筆者とペアを組んでいたセラピストは，レズビアンで，彼女には一緒に暮らす女性のパートナーがいた。彼女達は，子どもをもつことを決心し，ゲイの友人から精子の提供を受けて人工受精で子どもをつくることにした。3人でとことん話し合って決めたという。そして，人工受精で無事女児を出産した。彼女が「この娘の親は3人なのよ」と誇らしげに話してくれたとき，「親が3人 !?」と，耳を疑った。てっきり，聞き間違えたと思ったからである。「親は2人」と思い込んでいた筆者の固定観念に気づいた瞬間であった。それから30年たった今，日進月歩の生殖医療は，今や，精子提供，卵子提供，代理母まで含めると1人の子どもの命の誕生に5人の親が関与する時代に入った。

IT化・グローバル化に伴い多様な価値観が，日本にも例外なく押し寄せてきている。ひとり親家族，再婚家族や再々婚家族の増加，非婚化による単独世帯の増加，LGBTQsのカップル，さらに最近では，里親家族や，精子・卵子提供による生殖医療によって生まれた子どもなど血縁でない親子も増えてきている。加えて2018年の国民生活調査（厚生労働省，2017c）によると単独世帯は実に全世帯の26.9%を占めている。また，高齢者世帯は，26.6%に達し超高齢社会を迎えている。一方で，「サザエさん」のような3世代家族は5.9%まで落ち込んでおり，今やマイノリティになりつつある。こういう時代にあって，一定の家族モデルやライフサイクルを一律に適応していくことには無理が生じてきている。今後，ますます進むであろう多様な家族のあり方を尊重し，人種・民族・宗教の違いなど多文化的な視点を取り入れた多様な家族ライフサイクル・モデルが求められてくるであろう。多様化は，時に混乱をもたらすこともあるが，ポジティブに見れば，さまざまな家族のあり方が認められるようになったと理解することも可能である。と同時に，多様な社会を生きていくためには，個人と家族のアイデンティティの確固たる確立が必須の社会になったということを示しているともいえよう。

【布柴靖枝】

第 2 章　家族を理解するための鍵概念

家族をどう見立てるか

発達心理学や臨床心理学を母体として誕生し，家族システム理論を取り入れて発展してきた家族心理学は，今日では，ジェンダーや多文化という視点をも包含し，家族理解と援助を基軸にさまざまな分野で広がりを見せている。本章では，これらの発展に寄与してきた家族システム理論を中心に，家族を理解するうえでの重要な鍵概念を解説する。

第 1 節　家族を理解するうえで欠かせない 3 つの属性

家族療法家たちは，システムというものの見方に則って家族を理解する。家族の中で問題行動や症状を抱える人のことも，「クライエント」でなく，**IP**（identified patient；アイ・ピー；患者とみなされた者）と呼んでいる。そして IP の問題行動や心理的症状を，その人個人に帰するのではなく，家族システムの構造上の問題であったり，発達の過程で必然的に生じる変化や移行への反応，家族内のコミュニケーションの悪循環といった家族の中で展開する機能的変調であると説明する。平木らも，個人の心理的な悩みの約 80〜90％は，対人関係から生じており，個人の器質的障害によるものは 20％以下であることからも，個人のみならず，家族システムやラージャー（拡大）システムへの援助は不可欠であると指摘している（平木ら，2019）。

家族を 1 つのシステムとしてとらえるとき，家族システムを家族の「構造」，家族の「機能」，家族の「発達」という 3 つの属性から説明することが可能になる。ただし，これらの 3 属性は，明確に線引きされるものではなく，相互に密接に関連し合っており，家族を理解していくうえで重要な概念である。まず，家族の「構造」とは，家族システムの家族員の数や父親，母親，きょうだいな

ど家族の構成員をさす。一方,「機能」とは,秩序立った家族のコミュニケーションや役割パターンをさす。家族員がお互いに影響し合い,繰り返されるコミュニケーションのパターンや秩序立ったある規則性をもって繰り返される家族独特の役割パターンであると定義できる（コミュニケーションのパターンは第13章に詳述）。これらの「構造」と「機能」は,それぞれに密接に関連しており,家族の「構造」が家族の「機能」を規定していることも少なくないし,その逆も然りである。例えば,父親と母親（専業主婦）と子どもという「構造」をもつ家族の場合,父親は就労を通して生計を立てていく「機能」が付与され,母親には家事や育児の「機能」が,そして,学童期の子どもであれば学校に通学することが「機能」として付与されることになるかもしれない。一方で,子どものいる夫婦共働き家族で祖父母と同居している「構造」をもつ家族では,夫婦ともに生計と家事育児とを分担する「機能」をもつかもしれないし,祖父母が孫の世話をする「機能」を果たすこともありうるであろう。ほかにも,ひとり親家族の「構造」をもつ場合であれば,1人の親が家族を維持するための生計・家事・育児などの多重「機能」を担うことも考えられるであろう。

　そして,それぞれの家族は,やがて時間の流れとともに「構造」も「機能」も変化させていくことになる。つまり,子どもたちが成長し独立して,新たな家庭を築くと,家族の「構造」は自ずと変化することになるし,孫の誕生により,父母という「機能」だけではなく,祖父母という新たな「機能」が加わることになる。このように家族は,結婚・子ども誕生・子どもの自立・家族員の死などの家族の「発達」に伴い,次々と「構造」も「機能」も変化させながら家族独自の適応した型をもって変化していくものとされている。このように家族の「構造」「機能」「発達」は,相互に密接に関連し合いながら存在していると理解することができる。

　これら3つの属性のうち,本章では家族の「構造」と「発達」を理解するための諸概念をいくつか取り上げる。家族の「機能」については,コミュニケーションの問題を取り扱う第13章で,改めて解説しよう。

第 *2* 節　家族の構造・発達を理解するために

(1)　家族の構造的特徴をとらえるための鍵概念

　家族の構造を理解するための鍵概念として，家族のサブシステム，境界（boundary），階層・パワー，連合の 4 つを取り上げて解説する。

○ 家族のサブシステム

　家族を 1 つのシステムとしてとらえると，家族システムは，いくつかの **サブシステム**（下位システム）によって構成されている。例えば家族システムを構成するサブシステムには，祖父母サブシステム，両親サブシステム，きょうだいサブシステムなどがある。これらのサブシステムは，家庭生活の中で，さまざまなサブシステムを形成することになる。例えば，見たいテレビの好みによって，時には男性同士・女性同士がサブシステムを形成したり，親世代と子ども世代というように世代別にサブシステムが形成されたり，家の行事になると，祖母と母が采配をふるったりなど，その時々に応じてその家族独自のサブシステムが形成されることになる。

　ミラー（Miller, 1978）は，サブシステムは情報とエネルギー交換によって形成されると説明している。また，家族内の重要な決定事項を最終的に誰が決めるかという「機能」によってもサブシステムは形成される。決定事項に関するサブシステムは，「**決定サブシステム**」といわれている。決定サブシステムとは，誰が決定権をもっているかということである。例えば，子どもの進学問題に対して，両親の意見よりも祖父母の意見のほうが優先されるときに，この家族の決定サブシステムは祖父母が握っていることになる。 3 世代同居の家族の場合で，祖父母が決定サブシステムとして強力なパワーを持ち続けるとき，両親サブシステムが子どもに対してうまく機能せず，子どもが問題を抱えることがある。また，両親が不仲で，親としての機能を十分果たせないとき，あるいは，親の離婚・片親の死亡などによるひとり親家族の場合，子どもが親役割を担うことがある。これは，家族システムを維持するために，子どもがやむなく親の**執行サブシステム** の階層に入り，親的な役割を担う家族構造が形成されるためである（図 2-1）。その子どものことを **親的な子ども**（parental child：PC）とい

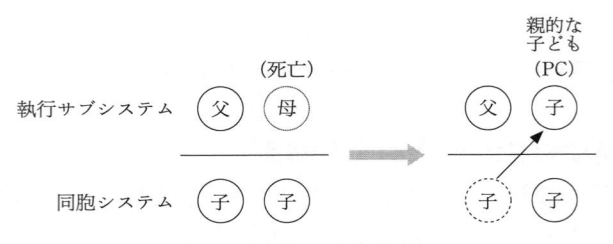

図 2-1　親の執行サブシステム階層に入る「親的な子ども（PC）」

う。PC は，子どもでありながら子どもであることが許されないポジションになる。常に背伸びしたポジションにいるため，心理的に息切れしやすくなることもある。不登校の子どもの中には，実は，PC がかなり多くいると筆者は実感している。また，PC はきょうだいの親代わりにもなるために，時には他のきょうだいをしつけるつもりが虐待のようになってしまうことも散見する。家族療法家のミニューチン（Minuchin, 1974）は，PC を本来あるべき子どものポジションに戻すことによって，子どもの問題を解消するための援助を面接で試みている。

○ **境　　界**

境界（boundary）とは，システムやサブシステムを区切るための抽象的概念をさす。それは家族成員がどのように相互作用するかによって規定される。例えば家族の重要な決定に誰がどのようにふるまい，参加していくかによって規定され，その多くは隠れたルールとして設定されていることが多い。ミニューチン（Minuchin, 1974）は，境界を「**明瞭な境界**」「**あいまいな境界**」「**固い境界**」に分類している。

「明瞭な境界」とは，システムの情報がほどよくオープンで，ほどよくクローズされ守られている状態のことをさし，健康的な境界をいう。例えば，家計のことは両親がその情報を共有し，その支出の決定権をもち，子どもには知らされないが，どこに家族全員で遊びに行くかは親子で話し合って決める場合などである。どこまで両親サブシステムが情報を共有し決定し，どこから子どもとの間でも情報を共有していくかの線引きが明確にある場合である。このように世代間の境界が明瞭な家族は，ほどよく情報が共有された中でそれぞれの自律性が保たれている。一方，「あいまいな境界」の場合，問題解決にあたり

誰がどのような役割機能を取るかが不明確で，お互いがお互いを巻き込み，混乱状態になりやすい。例えば，子どもがアルコール依存症の親の借金の金額を知って一緒に心配したりするケースである。つまり，親が責任を負うべきところまで，子どもが巻き込まれていることになる。このように境界があいまいな家族を **纏綿家族**（enmeshed family）という。このような家族の中で子どもが育つと情緒発達や自主性，自律性が妨げられ，1人ひとりの自我の確立を見ず，お互いが精神的に依存し合う共依存関係に陥り，神経症レベルの病理をもつ家族員が生まれやすいといわれている。逆に「固い境界」をもつと，家族がばらばらで，情報が共有されることがなく，相互支持がない状態となる。このような家族を **遊離家族**（disengaged family）といい，所属感の安定性を家族外におく傾向が強くなることから非行などの反社会的行動が多く見られやすいといわれている（遊佐，1984）。

　臨床場面では，境界は，席順をどのようにするかでも無意識に表現されることが多い。日本は一般的に境界があいまいで纏綿家族が多いとされている。それは家の構造にも見ることができる。伝統的な日本家屋は，障子やふすまで部屋が区切られ，隣の声が聞こえてくる部屋の構造である。また，欧米では，幼い頃から壁で区切られた1人部屋があてがわれるのに対し，日本では，幼少時は親子が同じ部屋で川の字で就寝することも不自然ではない。これらの家の構造も人間関係の境界のもち方の文化差として，象徴的に表れているといえよう。

○ 階層・パワー

　動物は，力関係による序列をつける習性がある。人間社会や家族でも例外でなく，システムの **階層** において地位が明確化されないと，権力争いが生じることがある。家族の成員が問題を起こしているときには，家族システムの階層が混乱していることが多いとヘイリー（Haley, 1976）は指摘している。例えば，両親よりも子どもの階層が上にある場合，子どもが親よりも **パワー** をもつため，親は子どもを適切にコントロールすることができずに振り回されてしまうことになる。例えば子どもが親に暴力をふるっている家庭内暴力の事例などがそれにあたる。親は，子どもの暴力が怖くて腫れ物に触るように接してしまうため，ますます子どもが親に対し，暴力的に振る舞ってしまうことがある。そういった場合，親をエンパワーし，親と子どもの階層逆転を元に戻すことで，

問題解決を図ることになる。つまり，親が暴力に対しては，毅然とした態度で許さないという姿勢を示すことができるように援助するのである。

日本では，座る場所・順番そのものが，その家族の階層構造を象徴的に表してきた歴史がある。たとえ弱々しい父親であっても，上座に座ることによってそのパワーと威厳が保たれてきたという事実がある。風呂に入る順番も伝統的にはある種の階層やその家族のルールを表したものといえる。席の場所や順番によっても，家庭内での階層や決定権，つまりパワーが象徴的に表されてきた。また，寺院などでは最も高貴な人が居する部屋は，一段高くし，その天井を格天井にすることで，その部屋に入る人のパワーの強さを表してきた。これらの伝統的な一定のルールが良くも悪くもなくなってきており，現代の日本は，階層を巡る問題を抱えている家族が増えてきているともいえよう。

○ 連　　合

連合（coalition）とはシステムの中で，三者関係の中で2人が，残りの1人に対抗してできる共同戦線のことをさす。

例えば，家族の中で起こりやすい連合に，夫に不満をもつ妻が，息子と連合を組み，夫に対抗する構造を呈することがある。息子は，母親から父親の悪口や愚痴を聞かされて育つため，息子自身が母親の味方になり，父親に対抗心をもつようになる。このように世代間境界を侵食して起こる連合は，家族システムに問題を生じさせることが多い。母親と連合した息子は，堅固な**世代間連合**（cross generation coalition）を形成する。いわばそこに強固な母子カプセルが形成され，母 – 息子間の共依存関係になりやすくなるといわれている。なお，健康な安定した家族とは，両親連合が執行サブシステムをなし，子どもたちの同胞サブシステムとの間に明瞭な境界がある家族であるといわれている。このように両親連合は，健康な家族の基本となるといわれている。

また，本来は，夫婦間にある葛藤を，子どもが問題を抱えることで見せかけの連合が形成されることがある。それを **迂回連合**（detouring coalition）という。迂回連合が生じている場合，子どもが何らかの問題や症状を呈している間は，表面的に夫婦関係はうまく維持されるが，子どもの問題が解決に向かうと，本来隠されていた夫婦の葛藤が表面化するため，夫婦の問題を表面化させないために子どもが問題や症状を抱え続けることがある。つまり家族システムを維持

するために IP の症状が出現しているという見方である。

(2) 家族の発達的側面を理解するための鍵概念

家族の発達的側面を理解するための鍵概念としては、「家族のライフサイク
ル」「家族と個人に降りかかるストレス」「家族の形態維持的変化と形態発生的
変化」「自己分化」「三角関係」「公平さと忠誠心」の6つを取り上げよう。

○ 家族のライフサイクル

個人にも発達段階があるように家族全体にも発達段階がある。家族心理学分
野で最初に家族にも心理過程や発達があると示したのは、家族療法家の戦略派
といわれているヘイリー（Haley, 1976）である。1977年には、ローズ（S. L.
Rhodes）がエリクソン（E. H. Erikson）のパーソナリティ発達段階と発達課題
の考え方を家族システムの発達に適応した7段階の発達段階を提示した（岡堂,
1992）。その後、マクゴールドリック（M. McGoldrick）とカーター（B. Carter）
らは、発達体としての家族を7段階に分け、それぞれの家族発達段階における
課題を提示した。（表 2-1）。

個人も家族もそれぞれの発達の段階で発達課題をクリアしていくことが求め
られる。特にステージとステージの移行期には家族システムの変化が強く求め
られるため、家族にとって最もストレスがかかる時期である。この移行期は、
モルフォスタシス（形態維持的変化）と **モルフォジェネシス**（形態発生的変化）の
バランスを取りながら質的な変化が求められ、家族の成長と成熟へのチャンス
であると同時に危機的状況をもたらすことがある。健康な家族は、てんやわん
やしつつも家族システムを柔軟に変化させ、新しいステージへの適応に成功す
る。一方で、不健康な家族の場合、移行期で固着が起こり、変化が妨げられ、
家族員の中に心理的問題が生じ、家族病理が出現することがある。ボーゴ
（Bogo, 2004）は、家族移行期の中でも第一子誕生時が最も家族にとって過重な
負担がかかる時期であると指摘している。

○ 家族と個人に降りかかるストレス

多世代家族療法家のカーターとマクゴールドリックは、「水平的ストレッ
サー（ストレス要因）」と「垂直的ストレッサー（ストレス要因）」という2つの
時間軸から個人や家族を統合的に理解する「臨床アセスメントのための多文脈

表 2-1　家族のライフサイクル

家族ライフサイクルの段階	移行期における情緒的プロセス：求められる姿勢	発達促進的なシステムの二次変化・課題
源家族からの巣立ち：ヤングアダルト期	情緒的・経済的責任を自覚的にもつこと	a. 源家族との関係からの自己分化 b. 親密な仲間関係を築くこと c. 職業における自己の確立と経済的自立 d. コミュニティや地域社会における自己確立 e. 世界観・スピリチュアリティ・信仰・自然とのつながりの確立
カップルの誕生：家族の結合	新しい拡大システムにコミットすること	a. カップルとしてのシステムの形成 b. 新たなパートナーと拡大家族を包含するように家族境界を拡大 c. カップル・親・きょうだい・拡大家族・友人・地域社会との関係の再編
幼い子どもがいる家族	新たなメンバーをシステムに受け入れること	a. 子どものスペースを作るためのカップルシステムの調整 b. 子育てと経済的活動，家事の協働 c. 親役割と祖父母役割を含む拡大家族との関係の再編 d. 新たな家族形態と関係でのコミュニティと地域社会との関係の再編
青年期の子どもがいる家族	子どもの自立や祖父母の老いを受容できるように家族境界を柔軟にしていくこと	a. 青年期の子どもがより自立的な活動や関係をもち，システムの出入りを柔軟にできるような親子関係に移行 b. 青年期をむかえる子どもがコミュニティと交渉することを援助 c. 中年期カップルやキャリアの課題について再焦点化 d. 老年世代へのケアへの準備の開始
子どもの巣立ちとその後の中年期	さまざまなシステムへの出入りを受容すること	a. 二者関係のカップルシステムとして再び向き合うこと b. 親と育った子どもとの関係を大人同士の関係に発展させること c. 姻戚と孫を含んだ関係に再編 d. 家族関係の新たな布置を包含するようにコミュニティとの関係を再編 e. 子育てから自由になることによる新たな興味やキャリアの模索 f. 健康問題，障害，親（祖父母）の死に向き合うこと
後期中年期の家族	世代役割の移行を受容すること	a. 身体的な衰えに直面しながら，個人，そして（または）カップルとしての社会機能と関心を維持，修正をする：新たな家族・社会的役割の模索 b. 中年世代がより中心的役割をとれるようなサポートをすること c. 高齢者の知恵と経験を活かせる場をシステム内につくること d. 老年世代への過重になりすぎない援助
エンドオブライフ期を迎える家族	限界と死，人生の1つのサイクルの完結という現実を受容すること	a. 配偶者・きょうだい・友人の喪失への対処 b. 死と相続財産の準備 c. 中年世代と老年世代のケア役割交代への対処 d. 変わりゆくライフサイクルにおける関係を認めつつ，地域社会システムとの関係を再調整

（出所）　McGoldrick et al., 2016. をもとに作成。

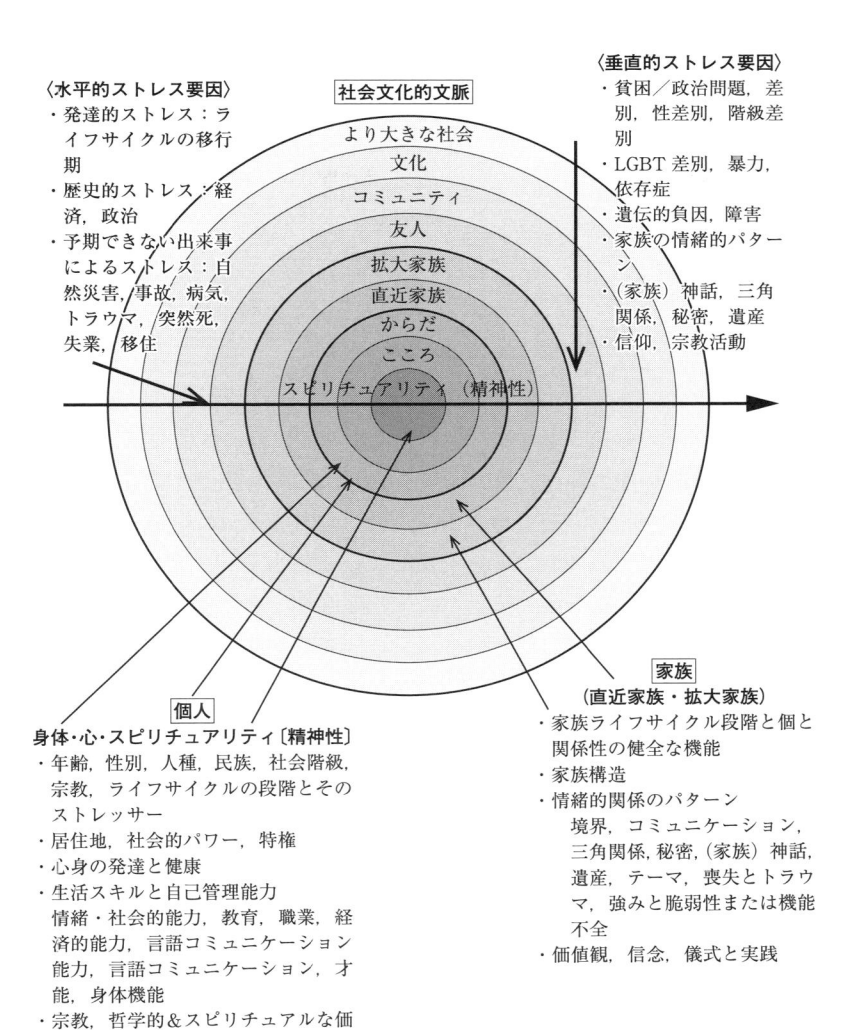

〈水平的ストレス要因〉
・発達的ストレス：ライフサイクルの移行期
・歴史的ストレス：経済，政治
・予期できない出来事によるストレス：自然災害，事故，病気，トラウマ，突然死，失業，移住

社会文化的文脈

〈垂直的ストレス要因〉
・貧困／政治問題，差別，性差別，階級差別
・LGBT 差別，暴力，依存症
・遺伝的負因，障害
・家族の情緒的パターン
・（家族）神話，三角関係，秘密，遺産
・信仰，宗教活動

より大きな社会
文化
コミュニティ
友人
拡大家族
直近家族
からだ
こころ
スピリチュアリティ（精神性）

個人

身体・心・スピリチュアリティ〔精神性〕
・年齢，性別，人種，民族，社会階級，宗教，ライフサイクルの段階とそのストレッサー
・居住地，社会的パワー，特権
・心身の発達と健康
・生活スキルと自己管理能力
　情緒・社会的能力，教育，職業，経済的能力，言語コミュニケーション能力，言語コミュニケーション，才能，身体機能
・宗教，哲学的＆スピリチュアルな価値観，希望と夢
・所属感，家族・友人・コミュニティ関係

家族
（直近家族・拡大家族）
・家族ライフサイクル段階と個と関係性の健全な機能
・家族構造
・情緒的関係のパターン
　境界，コミュニケーション，三角関係，秘密，（家族）神話，遺産，テーマ，喪失とトラウマ，強みと脆弱性または機能不全
・価値観，信念，儀式と実践

図 2-2　家族にふりかかるストレスの流れ：
「臨床アセスメントのための多文脈的ライフサイクルの枠組み」

（出所）　McGoldrick et al., 2016. をもとに作成。

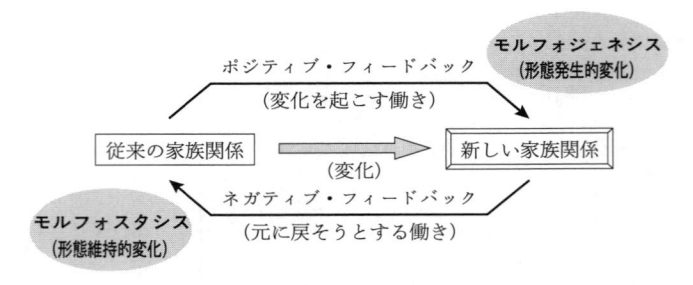

図2-3　家族システムの変化

的ライフサイクルの枠組み」（図2-2）について次のように説明している。中心に位置する個人は，家族の一メンバーでもあり，拡大家族のメンバーでもあり，地域コミュニティのメンバーでもある。この同心円は，個人を中心に外側に広がるにつれてラージャー・システムを表している。水平的ストレッサー（ストレス要因）とは，時間の経過を表しており，時間軸の上を移動する過程で遭遇するライフサイクルにおける移行期のストレスや乗り越えるべき発達課題としてのストレス，あるいは，予期せずに突発的に起こるストレスを表している。一方，垂直から降りかかるストレスは，多世代から家族に降りかかるストレスである。先祖が積み残した負の遺産ともいえる。このように家族と個人は，水平からのストレスと垂直からのストレスを両方受けていることになる。

○ **家族の形態維持的変化と形態発生的変化**

　システムは，いったんできあがるとそれを一定に保とうとする機能が稼働する。つまり，第1章でもふれられているが，家族システムは，いったんできあがった家族の暗黙のパターンやルールを逸脱しようとする動きが起こると，それを元に戻そうとするネガティブ・フィードバック機能が起こるのである。ちなみに家族固有のルールは，目には見えないものであることが多いため，それが破られたときに初めて明白になる場合が多い（佐藤，1999）。

　このように構造や機能を一定にしようとする働きを **モルフォスタシス** という。ところが環境の変化や家族の発達に伴い，変化を求められるときには，そのルールを破らざるをえない状況が生じる。このようなとき健康な家族は，揺れながらも新しい構造や新しいルールを生み出し，新しい局面に適応していくこ

とができる。このようにポジティブ・フィードバックが起こり，システムに質的な第二次変化が起きることを **モルフォジェネシス** という（図2-3）。しかしながら，不健康な硬直した家族システムは，変化が妨げられ，元に戻そうとするネガティブ・フィードバックの働きが起こり，そこで問題や症状を生じることがある。モルフォスタシスとモルフォジェネシスがうまくバランスがとれる家族システムが健康であるといわれている。

例えば，毎晩夕食を家族全員でとるという暗黙のルールができあがっている家族の場合，娘がボーイフレンドとの付き合いで夕食をとる時間に帰宅が間に合わなかったときに，父親は，門限をもち出し，時間を厳守するように娘に対して厳しく叱るかもしれないし，母親は夕飯を与えないという罰を与えるかもしれない。門限ルールをもち出して，守らせようとすることで娘を源家族にとどめようとするネガティブ・フィードバックが起こるからである。しかし，娘が結婚適齢期に入ると，そのルールは例外を許容するようになるであろう。やがては，ポジティブ・フィードバック（システムの変化）が起こり，子どもが独自のルールをもち，家を離れ自立していくことになる。一方，不健康な家族の場合は，子どもが成長しても，門限のルールをかたくなに遵守しようとし，その結果，いつまでたっても自立できない依存的な子どもをつくってしまうことがある。

○ 自己分化

多世代家族療法 家のパイオニア，ボーエン（M. Bowen）は，**自己分化** という概念を提唱した。源家族の影響から離れて，自律的な人間として振る舞うことができる状態を「自己分化している」「自己分化度が高い人」ととらえる。自己分化は感情システムと知性システムの分化の度合いでもあり，源家族との情緒的融合が強い場合は，ささいな不安にさらされて，感情システムが容易に知性システムの独立性を損い，冷静な判断ができなくなってしまいがちである。

情緒的な融合が強い源家族の中で不安が高い親に取り込まれた場合，子どもは，そこから逃れるために情緒的に遮断して，源家族との情緒的交流を遮断しようとすることがある。親から離れて物理的にも交流をもとうとしなかったり，情緒的にも交流をしようとしなかったりすることで情緒的に巻き込まれないようにしようと努める。このような状態を **情緒的遮断** と呼ぶが，ここから真の

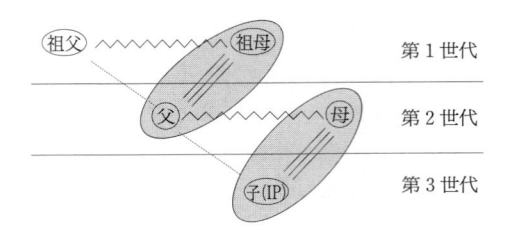

図 2-4　連合の世代間連鎖

（注）　灰色のだ円は世代を越えた連合が形成されている
ことを表す。

意味で自律的な大人になっていく道のりは，実際は相当に険しい。なぜならば，源家族で満たされなかった愛着関係は，第三者に向けられることが多く，そこで融合関係が生まれ，機能不全を起こすことがあるからである。例えば，源家族の親と情緒的に遮断した子どもが，成人し，源家族で得られなかった愛着を恋人に反動的に求めるがゆえに，融合が起こり，その結果 DV 関係に陥るケースもある。あるいは，家族を捨て，同一化できる宗教団体などに強烈に帰依していく場合もある。ボーエンは，自己分化度と同レベルの人と結婚しやすく，自己分化度が低い人ほど，他の人との融合の度合いが強くなると述べている。

○ 三 角 関 係

　ボーエンは，**三角関係** の概念を生み出した。二者間の中で緊張が高まると，第三者を巻き込むことで，二者間の情動的緊張の緩和が起こるために三角関係が起こりやすいという考えである。つまり，1 人を敵に回して，二者関係が連合を組むことになるわけである。このように二者間の連合の背景に，第三者の存在があることを忘れてはならない。特に子どもの場合，両親の不和に巻き込まれて三角関係が生じることが多く，母子・父子の世代を越えた連合を形成しやすく，それに取り込まれた子どもは何らかの症状をもちやすくなる。固着した三角関係は，現家族だけでなく，世代間を越えて多世代にわたって連鎖されていく可能性が高いため，ボーエンは，数世代をかけてアルコール依存症や精神障害などの症状が生み出されていくという仮説を打ち出している（図 2-4）。

○ 公平さと忠誠心

　家族療法家のパイオニアの 1 人で，文脈療法を提唱したボスゾルメニイ -

ナージ（I. Boszormenyi-Nagy）が提唱した概念が「公平さ」と「忠誠心」である。**公平さ**（fairness）とは，親密な関係を築くための基礎となる概念である。つまり，健康な家族システムでは，公平なギブ・アンド・テイクのやりとりがなされることで維持されている。家族員がそれぞれに公平さを感じることが家族の絆と信頼関係を確立する鍵となる。一方，家族員の誰かが与えるばかりでリターンがなく，不公平感を感じている場合，そこに何らかの問題を生じることになる。例えば，仕事をもちながら子育てをする母親が，父親の育児や家事への協力が得られない場合，妻が夫に対し不公平感を感じ，それがもとで夫婦間に葛藤が生じる場合などが典型例といえよう。

　一方，**忠誠心**（loyality）とは，家族や集団をつなぐ見えない期待でつむがれた絆をさす。忠誠心には，「**水平的忠誠心**」と「**垂直的忠誠心**」，そして「**見えない忠誠心**」がある。まず，「水平的忠誠心」とは，きょうだいに向けられる忠誠心をさす。また，「垂直的忠誠心」とは，親子間など世代を越えた縦関係にもつ忠誠心をさす。子どもの場合，両親や祖父母にもつ忠誠心である。ところが両親の仲が悪く，それぞれに子どもに異なる要求をぶつけてきた場合，子どもは母親の要求を飲めば，父親への忠誠心を裏切ることになり，また，父親の要求を飲めば，母親への忠誠心を裏切ることになり，「**分裂した忠誠心**」をもつことになり，子どもにとっては，大きな心理的負担となる。もし，一方の親への要求に従った場合，もう一方の親を裏切ることになり，それは罪悪感として隠れた「見えない忠誠心」として残ることになる。見えない忠誠心は，時に病理的な症状を呈することも多い。ボスゾルメニィ－ナージは，これらの語られない忠誠心を明らかにし，家族で共有することで家族間の公平なやりとりをもたらすことが大切であると述べている。

第 *3* 節　家族をさらに理解するために

　それぞれユニークな個性をもった存在として家族を理解するには，家族の包括的な理解が欠かせない。そのためのツールとして，ここではジェノグラムとエコマップの 2 つを紹介する。

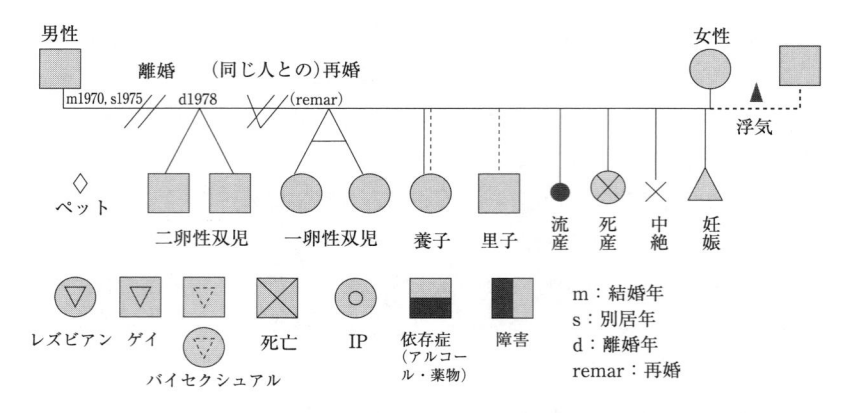

図 2-5　ジェノグラムの基本記号

（出所）　McGoldrick et al., 2008. より作成。

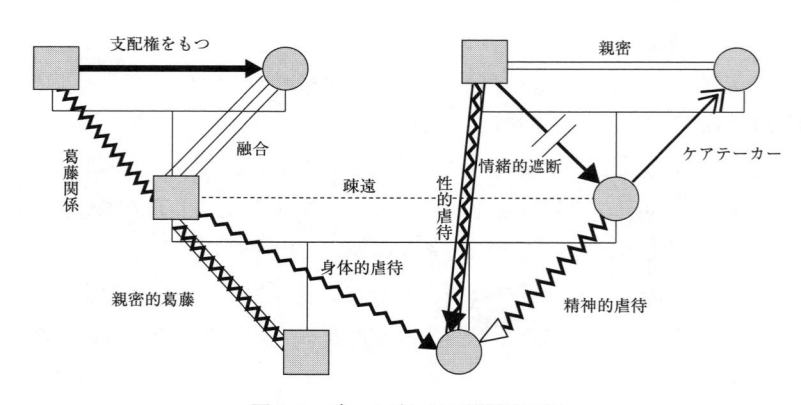

図 2-6　ジェノグラムの関係図の例

（出所）　McGoldrick et al., 2008. より作成。

(1)　ジェノグラム——家族を多世代的に理解するために

　ジェノグラム（genogram）とは，３世代以上の家族メンバーを盛り込んだ家族図のことをさす。ジェノグラムを作成する際の基本的な記号は，図 2-5 に示されているように，性別，年齢，結婚年や離婚年，養子や里子，LGBT，依存症，障害などが記号表示に従って作成されている。また，ジェノグラムでは，家族間の関係性も書き込むことができる（図 2-6）。多世代派の家族療法家たち

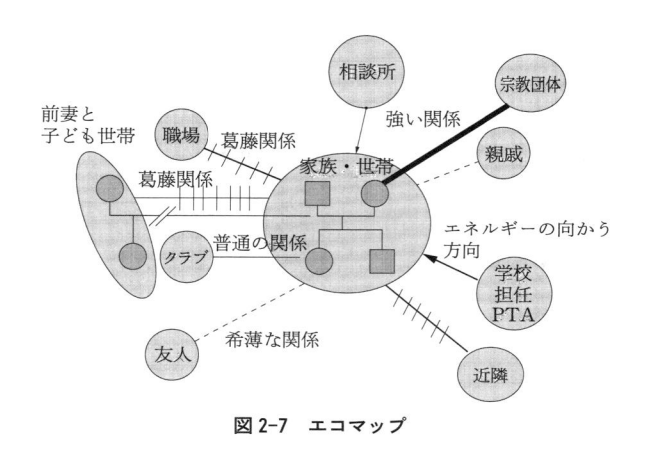

図 2-7　エコマップ

が積極的に用いた家族アセスメントの道具でもあり，治療のための技法でもある。面接の中で，家族とともにジェノグラムを作成することにより，IP の問題行動や症状を，多世代にわたる歴史的枠組みの拡大家族の中で理解していくことを促進する道具にもなる。ジェノグラムには，3 世代以上にわたる拡大家族の情報を盛り込んで記載することができ，家族の構造のみならず，家族のライフサイクル，世代を越えて繰り返される関係のパターンを明らかにすることができる。また，重大な出来事などの情報を書き込むことによって，多面的に理解することを促進することができる。このようにジェノグラムにさまざまな情報を視覚化して作成できることで，作成しながら世代間に共通するパターンや，テーマの理解を促すきっかけにもなりうる。

(2)　**エコマップ──ラージャー・システムの中から理解するために**

　エコマップはエコロジーマップの略で，ジェノグラムと並びマッピング技法の 1 つに位置づけられている。ハートマン（A. Hartman）によって 1975 年に開発されたもので，特にソーシャルワークの分野で家族を含むラージャー・システムの視点からアセスメントしていく技法として積極的に利用されている（布柴，2005）。個人の問題をエコロジカルな視点から，環境的，地域的，心理的相互作用を見ていく道具になる（図 2-7）。

【布柴靖枝】

システム論に基づく心理療法では，個人の症状や問題を家族などの重要な文脈との関係性の中で円環的因果律に基づいて理解し，原因追及や犯人捜しをしないのが大きな特徴である。誰が悪いとか何がいけないとは考えないのである。しかし，このように関係性や相互影響関係の中で問題を理解し介入することは，浮気や暴力や虐待の問題の場合，そうした問題に苦しんでいる人にとっては，非常に不公平で傷つけられる体験になりうる。つまり，浮気をした人とされた人，暴力をふるう人とふるわれる人，虐待する親と虐待される子どもを対等に扱ってしまうことになり，「どちらにも問題はない」とか反対に「どちらも問題」としているようなものである。そして，浮気や暴力や虐待による心身への深刻な影響を不問に付す，非倫理的な態度だといえる。

したがって，このような問題に関しては，加害者と被害者という直線的因果律による理解も必要である。つまり，浮気をした人，暴力を奮う人，虐待をする親は加害者であり，浮気をされた人，暴力をふるわれた人，虐待される子どもは被害者なのである。そして，被害者への心身両面のケアとサポートがまずは重要であり，その一方で加害者の問題や責任を取り上げて介入することも必要である。ただし，これらの問題には関係性の問題が潜んでいることもあるので，円環的因果律に基づく理解と介入も統合的に活用していく必要性がある。

また，システム論に基づく家族療法は，男女の違いが存在していてもそれを無視し，男女を同等に扱おうとするベータ偏見（beta prejudice）というジェンダー・バイアスがあると指摘されている（Hare-Mustin, 1987）。家族の中では，伝統的に女性は抑圧され弱い立場に置かれてきたし，男女平等が叫ばれて久しい現代においてもその問題は根強く残っている。一方，近年では，心理療法の中で重視されている感情表現や悩みを打ち明けること自体が，男性にとっては恥（shame）の感覚につながることが指摘されている。また，男性の特徴を理解して心理的な援助をすることが，男性との間で葛藤や問題を抱えている女性を心理的に援助し関係を改善することにもつながる（Sweet, 2012）と考えられるようになってきた。

システム論を導入することによって，臨床的問題や人間関係に対する私たちの認識の幅は大きく広がった。しかし，そのシステム論も完璧ではないことを理解し，どう理解し介入することが本当の支援につながるのかを考え続けていかなければならない。

【野末武義】

第 **II** 部

家族の発達

第3章　独身の若い成人期

家族づくりの前にやっておきたいこと

　家族というものに成長過程があるとしたら，多くの人は結婚がその誕生のときにあたると考えるであろう。家族の最小単位である夫婦という関係性が結婚によって初めて成立することを考えれば，確かにそうかもしれない。しかし，家族システムの歴史的発達過程を重視する多世代家族療法や家族ライフサイクルの観点からは，家族という人間関係をめぐる私たちの心理的過程は，結婚する前の若い成人期，あるいはそれ以前からすでに始まっていると考えられ，それは後に誰を結婚相手として選択し，どのような家庭生活を営んでいくかに大きな影響を与えると考えられている。

　本章では，数十年にわたる家族生活の基盤を成す重要な段階である，若い成人期の発達課題と危機について取り上げ，結婚前のカップルを対象とした予防的アプローチを紹介する。

第1節　家族ライフサイクルから見た 独身の若い成人期の重要性

　結婚前の若い成人は，生まれ育った源家族に経済的にも心理的にも完全に依存しているわけではなく，幼い子どものように親の支配下にあるわけではない。しかし，かといって独立して自分自身の家族を築くまでには至っていないという移行的な段階にあり，過去から現在に至る源家族と，近い将来結婚によって形成する創設家族を橋渡しする重要な時期ともいえる。言い換えれば，その後の何十年にもわたる家族生活の土台づくりの時期にある。

　では，若い成人期における発達課題とそれに伴う危機とは，どのようなことだろうか。以下，本章では，個人レベル，対人関係レベル，家族関係レベルという3つのレベルから解説し，最後に結婚に向けた準備作業として何が必要かを示そう。なお，ここでは便宜上3つのレベルに分けているが，それぞれは完

全に独立しているのではなく，相互に分かち難く深く結びついている。

第 *2* 節　　**個人レベルの課題**——職業選択と経済的自立

(1)　**職業選択とコミットメント**

　個人レベルの課題として重要なのは，職業を選択しそれにコミットすることであり（平木ら，2019），**職業的アイデンティティ** を確立することである。**職業選択** は，その時々の社会的経済的状況にも大きく影響されるために，個人の意思だけで決まるものではない。しかし，何かを選択するということは，他のものを選択しないということ，つまり選択したもの以外は捨てるということを意味するのであり，個人の主体的な決定はきわめて重要である。

　このように考えると，職業選択という言葉は，むしろ職業取捨選択と表現したほうが適切かもしれない。そして，職業を選択するには，自分はこれまでどのように生きてきたのか，これからどのような人生を送りたいのか，自分にはどのような能力があるのかないのか，自分らしさとは何か，という青年期の発達課題である **アイデンティティ** がある程度確立されていることが前提となる。

　また，自分が選択した職業にコミットすること，つまり自分自身を投入することは，それによって仕事の成果となって現れたり，周囲から評価されたりすることになれば自尊心は高まるが，積極的にエネルギーを投入したとしても，必ずしもプラスの結果が得られるとは限らない。むしろ，自分の能力のなさや努力不足に直面したり，周囲から批判されることも起こりうるし，それによって自信を喪失することにもなりかねない。つまり，選択した職業に積極的に自己を投入することは，ある程度リスクを伴うことといえるかもしれない。したがって，リスクを冒したくない，自分の限界に直面したくない，傷つきたくない，という心理が強く働けば，職業に対して消極的あるいは受け身的にしか取り組めなかったり，選択そのものを回避したくなる可能性もある。

(2)　**現代の若者の職業意識**

　では，現代の若者は，職業に対してどのような態度や意識をもっているのだろうか。内閣府（2018a）が 2017 年度に行った就労などに関する若者の意識を

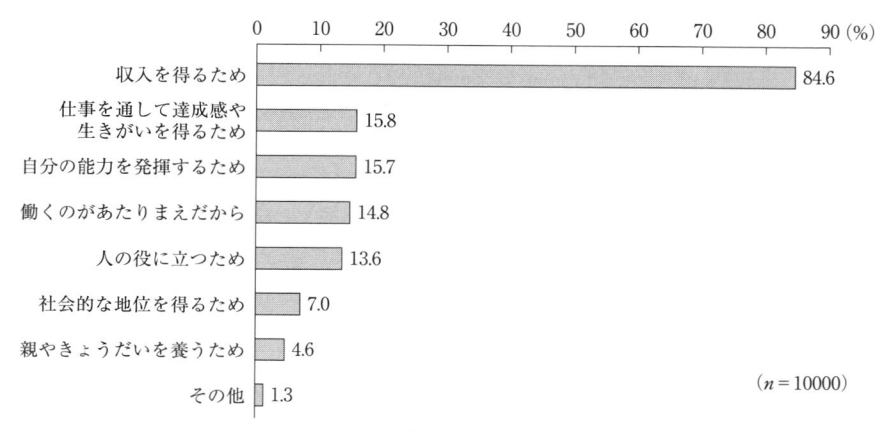

図 3-1　仕事をする目的

（注）　「あなたは，主として，何のために仕事をするのですか（就業していない方は，あなたの仕事に対する考え方をお答えください）」の問いに対する回答（2つまで回答）。
（出所）　内閣府，2018a。

調査した「子供・若者の意識に関する調査」によれば，仕事をする目的として「収入を得るため」が84.6％で最も多かった（図3-1）。また，仕事を選択する際に重視する観点として，「安定していて長く続けられること」および「収入が多いこと」に，「とても重要」または「まあ重要」と回答した者，ともに88.8％で最も多かった。次いで，「自分のやりたいことができること」の88.5％，「福利厚生が充実していること」の85.3％，「自由な時間が多いこと」の82.2％であった。一方，「実力主義で偉くなれること」と「特別に指示されず，自分の責任で決められること」を「とても重要」または「まあ重要」と回答した者は，それぞれ51.6％，55.8％と比較的少なかった（図3-2）。

　さらに，仕事と家庭・プライベート（私生活）のバランスについて2011年度と2017年度を比較して見てみると，男女ともに仕事よりも家庭・プライベート（私生活）を優先すると回答した者は，10％程度増加している（図3-3）。かつてのような，「仕事第一」といった価値観をもつ若者はきわめて少数になっており，自分個人としての生活や家庭生活をより重視する価値観が一般化していることが見て取れる。

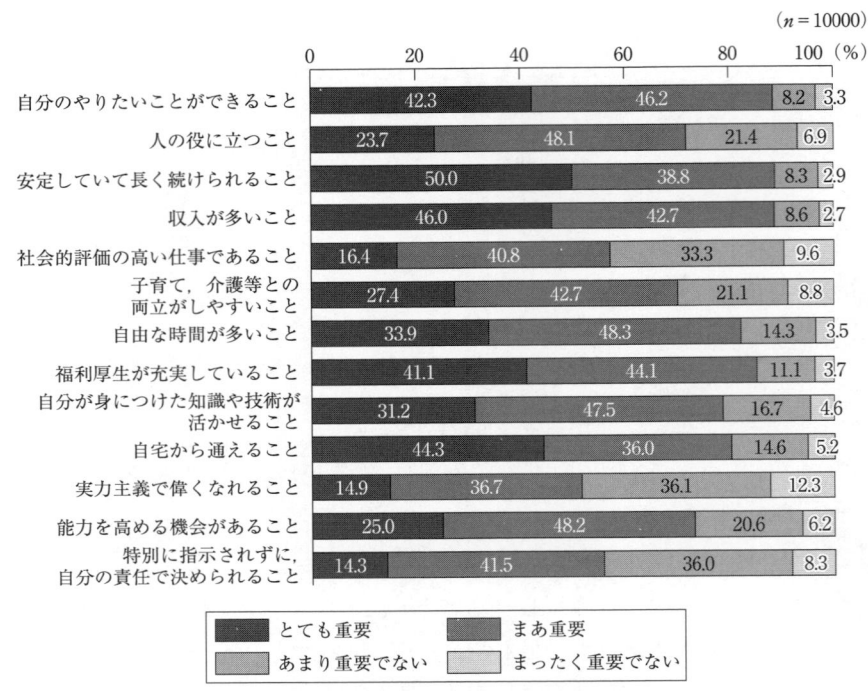

$(n = 10000)$

図 3-2　仕事を選択する際に重要視する観点

（出所）　内閣府，2018a。

（3）　経済的自立と心理的自立

　職業選択と並ぶ重要な課題として，経済的自立があげられる。内閣府（2016）の『平成 27 年版 子供・若者白書』によれば，1995 年の若年無業者数（15〜34 歳）は約 45 万人であったのが 2014 年には約 56 万人となっており，約 20 年間で 10 万人以上増加している（図3-4）。また，フリーターの数は，2002年には 208 万人だったのが 2014 年には 179 万人と全体的には 30 万人近く減少しているものの，25〜34 歳の占める割合は急激に上昇している（図3-5）。さらに，『新規学卒者の離職状況』によれば，大卒者が 3 年以内に離職する割合は，2015 年まで 3 割前後を示してきた（図3-6）。経済格差がますます広がっているといわれている今日において，現代青年にとって長期的な視野に立った職業選択や経済的自立が決して容易ではないことが伺える。

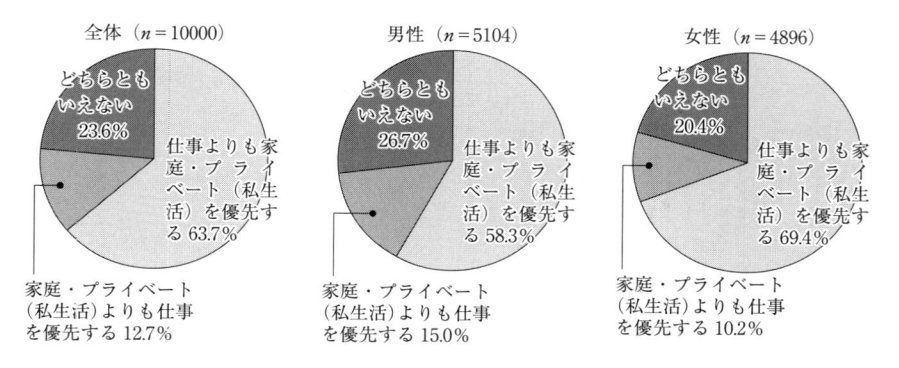

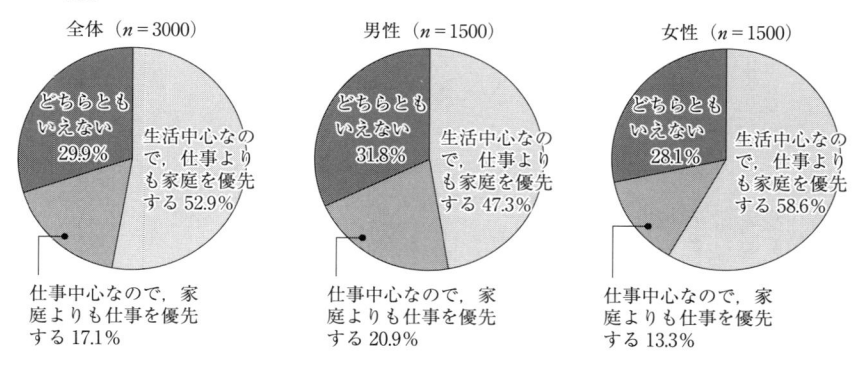

図3-3　仕事と家庭・プライベート（私生活）とのバランス

（注）　2017年度調査：「あなたは，仕事と家庭・プライベート（私生活）のどちらを大切にしたいですか」
　　　との問いに対する回答。
　　　2011年度調査：「あなたは，仕事と家庭のどちらを大切にしたいですか。また，その関係についてど
　　　う考えていますか」との問いに対する回答。
（出所）　内閣府，2018a。

　このように青年が経済的に自立することが困難な状況は，親子関係を大きく
左右する。フルマー（Fulmer, 1999）は，子どもが親に経済的に依存していては，
心理的に自立することはほとんど不可能であり，また，親も無意識のうちに，
成人した子どもの行動や生き方に対して口を挟むのが当然という感覚をもつこ
とになると指摘している。つまり，成人後の親子の経済的な絆は，子どもに自
分自身が一人前の大人であり自分の人生に責任をもつという意識をもたせるこ
とを困難にし，親に対する年齢不相応の過度な依存や，親による子どものコン

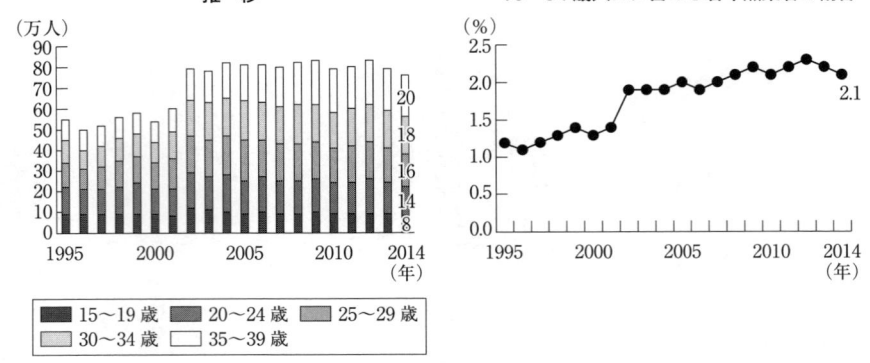

図 3-4　若年無業者数の推移

(注)　ここでいう若年無業者とは，15〜34歳の非労働力人口のうち家事も通学もしていない者。グラフでは参考として35〜39歳の数値も記載。2011年の数値は，岩手県，宮城県および福島県を除いたものである。

(出所)　内閣府，2015。

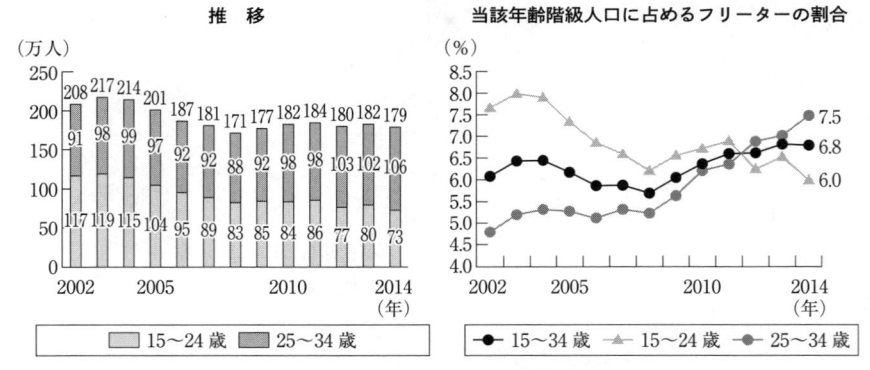

図 3-5　フリーター（パート・アルバイトとその希望者）の数の推移

(注)　ここでいう「フリーター」とは，男性は卒業者，女性は卒業者で未婚の者とし，①雇用者のうち勤め先における呼称が「パート」か「アルバイト」である者，②完全失業者のうち探している仕事の形態が「パート・アルバイト」の者，③非労働力人口で家事も通学もしていない「その他」の者のうち，就業内定しておらず，希望する仕事の形態が「パート・アルバイト」の者としている。

(出所)　内閣府，2015。

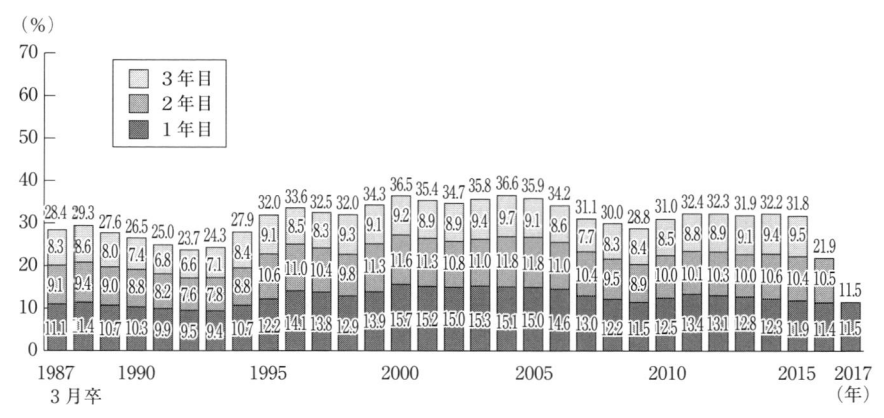

図3-6 新規学卒者の離職状況

（出所）厚生労働省，2018g。

トロールあるいは支配という問題にもつながりかねない。そして，近い将来子どもが結婚してからもそのような親子関係が持続するとすれば，結婚したパートナーとの信頼関係にも影を落とすことにもなりかねない。アメリカでは，結婚生活への適応を左右する大きな要因の1つとして，結婚前に実家を離れて1人暮らしをした経験があるかどうかが重要であるとされているが（Stahmann & Hiebert, 1997），日本においても考えてみるべき課題かもしれない。

第 *3* 節　対人関係レベル——親密な人間関係の確立

　次に，若い成人期における対人関係レベルの課題を考えてみよう。この時期に最も重要なのは，同性，異性との親密な人間関係を確立するということである。

(1) 親密性（intimacy）

「親密」という言葉は日常的にもよく使われるため，その意味は何となくわかっているような気がする人も多いだろう。しかし，家族心理学や臨床心理学でこの言葉が使われる場合，非常に深い意味が込められている。家族療法家のレーナー（Lerner, 1989）は，「関係の中で自分を犠牲にしたり裏切ったりせず，

相手を変えたり説得しようという要求を抱かずに，相手のその人らしさを承認し合えること」としている。つまり，親密性あるいは親密な関係とは，単に仲がよいとか葛藤がない関係ということではなく，各々が自分らしさを大切にし，また相手のその人らしさも大切にしながら，互恵的な関係を営むことを意味している。それはまた，青年期の発達課題であるアイデンティティの確立と分かちがたく結びついている。

(2) 親密さへの恐怖 (fears of intimacy)

このような親密な関係は，誰もが望むものかもしれない。しかし，実際に親密な関係を構築するのは容易なことではなく，時間もかかればその中でさまざまな葛藤を経験するものである。統合的カップル・セラピーの臨床経験から，ウィークスとトリート (Weeks & Treat, 2014) は，カップルが親密になることを妨げる心理を解明し，親密さへの恐怖としてまとめている。この恐怖は，主としてその人の幼少期からの源家族における体験によって形成され，そこにジェンダー意識が影響しており，無意識レベルにとどまっている場合もあれば，意識化されてはいても正当化されている場合もあり，パートナーとの関係性に大きな影響を及ぼす。以下に，1つひとつ簡潔に説明しよう。

○ **依存への恐怖** (fear of dependency)

パートナーに依存することができない人がもつ恐怖である。自律を過度に重視しており，依存は人間としての弱さであると見なしていて，依存することで自己の弱さに向き合うことを恐れている。どちらかというと男性に多く見られる。自分がパートナーに依存できないだけでなく，パートナーの自分に対する依存を受けとめることも難しくなりやすく，2人の心理的距離を縮めることが難しくなる。

○ **感情に対する恐怖** (fear of feelings)

親密になるということは，パートナーとさまざまな感情を共有することも意味するが，悲しみなどある特定の感情をパートナーと共有できない人は少なくない。そのような関係においては，つらく悲しい体験に遭遇しても否認してしまい，痛みを分かち合うことができない。また，極端な場合は，特定の感情だけでなく，喜怒哀楽の感情全般を表現できないだけでなく，パートナーの感情

を理解しようとしないという問題にもつながる。

○ **怒りに対する恐怖**（fear of anger）

　怒りは私たち人間が避けることのできない感情であるが，同時に最も扱いが難しい感情でもある。怒りに対する恐怖の1つの現れ方は，自分の怒りによって相手を傷つけてしまうのではないかと過度に恐れるため，正当な不満や怒りも表現することができないというものである。もう1つは，相手から怒りを向けられることを過度に恐れるもので，適切に自己主張できず，自らを服従的な立場に追いやってしまうことになりかねない。

○ **コントロールを失うこと，あるいはコントロールされることへの恐怖**（fear of losing control or being controlled）

　パートナーと親密になることによって，干渉されるとか自由が奪われるという不安を感じている。時に，より深いレベルでは，パートナーに呑み込まれてしまうのではないかという自己喪失の恐怖を抱いていることもある。そのため，なるべく距離を取って関わろうとしてしまう。

○ **自分をさらけ出すことに対する恐怖**（fear of exposure）

　親密になることで，自分のことを相手により深く知られることを恐れる心理である。基本的に自尊心が低く，自己を否定的にとらえているため，親密になることで相手からの評価がより否定的に変化するのではないかと恐れている。したがって，パートナーに対して安心して自己開示することが難しく，ありのままの自分でいることも難しくなり，信頼関係がなかなか深まらない。

○ **見捨てられること，拒絶されることに対する恐怖**
（fear of abandonment / rejection）

　パートナーがいずれは自分を見捨てるのではないか，拒絶するのではないかということを過度に恐れる心理である。そうした恐怖から自己を防衛するために，パートナーとの関係で拒絶され見捨てられることを予測して距離をおくか，あるいは反対に，不安に対する防衛として，パートナーの自分に対する愛情を常に確認しようとしてしがみつくといった行動をとることもある。

＊

　ここにあげた親密さへの恐怖は，心身ともに健康な成人や大学生にとっても無縁なものではないだろう。このような恐怖をもっていることが問題だと考え

る必要はなく，独身時代の友人関係や恋愛を通して，こうした自分自身の心理を理解し，少しずつ乗り越えていく努力をしていくことが必要であろう。

第 *4* 節　家族関係レベル──源家族との関係と配偶者選択

次に，独身の若い成人期の家族関係レベルの課題を取り上げ，それが将来の**配偶者選択** や結婚後のパートナーとの関係にどのような影響を及ぼす可能性があるかを見てみよう。

(1)　源家族からの自己分化と融合

ボーエン（Bowen, 1978）は，家族療法家の中でもとりわけ個の確立を重視し，人が自分の生まれ育った源家族から自己を分化させることの重要性を説いた。つまり，源家族との連続性を保ち，両親など家族メンバーとの絆を保ちながらも，**アイ・ポジション**（I position）すなわち私は私であり自分自身の人生に責任をもつという姿勢をもち，自分らしくいられることが重要であるという。そして，それがある程度達成されれば，自分とは異なるユニークな存在としての他者との間でも，より親密な関係を築いていけることが期待される。

しかし，源家族からの **自己分化**（differentiation of self）は容易なことではなく，**融合**（fusion）といわれる問題も起こる。つまり，親の承認や支持を過度に気にして自分を見失ったり，激しい怒りや憎しみの感情をもち続け，成人しても源家族と適度な距離を保つことが難しいという状態である。その結果，源家族以外の人（恋人など）との関係においても，融合的で不安定な葛藤に満ちた関係になりがちだったり，反対に源家族との関係に拘束されている分，他の人間関係が乏しくなったりする。

(2)　**情緒的遮断**（emotional cutoff）

融合と同様に，源家族からの自己分化がうまくいっていない状態が，**情緒的遮断** という問題である。これについてはすでに第 2 章で説明されているが，基本的には **自己分化度** が低く源家族と融合していて強い葛藤を抱えた人が，自立がテーマとなる青年期や成人期に，源家族との関係を切ったり，関わらな

くなることで自立しようとするものである。進学や就職などを口実に源家族から物理的に離れたり，同居していても関わりを最小限にすることで，それまでの強い葛藤は感じなくて済むようになる。

ところが，関係を切ったからといって，もともとあった源家族との葛藤が解決したわけではなく，本人の自己分化度も高くなっていないために，源家族以外のところで新たな融合関係をつくることになりがちで，それが新たな問題を生じる可能性がある。例えば，異性に対する過度な依存によって不安定な関係を繰り返す，問題のある集団（特殊な宗教や反社会的集団など）への没入，アルコールや薬物といった嗜癖の問題，ワーカホリック，逃げ場としての結婚などである。

逃げ場としての結婚とは，源家族から離れたいという思いが主たる動機となって結婚するということである。そのような動機で結婚する場合，パートナーが結婚相手として相応しいかどうかを十分見極めていないかもしれないし，結婚後の生活についてパートナーと十分話し合わないで結婚するかもしれない。さらに，源家族に対する強い不満から，結婚やパートナーに対して非現実的で過度な期待を抱いているのかもしれない。また，結婚後に源家族との関係を遮断することによって，必要なサポートを得られなくなるかもしれない。マクゴールドリックら（McGoldrick et al., 2016）が，源家族から離れたいという強い動機による結婚は，その後のパートナー間の相互適応を困難にさせることを指摘していることは，軽視することはできない問題であろう。

⑶ 傷ついた親を支える成人した子ども

独身の若い成人期は，親を基準にして考えれば第7章にある子どもたちの巣立ちの時期にあたり，**子離れ** も大きな課題となる時期である。現代は子離れが難しい時代といわれているが，家族療法においては，葛藤に満ちた両親の夫婦関係に子どもが巻き込まれて硬直した **三角関係**（triangle）が形成されているという問題に遭遇することが珍しくない。こうした問題は，**親役割代行**（parentification）という観点から理解することも可能である。ボスゾルメニイーナージとスパーク（Boszormenyi-Nagy & Spark, 1973）は，子どもが親に対して，あるいはきょうだいに対して，あたかも親がするような養育的な役割を取るこ

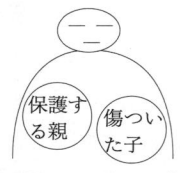

親の中の〈保護する親〉モードと，〈傷ついた子〉モード

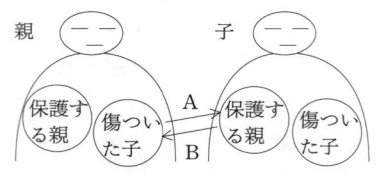

親の中の〈傷ついた子〉が，子どもの中の〈保護する親〉モードに依存する

図 3-7 〈保護する親〉モードと〈傷ついた子〉モード

（出所） 光元，2000 より作成。

とをこのように表現した。成人しているとはいえ，子どもが両親の夫婦関係を何とか取り持とう，傷ついている親を何とか支えてあげようと努力することは，あたかも親のカウンセラーのような重荷を背負うことになってしまう。

　また，光元（2000）の**〈保護する親〉モード** と **〈傷ついた子〉モード** という考え方も示唆に富んでいる（図 3-7）。すべての親の心の中には，わが子を守りたい，大切にしたい，助けたいといった思いがある（〈保護する親〉モード）。ところが一方では，子どもの頃から親に十分甘えられなかった，理解されなかった，傷つけられたという思いも，意識的・無意識的に抱いている（〈傷ついた子〉モード）。夫婦関係で傷ついている親は，この 〈傷ついた子〉モードが〈保護する親〉モードよりも優勢で，サポートを必要としている状態だと考えられる。そして，実は子どもの心の中にも〈傷ついた子〉モードと〈保護する親〉モードが存在する。子どもの心の中の〈保護する親〉モードとは，親を心配し，親を助けたい，支えたい，役に立ちたいと思うことである。こうして，子どもの中の〈保護する親〉モードが親の中の〈傷ついた子〉モードを守ることに過度にエネルギーを注ぐことは，世代間境界の混乱であり親子の役割の逆転といえる。

　このようにして親を支えることにエネルギーを注いでいる子どもは，職業選

択をはじめとして自分自身の人生のことを十分考えられなくなったり，結婚して家を離れることは親を見捨てることだという罪悪感を抱いたり，あるいは実際に親から責められたりして，その関係から抜け出すことが困難になってしまう。したがって，子どもが源家族から自己を分化していけるように臨床的に援助するためには，その両親の夫婦関係も視野に入れ，場合によっては，子どもと両親の合同面接や両親の夫婦面接を行うなどの工夫が必要となる。

(4) 配偶者選択

　独身の若い成人期には，将来結婚して一緒に家庭を築くパートナーを選択するという大きな課題がある。図3-8は，結婚する意思のある未婚者が結婚相手に求める条件について調査したものである。これを見ると，男女ともに1992年以降第1位は人柄である。直近の2015年の調査結果を見ると，第2位以降について，男性は家事・育児の能力，仕事への理解，容姿を重視しており，女性は経済力，家事・育児の能力，仕事への理解を重視している。また，男性は女性ほど経済力を重視しないものの，その割合は徐々に高くなっていることがわかる。こうした調査結果は，基本的に多数を対象とした質問紙調査のため，配偶者選択についての人々の意識を探るうえで有用である。しかし，精神分析家や家族療法家は，むしろ本人が意識化しにくい無意識レベルの結婚の動機やパートナーに対する期待のもつ影響の大きさに注目してきた。

○ 夫婦間契約（marital contract）

　サガー（Sager, 1994）は，人が結婚を決める際の心理的社会的な欲求や期待を **夫婦間契約** という概念で説明した。ここでいう契約とは，2人の間で文章化されていないだけでなく，表現されていなかったり，本人も意識化していなかったりすることが珍しくない。そのため，2人で共有することは容易ではなく，またその内容も矛盾をはらんでいることがあり，2人の葛藤の源になることがある。

　例えば，自己主張をしない従順な女性をパートナーとして選択した男性は，もちろん彼女のことを愛しており，意識レベルでは自分が幸せにしたいと願っているものの，無意識レベルには強い支配欲求があるかもしれない。女性のほうは，男性に対して頼もしいと好感を抱き，相手を支えていきたいと意識して

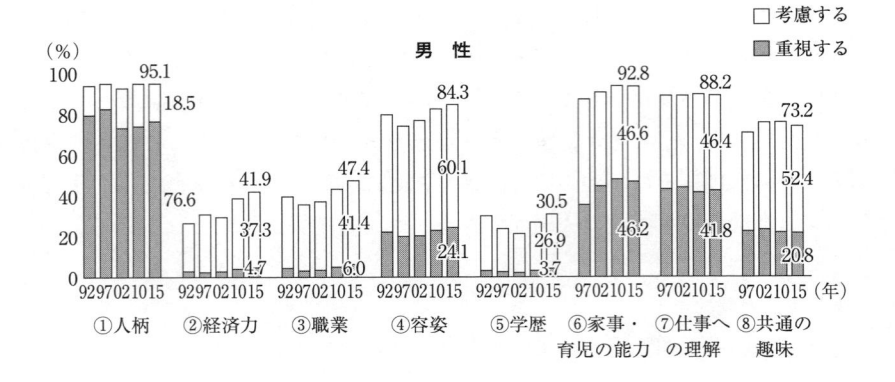

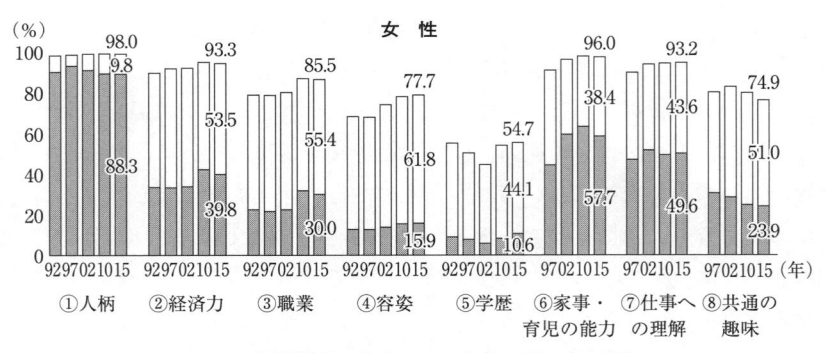

図 3-8　結婚相手の条件として考慮・重視する条件

（注）　対象は「いずれ結婚するつもり」と回答した 18～34 歳未婚者。
　　　　設問「あなたは結婚相手を決めるとき，次の①～⑧の項目について，どの程度重視しますか。それぞれあ
　　　てはまる番号に〇をつけてください」（1．重視する，2．考慮する，3．あまり関係ない）。
（出所）　国立社会保障・人口問題研究所，2017。

いるかもしれないが，無意識レベルでは幼児的な保護して欲しいという欲求を強く持っているかもしれない。すると，後の結婚生活での葛藤を経験する中で，徐々にパートナーに対する認知が変化し，夫の妻に対する認知は「かわいらしい人」から「子どもっぽい人」に，妻の夫に対する認知は「頼もしい人」から「強引な人」に変化するかもしれない。お互いに自分は変わっていないのに相手が変わってしまったと認知するが，実は本質的にはお互いに変わってはいないのである。

　このようなパートナーに対する認知の変化は，程度の差はあれ多くのカップ

ルに見られると考えられるが，結婚前からお互いに自分のことも相手のことも
よく理解し合っておくことで，深刻な問題になることを防ぐことは可能である。

○ カップルの組み合わせ

ボーエン（Bowen, 1978）は，**自己分化度** が高い人は同じように高い人を，低
い人に低い人をパートナーとして選択すると考えた。「家族療法の母」と称さ
れたサティア（Satir, 1964）は，**自尊心** が高い人は高い人を，低い人は低い人を
選択すると考えた。しかし，実際のカップルは，表面的にはそのようには見え
ないことも珍しくない。

先にあげた「従順な」女性と「頼もしい」男性は，表面的な行動としては女
性が依存的で男性が自律的に見えるので，一見すると男性のほうが自己分化度
が高いように見えるかもしれない。しかし，男性は自分に従ってくれる依存的
な女性を必要としているのであり，いわば女性から依存されることに依存した
関係であって，自立的な女性と親密な関係を築けるわけではない。

このように，もしボーエンが言うように同じレベルの自己分化度の2人がカ
ップルとなるのであれば，独身の若い時期に，将来の結婚に向けて相手に求め
る条件をこまごまと考えることよりは，自分自身をいかに成長させ自己分化度
を高めるかを考えることのほうが重要であり現実的であろう。

第 5 節　結婚に向けての準備作業

本章のはじめに，独身の若い成人期は，その後の何十年にもわたる家庭生活
の土台づくりの時期であると述べた。では，その土台づくりのためには，どの
ような準備作業をしておく必要があるのだろうか。

(1)　結婚前後のカップルの話し合い

柏木ら（2006）は，実証的なデータに基づき，夫婦関係に影響しうる重要な
事柄について，結婚前にあらかじめ話し合うカップルが少数派であることを指
摘している。それによれば，「妻の就労」については47.6％のカップルが結婚
前に話し合っているが，「家事分担」や「夫の生活方針」（仕事中心かどうか）
については，80％以上のカップルが結婚前に話し合っていない。つまり，結婚

して初めて，そうした2人の生活にとって無視することのできない現実的で重要な問題について，お互いが向き合うという状況になるのである。

そこで問題になるのは，2人のコミュニケーション・スキルと葛藤解決のスキルである。自分の気持ちや考えや欲求をきちんと相手に伝えることができるか，そして，相手の気持ちや考えや欲求を聴いて理解しようとする姿勢をもてるかどうか，すなわち **アサーション**（野末，2015a）が問われる。ところが，一部のカップルにおいては，お互いに自分の主張を相手に押しつけようとして口論が絶えなかったり，一方が攻撃的に主張し他方は服従して不満を抱えていたり，あるいはお互いに本音が言えないでコミュニケーションそのものが希薄になるという事態に陥ってしまう。

コミュニケーションのスキルは，幼い頃からの家族をはじめとするさまざまな人間関係の中で獲得されるものであり，結婚後のパートナーとの関係の中で意識して変えようと思っても，容易に短期間で変えられるものではない。したがって，夫婦にとっての重要な問題について結婚前からある程度話し合っておくこと，そのために必要なスキルを高めておくことが重要であり，それによって結婚後の夫婦間のストレスに対しても，効果的に対処できるようになることが期待される。

(2) 結婚前のカップルを対象とした予防的アプローチ

欧米諸国では，離婚をはじめとする夫婦間の問題を予防するためにも，また結婚後の夫婦のより幸福な結婚生活を促進するためにも，結婚前のカップルを対象とした予防的なアプローチ（第10章参照）が積極的に行われている。

バーガーとハナー（Berger & Hannah, 1999）は，実証的研究によってその効果が裏付けられている，カップルに対する13の予防的なアプローチを紹介しているが，その中で結婚前のカップルに適用されているものは10にのぼる。それぞれのアプローチの理論的基盤は，一般システム理論，コミュニケーション理論，認知行動理論，社会的学習理論，アドラー心理学，対象関係論，ヒューマニスティック・アプローチ，多世代家族療法などさまざまであり，期間も数時間から数カ月まで多岐にわたる。しかし，それらのアプローチのいずれもが，プログラムの中でカップルのコミュニケーションと葛藤解決のスキルを

扱っている。また，自己への気づきや源家族の理解も重視されている。

　日本では，まだ既婚者を対象としたカップル・セラピーですら普及しているとは言い難いが，今後は結婚後に起こりうる問題を未然に防止し，カップルのより幸福な結婚生活を促進するためにも，このような結婚前のカップルを対象としたプログラムが積極的に行われるようになることが期待される。

【野末武義】

　多様な家族のありようや個人の生き方が認められるようになった自由な現代社会においては，男性も女性も，自分の身の回りのことを自分でする生き方に移っていくことが必須である。誰もがユニークな自分を追求し，私らしさを尊重してくれる関係を希求する現代，家庭の中にかつての母親や妻のようなケア役割専従者を期待することは難しい。幼少期の他者から多くのケアを受ける生き方から，「相互ケア」の時代へと，つまり，男性も女性も自分もごく自然に他者をケアし，他者からしっかりケアされる関係へと移っていくのが当然という考え方が１つの指針である。そしてもう１つの指針が「自己決定」である。どんな価値観であっても，外から強要されたくない。自分の心で考え，自分の意思が選び取ることを現代人は重要視せざるをえない。

　さて，この自己選択・自己決定なるもの，実は使い方がかなり難しい。親子関係とはこういうもの，女性・男性たるものこうあるべきといった旧来の規範意識を打ち破り，私たちをそこから解き放してくれたのが，自己選択・自己決定という考え方であった。しかし，現代にあっては，自分さえよければかまわない，自分たち家族が満足なら，どんな家族関係でも夫婦のパワー関係であってもかまわない，自己選択・自己決定によって何らかの不利益や不幸が生じたら，それは自己責任であるから援助する必要はない，という論理にすり替わりかねない。さらにまた，はたしてどこまでが自分の自由意志に基づいて選び取ったものなのか。私たちのアイデンティティの中核にあるはずの自由意志さえ，生まれ育った文脈が推奨する文化，当然と考える「常識」観などの影響を受け，つくり上げられた社会的構成物だという認識がますます広がってきた。単純な結論だが私たちにできるのは，狭い常識に閉ざされず，かといって決定を先延ばしし過ぎず，その都度，そこそこ納得のいく暮らしを選んでいくことだろう。

　そのためには，結婚前の若い独身期に，自分の価値観や人間関係や生き方を見つめ直し，自分はこれからどのような人生を歩んでいきたいのかを，自分自身に問いかけ考えることが大切であろう。それと同時に，自分とは異なる価値観をもって生きている他者に対して，自分とは関係ないとして関わらないのではなく，自分とは異なるからこそ向き合い，他者からさまざまな刺激を受け学んでいこうとする姿勢も必要である。

【中釜洋子・野末武義】

第 **4** 章　結婚による家族の成立期

夫婦としての絆づくり

　結婚は，愛し合う２人にとってのゴールではない。むしろ，２人にとっての通過地点の１つであり，新しい家族を築いていくスタート地点でもある。そして，夫婦は家族の最も基本的かつ中心的なサブシステムである。長年，日本の家族は欧米諸国とは異なり，夫婦関係よりも親子関係を中心に営まれてきた。しかし，近年では日本においても，夫婦関係の重要性は認識されるようになってきており，結婚に対する人々の意識も大きく変化してきている。一方，離婚や再婚に対する人々の抵抗感は男女ともに小さくなっており，離婚や再婚は一部の限られた人にとっての関心事ではなくなった。

　本章では，実質的な家族生活のスタートとなる新婚期を取り上げ，その課題と危機について解説する。「２人が愛し合っていれば幸せな家族を築くことができる」というほど甘くはないのが現実であるが，むしろその現実に向き合いさまざまな課題に取り組んでいくことによって，幸せな夫婦・家族を築いていくことにつながるはずである。

第 **1** 節　現代の結婚事情と若年層の離婚の動向

　はじめに，現代の結婚事情と若年層の離婚の動向について，客観的なデータに基づいて検討する。

(1) **出会い年齢の上昇，交際期間の長期化，さらに進行する晩婚化**

　2015 年に国立社会保障・人口問題研究所が実施した第 15 回出生動向基本調査を見てみよう（表 4-1）。1987 年と 2015 年を比較してみると，結婚した２人が最初に出会った年齢は，夫は 25.7 歳から 26.3 歳と 0.6 歳上昇しているのに対して，妻は 22.7 歳から 24.8 歳と 2.1 歳上昇している。また，平均初婚年齢

<table>
表 4-1 平均出会い年齢・平均初婚年齢・平均交際期間の推移
</table>

調 査	夫		妻		平均交際期間
	平均出会い年齢	平均初婚年齢	平均出会い年齢	平均初婚年齢	
総数					
1987 年	25.7 歳	28.2	22.7 歳	25.3	2.54 年
1992 年	25.4	28.3	22.8	25.7	2.95
1997 年	25.1	28.4	22.7	26.1	3.37
2002 年	24.9	28.5	23.2	26.8	3.57
2005 年	25.3	29.1	23.7	27.4	3.76
2010 年	25.6	29.8	24.3	28.5	4.26
2015 年	26.3	30.6	24.8	29.1	4.26
恋愛結婚					
1987 年	24.1 歳	27.3	21.6 歳	24.7	3.15 年
1992 年	24.2	27.6	21.9	25.3	3.38
1997 年	24.2	27.9	22.1	25.7	3.67
2002 年	24.2	28.0	22.7	26.5	3.84
2005 年	24.6	28.6	23.0	27.1	4.07
2010 年	24.9	29.3	23.6	28.1	4.48
2015 年	25.4	30.0	24.1	28.7	4.55

（注）　対象は各調査時点より過去 5 年間に結婚した初婚どうしの夫婦（結婚の過程が不詳の夫婦を除く）。各平均年齢は月齢をもとに算出している。「恋愛結婚」は夫婦が出会ったきっかけによって分類。客体数（総数：恋愛結婚）は，1987 年（1289：974），1992 年（1342：1102），1997 年（1145：997），2002 年（1221：1090），2005 年（885：774），2010 年（954：848），2015 年（738：641）。
（出所）　国立社会保障・人口問題研究所, 2015b。

は，夫は 28.2 歳から 30.6 歳へ 2.4 歳上昇，妻は 25.3 歳から 29.1 歳へ 3.8 歳上昇しており，**晩婚化** が進行している。そして，平均交際期間も 2.54 年から 4.26 年と長期化の傾向が見られる。

　晩婚化についてはしばしばマスメディアで取り上げられているが，このように出会い年齢の上昇や交際期間の長期化といった傾向も見られ，これらを総合して現代の結婚について理解する必要があろう。特に交際期間の長期化の背景にはさまざまな要因が考えられる。例えば，結婚やパートナーに対する不安やためらい，親から自立することへの不安，あるいは子どもが結婚して自立することに対する中高年の親の側の不安と子離れの難しさ，などがあるかもしれない。反対に，パートナーをよりよく理解すること，そして何よりも自己理解を深め，結婚生活に対する心理的準備をするために時間が費やされているのであれば，そのような人たちにとっては，むしろ肯定的な意味をもっているだろう。

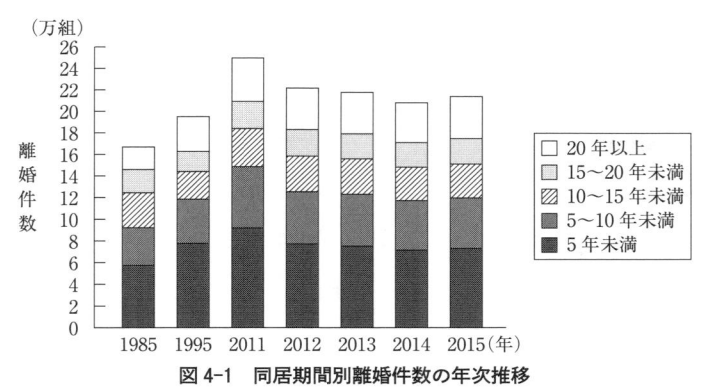

図 4-1　同居期間別離婚件数の年次推移

(出所)　厚生労働省，2015a。

(2)　若年層の離婚率の高さ

次に，『平成 27 年人口動態統計』（厚生労働省，2015a）から，同居期間別離婚件数の年次推移を見てみよう（図 4-1）。これを見ると一目瞭然であるが，最近約 30 年間のどの調査時点においても，同居期間 5 年未満の夫婦の離婚件数が最も多い。つまり，子どものいない新婚夫婦と乳幼児を育てている夫婦の離婚が多いことが推察される。

家族療法の立場から平木（2000）は，1990 年代以降，若いカップルのカウンセリング・ニーズが高まっていると述べている。こうした若年層の離婚率の高さを考え合わせると，新婚期は一般に考えられている以上にさまざまなストレスに直面する時期であり，そうしたストレスにうまく対処していけない夫婦が少なからず存在していることが推察される。

第 *2* 節　　夫婦という関係の特質

多くの人は夢と希望を抱いて結婚生活をスタートする。しかし，現実的には少なからずの人がその後の結婚生活の中でパートナーに失望し，結婚を後悔し，時に離婚という道を選択する。夫婦という関係を継続していくことは誰にとっても容易ではないが，その主な要因として，ここでは夫婦という関係が他の人間関係には見られない特質を有していることに着目してみる。

(1) そもそも他人である男女の相互選択によって営まれる社会的関係

　当たり前のことでありながらもしばしば忘れられがちなのが，基本的に親子には血のつながりはあるが，夫婦にはそれがなくそもそも他人であったということである。その2人が何らかのきっかけから交際を始め結婚に至るのだが，そこにはお互いの結婚やパートナーに対する意識的・無意識的な期待や動機などが存在する。双方が同じくらい結婚を望んでいることもあれば，親の意向が強く働いている場合などさまざまであるが，理由はともあれ，結果的には相互選択によって成立する関係である。親子関係の場合は，計画的な妊娠であろうとなかろうと，こうした相互選択とは本質的に異なる。

　このように結婚が当事者の相互選択によって成立するということは，裏を返せばどちらか一方のあるいは双方の選択によって解消することもできる関係だということを意味する。したがって，子どもに何らかの問題があって両親として夫婦がセラピーを受ける場合は，根底に夫婦の問題があったとしても，親として子どもの問題解決に向けて協力するという姿勢を保つことはそれほど困難ではないが，夫婦の問題そのものを主訴としてカップル・セラピーを受けに来る夫婦の中には，問題に向き合うことによって離婚の方向に進んでしまうことを恐れ，セラピーを継続していくことに抵抗を示すことも珍しくない。

(2) 夫と妻の心の中にある2つの異なる家族システムの結合

　これもまた誤解されがちなことであるが，結婚とは，男性が「夫」と呼ばれ女性が「妻」と呼ばれるようになり共に暮らすという，個人レベルの変化にとどまるものではない。夫・妻それぞれの個人としての心理的世界は，幼少期からの源家族における体験や拡大家族システムの歴史的プロセスから多大な影響を受けている（図4-2）。それらは，夫・妻それぞれの価値観，家族観，職業観，自己表現の仕方，葛藤解決の仕方，自己像，そして前章で述べた親密さへの恐怖などである。さらに，家族生活に限っていえば，夫婦関係に対するイメージや理想，夫婦としての役割，親としての役割，家事や子育ての分担，人間関係のパターン，葛藤や病理，休日の過ごし方，金銭管理といったあらゆることに関わっている。

　換言すれば，夫も妻も確かに個人ではあるものの，それぞれの心の中には，

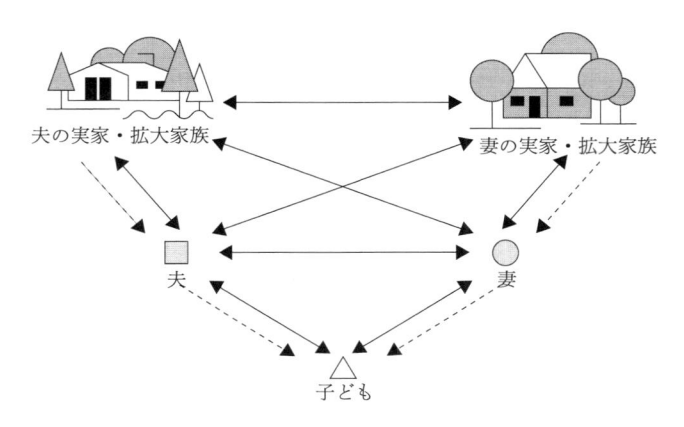

図 4-2　夫婦を中心に見た家族システム

（注）　------▶ は世代を越えて伝達されるもの，◀━━▶ は相互影響関係を表す。

それまでの生活の中心であった2つの異なる家族システムが生き続けているのであり，結婚とは個人レベルを越えた2つの異なる家族システムの結合なのである。さらに，この2つの異なる家族システムは，たとえ同じ日本人同士であろうが，東京出身者同士であろうが，1つとして同じ家族システムは存在せず，その意味ではすべての結婚は異文化間結婚であると考えるのが妥当である。しかし，離婚理由によくあがってくるのが「性格の不一致」や「価値観の相違」であることを考えると，少なからずの人が，互いの心の中に息づく家族背景の違いをあまり意識することなく結婚を決意し，新たな生活の中でその違いに初めて直面し困惑し，効果的に解決することが難しいのかもしれない。

(3)　夫婦がそれぞれに担っている重層的役割

　夫婦は，2人の関係に限っていえば夫であり妻であるが，将来子どもが誕生すれば，これに父親としての役割と母親としての役割が加わることになる。また，実家との関係でいえば，ともに息子であり娘であって，子どもとしての役割も結婚後長期間にわたって続いていく。さらに，仕事をしていれば，当然職場における役割も担っているし，コミュニティの中で何らかの役割を担っている場合もあろう。

　実は，夫婦が直面する葛藤や問題は，必ずしも夫婦という関係性の中だけで

生じるのではなく，しばしばそれ以外の役割やシステムからもちこまれる。例えば，結婚間もない夫が職場で重責を担わされ毎日帰宅が深夜になるというような状況が続けば，夫の心身のストレスも相当なものになりうるが，同時にそれは夫婦で共に過ごす時間を奪い，妻にとってもストレスフルな状況となり，ささいなことをきっかけにして夫婦喧嘩が起こるかもしれない。このように，夫婦の関係以外のシステムからもたらされる問題に多大な影響を受けるということを，独身時代から予測することは容易ではないようである（Pines, 1996）。

⑷ 乳幼児期からの親との関係の影響

夫婦は，基本的に大人と大人の関係である。しかし，精神分析の流れを汲む対象関係論や**源家族療法**（Framo, 1992）によれば，私たちが自分自身の体験や状況をどのように理解しそれに反応するか，人とどのように関わるかは，乳幼児期からの主として両親との間で経験したことに影響されているという。つまり，夫婦というものは大人同士の現在の関係なのだが，そこには過去における幼児としての親との関係や体験という，きわめて個人的で主観的な枠組みを通して関わっているということである。したがって，現在の夫婦関係やそこに生じる問題を理解し援助していくためには，時に幼少期からの親との関係を理解する必要がある。

⑸ 夫婦における同程度の心理的成熟度

どのような人を結婚相手として選択するかは，当人たちの意識を遥かに越えた無意識レベルの問題が関わってくるが，第3章ですでに述べたように，家族療法家たちは，夫婦は基本的に自分と同じくらいの心理的成熟度の人をパートナーとして選択すると考えている。これは，問題を夫婦という関係性の中で理解すること，あるいは夫婦を相互に影響を与え合うシステムとして理解することの重要性を示すものでもある。

第 *3* 節　　新婚期の発達課題

岡堂（1991）は，恋愛や結婚に関するメディア情報の非現実性を批判し，

「結婚は生活そのものであって，経済的に豊かなだけで自動的に幸福になれるわけではない。また，愛があるだけでも十分ではない。結婚前に準備すべきことがあるし，結婚してからも取り組むべき課題は多いのである」と述べている。では，その取り組むべき課題とはどのようなことだろうか。

(1) 相互信頼感の確立

多くのカップルは，自分たちはお互いのことをよく知っているし，誰よりも信頼し合っていると考えて結婚生活を始めるであろう。しかし，後述するように，現実の結婚生活においては，夫婦の関係を優先するのかそれとも実家との関係を優先するのか，あるいは，家庭と仕事のバランスをどのようにとるかなど，これといった正解などない，必ずしも2人の答えが一致しないような問題を次々と解決していかなければならない。そして，時には一方が他方を傷つけるような言動をしたり，あるいはお互いに傷つけ合うことも起こりうる。そうした問題をどのように解決していけるのかによって，夫婦はよりいっそうお互いに対する信頼感を強めていけるかもしれないし，反対に不信感を募らせていくかもしれない。

新婚期における夫婦の相互信頼感は，その後の家族生活の土台になるといっても過言ではない。子どもが思春期に入って何らかの問題を呈して両親がセラピーに来るケースや，子どもが実家から巣立っていった**熟年離婚**の危機にある夫婦のケースなどの中に，新婚期におけるパートナーに対する不信感を長年にわたって潜在化させてきたケースが少なからず見られる。

(2) 相 互 適 応

すでに述べたように，結婚とはまったく異なる背景をもった2人が生活を共にすることであり，日常生活のささいなことにもその違いが現れる。ある夫婦は，洗濯物のたたみ方の違いをめぐって最初の夫婦喧嘩をし，またある夫婦は，食事中にテレビをつけておくか消すかをめぐって夫婦喧嘩をした。それぞれにとっては，自分のやり方こそが正しいのであり，相手のやり方は間違っていると認識されている。正解は1つとは限らないとか，あるいはそもそも正解などないという考え方は想像もつかないのである。

しかし，夫婦はこうした一見ささいにも見えるさまざまな葛藤や問題に真剣に向き合い，時には衝突したり傷つけたり傷つけられたりする中で，少しずつパートナーのことも自分自身のことも理解が深まり，その夫婦なりの問題解決の仕方やルールをつくり上げていく。しばしば結婚は忍耐の連続といわれるが，それは単なる自己犠牲や一方的な支配であってはならない。むしろ，お互いに歩み寄り自分も相手も大切にする努力が必要である（野末，2015a）。

(3) 相互依存

ここでいう夫婦の相互依存とは，お互いにお互いを必要とし支え合うことであり，しかもそのことがお互いに受け容れられた状態である。ここでとりわけ重要なのは，どれだけ自分がパートナーに安心して情緒的に依存できるか，そしてパートナーの情緒的依存を受けとめられるかである。そのありようは夫婦によってずいぶんと異なるものであり，ある夫婦にとっては，お互いの1日の出来事を，夕食をとりながらじっくり共有することかもしれない。またある夫婦にとっては，日常的な会話はさほど頻繁ではなくとも，何か困ったことがあるとパートナーにまず相談するという形で実現されているかもしれない。

しかし，愛し合って結婚したはずの夫婦でも，それほど簡単にお互いに依存し合えるわけではない。第3章で述べた依存に対する恐怖を抱えていたある夫は，夕食時に妻が日中の友人との付き合いで嫌だったことを話し続けることに対して，「自分のストレスは自分で処理してくれ」と突き放し，妻を落胆させた。一方妻は，夫が仕事で疲れて帰ってくるのは男性として当たり前のことであり，それに対する配慮は特に必要ないと考えていた。また，ある夫は仕事で悩みを抱え妻に話を聴いてもらおうとしたが，妻は「男のくせに情けない。私はあなたの母親じゃないんだから，愚痴なんか聴きたくない」と突き放した。夫は「お前だって女らしくないんだから，俺だって男らしくなくてもいいだろう」と心の中では言い返したものの，面と向かって妻には言うことができず，酒量だけが増えていった。お互いのことを大切にするとか，夫婦がお互いを思いやると理想を口にするのは簡単だが，実生活の中でそれを実現していくのはそれほど簡単なことではないのである。

⑷ さまざまなバランス取り

　夫婦は，雑多な日常生活の営みをめぐって，あるいはさまざまな人との関係について，お互いになるべく満足できるようなバランス取りをしていかなければならない。

　まず，家事や家計をめぐるバランス取りの問題があろう。夫が働き妻は専業主婦という場合にはさほどではないかもしれないが，共働き夫婦の場合は，避けられない重要なテーマとなるだろう。食事づくり，洗濯，掃除を誰がどの程度やるのか，貯蓄や小遣いはどの程度にし，誰が管理するのか，これらはいずれも共同生活の根幹に関わる部分である。

　次に，夫婦であることと，それぞれが個人であることのバランスをどのようにとるのかという問題がある。休日の過ごし方1つとっても，お互いに一緒に出かけたいとか，別々に好きなことをやりたいということで一致すればよいが，一方は自分の趣味に時間を費やし，他方は一緒に過ごすことを望むような場合はどうすればよいか。一般的には，独身時代よりも一緒に過ごせる時間は増えるが，それゆえにその配分をめぐって2人の違いが浮き彫りにもなりうる。

　また，とりわけ日本の夫婦にとって大きな問題となるのは，仕事と家庭のバランスをどうとるかという問題であろう。世代によって多少異なるものの，一般的に夫は家庭よりも仕事に時間もエネルギーもとられ，まるで会社と浮気しているようだとも揶揄される。共働き夫婦の場合，一方に家庭役割が集中してしまったり，双方が仕事で多忙ゆえに家庭で過ごす時間が減り，いったい何のために結婚したのかという疑問すら覚えるかもしれない。

　このように，夫婦が直面するバランス取りの問題はさまざまであるが，多くの夫婦にとっての最も大きな悩みの種は，夫婦としての絆とお互いの実家との関係をどのようにしてバランスをとるかということであろう。新居をどこにするか，子どもはいつつくるのか，夏休みや正月を夫婦2人で過ごすのか，それともどちらかの実家を訪問するのか，などをめぐって，夫婦間で衝突が生じたり，夫婦と実家との間で対立が生じることもある。ここで重要なのは，第3章で述べた源家族からの自己分化であり，独身時代から融合や情緒的遮断といった問題を抱えてきた人は，夫婦の絆よりも実家との関係を最優先したり，反対に実家との関係をまったく無視して夫婦の絆を強調し過ぎるといった問題を生

じかねない。大切なのは，実家との関係を切ることなく保ちつつ，夫婦としての絆をいっそう強めていくことである。

(5) 子どもをもつ決心・もたない決心

　柏木（2003）が指摘するように，現代の夫婦にとって，子どもは自然に「授かる」ものから夫婦の意思決定に基づいて「つくる」ものに大きく変化している。そして，子どもをもつのかもたないのか，もつとしたらいつ，何人つくるのか，子どもができたら仕事はどうするのか，家事はどう分担するのか，といったことについて，夫婦で解決していかなければならないのである。その際，長期間にわたって子どもを育てていくことを考えれば，経済的な問題やサポート資源がどれだけ得られるかも考慮しなければならない。また，臨床的な観点からいえば，子どもをもち自分が親になることに対してどの程度肯定的かそうでないかは，その人自身の乳幼児期からの親との関係にも影響を受けている。

　結婚よりも妊娠のほうが先の婚前妊娠結婚は，かつては「できちゃった結婚」と否定的なニュアンスを伴って語られ，最近ではむしろ肯定的なニュアンスが強調され，「授かり婚」「おめでた婚」「Ｗハッピー婚」と呼ばれるようになっている。データを見てみると，1975年では結婚全体の6.7％だったのが，2000年以降は20％前後となっている（岩澤・鎌田，2013）。マクゴールドリック（McGoldrick, 2016）は，夫婦の相互適応をより困難にする要因の1つとして，結婚後1年以内もしくは結婚以前の妊娠をあげている。また，藤井（1996）は，望まない妊娠の結果生まれた子どもへの虐待の問題を報告している。とはいえ，このような家族療法家たちの臨床的知見に基づいて，婚前妊娠結婚や望まない妊娠は離婚や虐待につながるリスクが高いなどと単純にいうことはできない。妊娠を肯定的に受けとめられたのかそうでないのか，それに続く結婚はどの程度2人が望んだものなのかそうでないのか，サポート資源の有無など，さまざまな観点からの実証的研究が必要であろう。

　ところで，近年は子どもをもつにあたって，不妊治療が重要な選択肢の1つとなっている。『第15回出生動向基本調査』（国立社会保障・人口問題研究所，2015b）によれば，不妊治療中もしくは過去に治療経験ありの夫婦の割合は上昇しており，2015年には約20％にあがっている（図4-3）。不妊治療は医学的

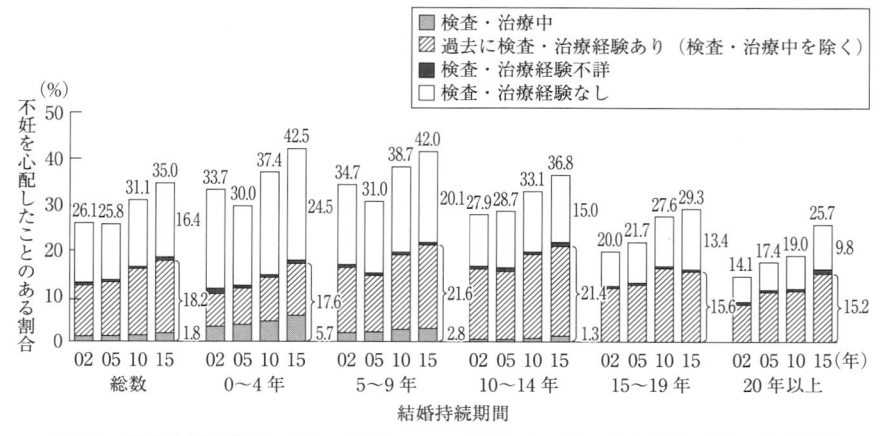

図 4-3　結婚持続期間別に見た，不妊について心配したことのある夫婦の割合と治療経験

（注）　対象は初婚どうしの夫婦。総数には結婚持続期間不詳を含む。
（出所）　国立社会保障・人口問題研究所，2015b。

な問題のみならず，検査や治療を受けること，いつまで継続するかなど，夫婦で話し合って解決しなければいけないことが多々あり，時に夫婦関係を大きく揺さぶるストレスフルな出来事である（平山，2017）。

(6)　コミュニケーション・スキル，葛藤解決のスキルを獲得する

　これまで見てきたように，結婚生活においてはそれまでの独身生活とは比べものにならないくらい多くの課題が待ち受けており，夫婦はそれを1つひとつ解決していかなければならない。そこで重要になってくるのが，夫婦のコミュニケーション・スキルや葛藤解決のスキルである。これについては，すでに第3章で一部ふれているので，ここでは実証的データに基づくカップル・セラピーを実践しているゴットマンとシルバー（Gottman & Silver, 1999）の知見を紹介する。

　それによれば，結婚生活に満足している夫婦でも，価値観や興味には大きな違いが見られるし，仕事や子育てや家事をめぐって衝突することもあるが，否定的な相互作用だけでなく肯定的な相互作用が頻繁に生じているという。また，夫婦関係に深刻な傷となりうるコミュニケーションとして，**非難**（criticism），**侮辱**（contempt），**自己防衛**（defensiveness），**遮断**（stonewalling）という4つの

危険因子をあげており，これらによってパートナーを糾弾することを「洪水」と呼び，結婚満足度の低い夫婦の特徴の1つと考えている。一方，満足度が高い夫婦でも4つの危険因子は見られるが，**修復の試み**（repair attempt）が効果的に行われていることを見出している。

(7) 夫婦としてのアイデンティティを確立する

新婚期における夫婦の発達課題は，結局のところ夫婦としてのアイデンティティを確立することである。すなわち，出会いから結婚に至る道のりを振り返り，日々の生活の中で葛藤と和解を繰り返しながら徐々に親密性を高め，「私たちは夫婦である」という感覚を身につけ共有することである。この感覚は，その後の家族ライフサイクルの中で幾度となく再検討と修正が行われるが，とりわけ新婚期は，次の段階で子どもが生まれたときに，「私たちは家族である」という家族としてのアイデンティティを獲得する基盤ともなるものであり，最も重要であるといえよう。

第 *4* 節　　夫婦が抱える心理的問題と悪循環

最後に，カップル・セラピーに訪れる夫婦のみならず，多くの夫婦が抱える心理的問題と関係における悪循環について取り上げる。

(1) 夫婦関係や結婚生活に関する非合理的思い込み

非合理的思い込み（irrational belief）とは，私たちが物事の状況や体験をとらえる際の認知の歪みであり，内的葛藤を生み出すだけでなく，対人関係にもマイナスの影響を及ぼすものである。夫婦関係や結婚生活に関する非合理的思い込みは，主としてその人の源家族における体験によって形成されると考えられるが，その他，教育やマスメディアの影響も無視することはできない。以下に，平木（1992），野末（2015a），パロットとパロット（Parrott & Parrott, 2006）をもとに，比較的一般的と思われる非合理的思い込みをあげる。

　・孤独は，結婚生活によって癒される。
　・愛さえあれば夫婦の関係はうまくいく。

- 愛し合っていれば，気持ちや考えを言わなくてもわかり合えるはずだ。
- 葛藤はなるべく避けたほうがよい。
- 夫婦の間では，何を言っても許される。
- 2人の意見が食い違ったとき，どちらかが正しくどちらかが間違っている。
- 夫婦の関係がよりよいものになるためには，相手が変わらなければならない。
- 自分のことを一番理解してくれるのは親である。
- パートナーとの間で問題が生じたら，実家を頼るのは当然だ。

　こうした非合理的思い込みを頑なに保持していると，パートナーに過剰な期待をしたり，パートナーの言動によってひどく落胆したり激しい怒りを覚えたり，自分の言動に責任をもとうとせず，過度に依存的な態度をパートナーに向けたり，さらには実家を巻き込んで夫婦間葛藤がかえって悪化する可能性がある。したがって，夫婦の関係がうまくいっていないとき，どのような非合理的思い込みが影響を与えているのかを理解し，修正する必要がある。

(2) カップル・ダンス

　カップル・ダンス（couple dance）とは，ミデルバーグ（Middelberg, 2001）が指摘した夫婦の悪循環のパターンである（図4-4）。彼女によれば，夫婦は2人の関係の中で何らかの葛藤や緊張状態が見られるとき，いつも同じようなパターンをたどるという。

○ 衝突のダンス（the dance of conflict）

　夫婦は，2人とも自己愛的に傷つきやすく，何かのきっかけで一方が批判されたと感じたり，共感してもらえていない，注目してもらえないという体験をすると，相手を責め，いつの間にか非難の応酬となる。お互いに自分こそ被害者であり，変わるべきは相手のほうだと思っている。そして，お互いに共感性が低く，自分の言動が相手を傷つけていることには気づきにくい。

○ 距離のダンス（the dance of distance）

　衝突のダンスのように相手を非難するということはせず，自己愛的に相手との関係から引きこもる。いわば冷戦状態となるが，心の中ではパートナーに怒りを感じている。お互いに，相互を傷つけ，自分が傷つけられることを恐れて

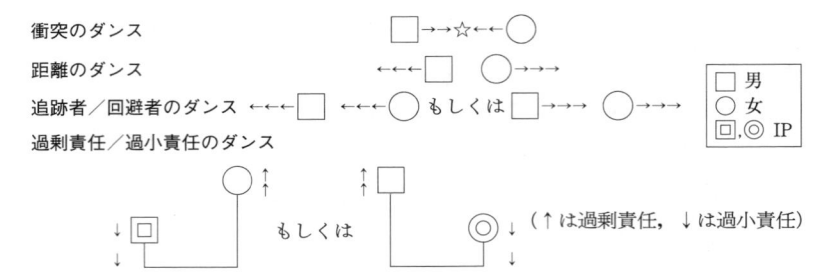

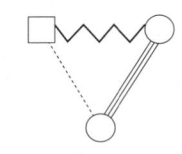

三角関係化のダンス（「父母間は葛藤状態，母娘間は融合，父娘間は疎遠」の例）

図4-4　カップル・ダンスの5パターン

いる。

○ **追跡者／回避者のダンス（the pursuer / avoider dance）**

　一方が感情的に他方を追い求め，他方は知性化して回避するパターンである。追跡者は，自分自身の自己愛的な欲求を満たしてくれるような，強い情緒的なつながりをパートナーに求めている。回避者は，パートナーと距離をとることで，自分自身の傷つきやすい自己愛を守ろうとする。追えば追うほど逃げる。逃げれば逃げるほど追う，という悪循環になる。

○ **過剰責任／過少責任のダンス（the overresponsible / underresponsible dance）**

　この夫婦の関係は，世話役と患者，あるいは過保護な親と依存的な子どもの関係にたとえられる。過剰責任者は，自分自身の依存欲求を否認し，過少責任者に投影している。過少責任者は何らかの症状や問題がある人（IP）であることが多いが，有能になることや自己充足を恐れ，2人は不安定ながらも二極分化した関係を保ち続けている。過少責任者の機能レベルを上げるだけでなく，過剰責任者の内的問題も扱う必要がある。

○ **三角関係化のダンス（the dance of triangulation）**

　夫婦間の葛藤が2人の関係の中だけでは処理しきれないで，第三者を巻き込

むパターンである。巻き込まれる第三者には，子ども，源家族，浮気相手，そして仕事などが多いが，時にセラピストも巻き込まれることがあるので注意を要する。

【野末武義】

　家族における異なる世代間の心の絆（例えば親と子）を垂直的忠誠心，同じ世代内の心の絆（例えば夫と妻）を水平的忠誠心というが，この両者のバランスをめぐってしばしば家族の中で葛藤が生じる。

　例えば，結婚を機に妻の親が娘夫婦に新築マンションを購入してあげたとしよう。場所は妻の実家から徒歩 10 分ほどで，新婚の 2 人は，最初は新しくてきれいな新居に住めることに幸せを実感するかもしれない。しかし，頻繁に妻の両親が訪ねてくるようになると，2 人で過ごす時間がもっと欲しいと不満を漏らす夫と，頻繁に両親と会って話ができ，時にお小遣いまでもらえることに満足している妻とで，夫婦関係と親との関係のどちらが大切なのかをめぐって，しだいに衝突が増えるかもしれない。

　このように，実家との付き合い方をめぐって夫婦が衝突することもあれば，生活習慣やより心理的なレベル，すなわち価値観や家族観をめぐって夫婦が対立することの根底に，垂直的忠誠心の強さが潜んでいることがある。例えば，夕食のときにテレビをつけて食べるかどうか，お金の使い方，家事分担をどうするか，子どもをどのように躾けて育てるかなど，数え上げればきりがない。

　これらはいずれも，それぞれの源家族での生活習慣や家族関係や価値観が絡んでいるので，夫婦のどちらが正しくてどちらが間違っているかということは難しい。しかし，多くの夫婦は「自分が正しい」と主張し，パートナーを理解するゆとりがなくなる。そして，何とかパートナーを変えようと必死になるので，かえって溝が深まることになりかねない。このような場合，なるべく 2 人が納得できるような歩み寄りをすること，つまりアサーティブな話し合い（野末，2015a）が重要である。

　とりわけ新婚期に大切なことは，さまざまな夫婦間の違いや葛藤を通して，これまでのお互いの生活習慣や考え方，その根底にある源家族の影響を理解し認め合い，そのうえで，2 人が新たなルールや生活習慣，そして価値観を少しずつつくっていくことなのである。アメリカのカップル・セラピストのグレイは，「男は火星から来た，女は金星から来た，だけど地球で生きている」と述べている（Gray, 1992）。この「男」を「夫」に「女」を「妻」に置き換えて，2 人で新たな世界をつくっていく覚悟が必要である。

【野末武義】

第5章 乳幼児を育てる段階

「親になる」とは

　子どもが誕生することにより，夫は父親に，妻は母親になる。その意味では，親になるということは，何も特別なことではない。しかし，現代の日本においては，虐待される子どもは増加の一途をたどっており，不登校やいじめなど学校での不適応の問題，さらに子どもの心身の健康の問題に悩む親も少なくない。その中で，家庭の養育機能や教育機能の低下が指摘され始めている。

　こうした問題の背景には，親自身が抱えている問題もあるものの，現代社会が子育てをしていくうえで必ずしもプラスにならない面を抱えていることも無視できない。核家族化と少子化，それに伴う親族関係の希薄化や，地域社会の崩壊といった現象は，濃密に関わり合う人間関係の煩わしさから人々を解放した反面，子育てをしていくうえで不可欠な物理的・情緒的サポートを得ることが困難な社会となり，子育てが非常に孤独でストレスに満ちたものとなってしまっている。

　本章では，こうした現代社会が家族にマイナスの影響を及ぼしていることを前提にしながらも，「親になる」ということに焦点をあて，その中で生じる個人としての変化やストレス，ならびに家族としての変化やストレスについてふれ，子どもの心身の健全な発育のために親としてできることについて検討する。

第1節 子どもの誕生をめぐるさまざまなストレス

　子どもは，親の養育なしに自力では育つことのできない，無力で受動的な存在である。しかし，そのこと自体が，長期間にわたって親に大きな影響を与え続ける，非常にパワフルな存在でもあるともいえる。子どもの誕生によって家族はどのような影響を受けるのか，どのようなストレスや危機がもたらされる

のであろうか。

(1) 経済的ストレス

　子どもを産み育てていくには，それなりの経済的基盤が必要である。衣食住に関わる負担の増加，出産費用や医療費の負担，幼稚園や保育園の学費や保育料など，数え上げればきりがない。経済的な不安から子どもを産む決心ができない夫婦や，1人を育てるのがやっとで2人目をあきらめる夫婦も珍しくない。また，重篤な虐待の問題を抱えている家庭では，根底に貧困の問題があることも指摘されており，子育てにおける経済的な問題は，最も基本的な日常生活を営むうえでも無視できないものである。

(2) 身体的ストレス

　妊娠・出産・子育てにおける身体的なストレスは，何といっても妻の側に大きい。妊娠中のつわりや腰痛，時には命に関わる出産時の母胎への負担，そして不眠不休ともいえる毎日の育児など，妻はまさに身を削って子どもを産み育てていくことになる。

　一方，夫は妻と同じような身体的変化は経験しないものの，身体的ストレスがないかといえば必ずしもそうではない。仕事で疲れて帰宅しても，夜中に子どもの泣き声で睡眠が分断され，睡眠不足のまま毎日出勤しなければならないという状況も起こりうる。共働きで夫も積極的に育児を分担しているような場合は，それ以上の負担が重くのしかかる。

　子育てにおいて最も重要なのは子どもへの愛情であろうが，身体的疲労は抑うつを引き起こす大きな要因であることを考えると，親の側の体力と健康も決して軽視することはできない。

(3) 心理的ストレス

　多くの親にとって，育児は不安との闘いであり試行錯誤の連続である。赤ん坊はなぜ泣いているのか。おっぱいを求めているのか，おむつが汚れて不快なのか，眠たいのか，それとも何か不安なことがあったのか。そして，何をしてやったら泣きやむのか。また，乳幼児は身体的不調を言語で表現することがで

きないため，親とはいえ状態を的確に判断することは容易ではないし，その状態も短時間で急変することもあり，その間の親の不安は非常に強い。そうしたさまざまな事態に直面し，ある親は子どもに対して否定的な感情を募らせ，ある親は適切に対処できない自分を責め，抑うつ的になってしまう。

　このような心理的ストレスは避けることができないものであるが，多くの親は，その一方で子どもの日々の変化と成長に喜びを感じ，そうしたストレスに何とか対処していくことができる。

(4) 人間関係のストレス

　子どもの誕生は，夫婦以外の人間関係にも変化をもたらす。「公園デビュー」という言葉が一時盛んに用いられたが，乳幼児をもつ母親が同じような母親と良好な友人関係をもてることは，非常に大きな心理的支えとなる。しかし，その母親同士の関係が，お互いに率直に言いたいことが言えない表面的な関係にとどまると，かえって付き合いそのものが大きなストレスとなりうる。

　また，現代は子育てに対して冷たい社会だともいわれる。昔は，子どもがデパートで欲しいものをねだって大声で泣くなどということは当たり前のことであった。しかし，もし現在そのようなことがあれば，親に対して冷たい視線を投げかける人も少なくないし，親が子どもを叱っている姿を見かけただけで，「虐待ではないか」と児童相談所に通報する人もいる。そのような状況は，親をますます孤立させ，不安と緊張感が高まり，そのストレスが結果的に子どもに向いてしまうという悪循環も生じる。

第 *2* 節　　妊娠・出産・子育てと夫婦関係の変化

　「子はかすがい」とか「子宝」という言葉がある。子どもの誕生は，夫婦にこの上ない幸福感をもたらし，子どもは両親の愛情に包まれてすこやかに成長する，という理想化されたイメージをもつ人も少なくないであろう。しかし，子どもの誕生は，必ずしも夫婦に幸福感だけをもたらすものではないというのが現実である。

(1) 夫婦関係に対する満足度の変化

　ベルスキーとケリー（Belsky & Kelly, 1994）は，アメリカにおいて第1子妊娠から7年間にわたって250家族を追跡調査し，子どもの誕生が夫婦に及ぼす影響について分析した。その結果，約半数の夫婦が，子どもの誕生によって結婚生活の質が悪化したと考えていることが明らかになった。

　日本においては，かつては，子どもの誕生を契機に妻は親役割を，夫は職業役割をという分業体制となって一応の安定を示し，子どもの誕生による夫婦関係の悪化はさほど顕著ではないとされていた（小野寺・柏木, 1997）。しかし，結婚経過年数別に結婚満足度を調べた田中（2012）は，結婚当初に妻の結婚満足度が大きく低下することに加え，0〜6歳の子どもの存在が満足度を低下させることを見出した。また，ライフステージごとの結婚満足度を調べた伊藤（2015）によれば，結婚当初から子育て期，中年前期，中年後期，夫定年後に至るまで，夫よりも妻の結婚満足度が一貫して低く，とりわけ子育て期に大きく低下し，それ以降は横ばいであるという。また，夫の結婚満足度も時間の経過と共に徐々に低下するものの，妻のような大きな変動は見られないという。

　一方，夫婦家族療法の現場において，最近は虐待といった深刻な問題ではなくとも，乳幼児を抱えた夫婦が，子育てをめぐる夫婦の衝突や浮気やセックスレスの問題を主訴として来談することも珍しくなくなっている。これらのことを考えると，アメリカほど顕著な傾向は今のところ見られないものの，日本においても，子どもの誕生は時に夫婦関係の悪化をもたらすこともあり，今後はその傾向が強くなっていくことが予測される。

(2) 夫婦が直面するさまざまな課題

　夫とともに心理療法家であり家族問題に詳しいレーナー（Lerner, 1998）は，自身の母親としての子育て体験をもとに，子育てにおいて夫婦が直面するさまざまな課題について具体的に述べている。以下に，レーナーが取り上げている課題を中心に補足して説明をする。

○ 子どもの世話と家事

　まず最初にあげられるのは，子どもの世話と家事を夫婦がどのように分担するのかという課題である。夫は仕事，妻は家事と子育て，というような **伝統**

的性別役割観 の夫婦においては，この課題は表面化しにくいかもしれないが，妻に大きな負担がかかる可能性がある。一方，夫も家事と子育てを分担している場合，誰が何をどの程度やるのかをめぐって夫婦が一致しないことが多々起こりうる。赤ん坊が泣いたら誰が抱っこするのか，誰がおむつを替えるのか，夫婦ともに体調が悪いときに食事の支度は誰がするのか，といった数え切れないほどの雑事に直面し，その都度対処していかなければならない。

○ 仕事と家庭のバランス

一般的に妊娠と出産によって，夫はより仕事に責任を感じ，妻はより家庭生活に責任を感じる傾向があるといわれている。こうした変化をお互いに肯定的に受け容れられれば問題はないが，現実的には葛藤を感じる夫婦が少なくない。専業主婦家庭では，夫が仕事にばかりエネルギーを注ぐことに対して，妻は支えてもらえないという不満を感じるかもしれないし，夫のほうは，妻が子どもにばかりエネルギーを注いでいるように感じられ，自分の存在が軽視されているように感じるかもしれない。

共働き家庭においては，最も解決の困難な葛藤になるかもしれない。子どもが病気になったときに誰が仕事を休んで子どもの世話をするのか，2人とも仕事が忙しくストレスを抱えているときに，どのようにお互いを支え合えるのかなど，正解などというものが存在しない課題をこなしていかなければならない。

○ 拡大家族の問題

子どもの誕生は，実家との関係でいえば祖父母の誕生でもある。祖父母の存在は，子育てをしていくうえでの大きな支えになりうるが，祖父母と子育てについての考え方が食い違っていてうまく解決できなかったり，祖父母が子育てに過剰に介入してくるような事態が生じると，嫁姑の衝突や，夫婦間の対立に発展しかねない（汐見ら，1999）。

○ 夫婦としての親密さを回復すること

妊娠と出産により，夫婦2人の生活から子どもを含めた3人以上の生活に移行することによって，これまで述べてきたようなさまざまなストレスに対処し課題を乗り越えていかなければならない。そして，心身ともに多大なエネルギーを消耗するため，夫婦としての親密さを回復することにエネルギーを注ぐことは容易ではない。

最も端的な例は，セックスをめぐる夫婦の葛藤である。一般的には，妻のほうが関心も意欲も低下しがちであり，夫とのずれが大きくなったり，あるいは妻の妊娠・出産によって，夫が妻を「母親」としてしか見られなくなるなど，予想しなかったような大きな変化に直面する。そうした変化に対して夫婦が協力して向き合えないと，夫の浮気やセックスレスという問題（汐見ら，1999）に発展しやすいのもこの時期である。

○ お互いの子育て観を理解し共有すること

　子どもの誕生を心待ちにしていた夫婦が，実際に子育てをしていく中でお互いの子育て観の違いが明確になり，「どちらが正しいか」をめぐって衝突を繰り返すことも珍しくない。ちょっとした子どもの行為に対して，一方はきつく叱り，他方は大目に見るという夫婦の対応の違いは，比較的よく見られるものであろう。その時に，往々にして2人とも自分のやり方が正しく，パートナーも自分と同じように対応すべきだと考えがちである。しかし，子育てには一見相反することの両方が大事なこともあり，「どちらが正しいか」という認識は，夫婦の葛藤を増幅することにはなっても問題解決には至らないことが多い。しかも，夫婦が意識的・無意識的にもっている子育て観は，自分自身の子ども時代の体験や源家族の価値観にも強く影響されており，夫婦がそうした背景もふまえてお互いに理解し合い共有することが必要である。

第 3 節　　子どもの心身の発達を促進する（母）親の機能

　これまで見てきたように，子育てにはさまざまなストレスが伴い，夫婦は数えきれないほどの課題に日々直面している。その中で，子どもの心身の健全な発達を促進できるような親の機能とはどのようなものであろうか。ここでは，もともと小児科医であり後に精神分析家となったウィニコット（Winnicott, 1965）の情緒発達理論をもとに解説する。なお，ウィニコットは「母親」という言葉を用いているものの，この節のタイトルを「（母）親の機能」としているのは，父親にも同様に必要とされる機能であるという意味を込めている。

(1) 抱える環境（holding environment）

　親が乳児を **抱っこ**（holding）するとき，平均的な親であれば，特別な意識をしなくとも，乳児の首のあたりと太もものあたりをそっと支え，ゆっくりと優しく抱き上げるであろう。一見何気ないこうした関わりの積み重ねが，子どもに安心感と安全感をもたらすことにつながり，基本的な信頼感の形成につながっていく。抱える環境とは，このように無力で脆弱な乳幼児を心身共に守ろうとする親の関わりであり，夫婦の関係であり，生活環境である。そして，主として母親が子育てを担っているとすれば，直接的に子どもを抱えているのは母親であるが，その母親をいかに父親が抱えられるか，さらにその家族が社会の中でどれだけ抱えられているかも重要である。

　したがって，仮に子どもに対して直接的な身体的虐待がなかったとしても，子どもの前で夫婦間の DV があればその影響は深刻であり，心理的虐待と見なされるようになった。あるいは，夫婦が一所懸命子育てに取り組もうと努力する意思があっても，夫の職場が危機的な状況にあり，経済的に逼迫した日常を送らざるをえないとすれば，結果的に夫が妻を抱えることは難しくなり，妻の負担感は軽減されないであろう。

(2) ほどよい母親（good enough mother）

　ウィニコットは，平均的な母親がごく普通に子どもと接することが重要だと考え，決して完璧な母親（perfect mother）である必要はないことを強調した。「ほどよい」とは，時に子どもの欲求に応えられなかったり，子どもに対して否定的な感情を抱くこともあるが，全体として見れば子どもを愛し，子どもから信頼される親である。

　現代の日本においては，完璧な親にならないといけないと思い込んでいて，それゆえに現実とのギャップに苦しむ親が少なくない。そうした親にとっては，親というものは完璧である必要もないしそもそもそれは不可能なことであって，ほどよい親であれば子どもにとって十分であることを知ることは重要であろう。

(3) 生き残る母親（mother's survival）

　乳幼児は，いつもかわいらしく従順なわけではない。大きな声で泣き叫んだ

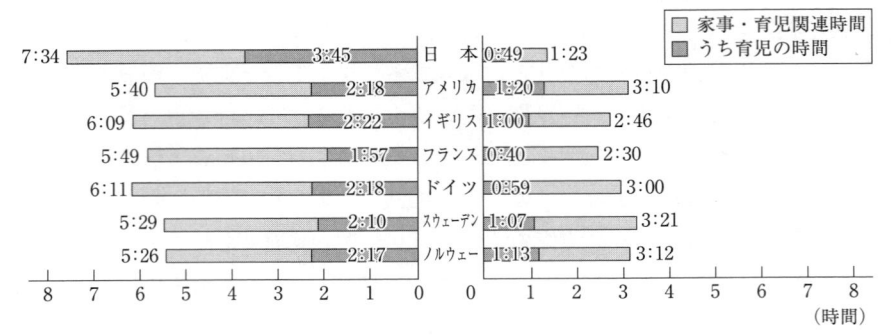

図5-1　6歳未満の子どもをもつ夫婦の育児・家事関連時間（1日当たり）の国際比較

（注）　Eurostat "How Europeans Spend Their Time Everyday Life of Women and Men"（2004），Bureau of Labor Statistics of the U.S. "American Time Use Survey"（2016）および総務省「社会生活基本調査」（2016年）より作成。
　　　日本の数値は，「夫婦と子供の世帯」に限定した妻・夫の1日当たりの「家事」，「介護・看護」，「育児」および「買い物」の合計時間（週全体）である。
（出所）　内閣府男女共同参画局，2017。

り，授乳の際に母親の乳房を強く噛むこともあり，攻撃性をさまざまな形で表出する。とりわけ2歳前後になるといわゆる **第一反抗期** を迎え，強く自己主張したり反抗的な言動もするようになり，攻撃性はその度合いを増す。子どもから向けられる攻撃性に親は戸惑い，不安を感じ，そして傷つき，怒りや憎しみを感じることもある。しかし，そのような子どもの攻撃性に向き合いながらも親は耐え，生き残らなければならないとウィニコットはいう。つまり，ひどく落ち込んで親としての自信を失ってしまわないこと，そして子どもから向けられた攻撃性以上の激しさを子どもに向けるような仕返しをしないということである。

　「生き残る」ことはどの親にとっても容易なことではないが，とりわけ親になる以前の人間関係で葛藤を回避してきた人にとっては，逃れられない子どもとの関係は大きな苦痛をもたらす。また，自己愛的に傷つきやすい人，自分の思うように人間関係をコントロールしたい欲求が強い人，パートナーからのサポートが不十分だと感じている人にとっても，生き残ることは容易ではない。

第 *4* 節　父親と子育て

　世界的に見て，日本の父親は子どもと接する時間が少なく，家事も子育ても母親任せである（図5-1）。一方で，「イクメン」という言葉が，あるべき父親の姿として頻繁に用いられるようになってきた。それでは，父親が子育てに関わることの意義は何か，そして父親が子育てにより積極的に関わることができるような支援とはどのようなものであろうか。

(1)　父親が子育てに関わる意義

○ **母親へのサポート**

　汐見ら（1994）は，父親がすべき家事と子育ての内容を具体的にあげている。掃除，洗濯，食事の世話，おむつ交換，絵本を読むこと，子どもと遊ぶこと，病院に連れて行くことなど，出産とおっぱいをあげること以外は母親と同じだといっても過言ではない。さらにその前提として，父親が自分自身の身の回りの世話を母親任せにせず自分でやること，つまり身辺的自立が求められる。こうした父親の育児参加は，何よりも母親の身体的負担を軽減することにつながり，母親の育児に対する肯定的感情を高め否定的感情を軽減することが明らかにされている（柏木・若松，1994）。

　また，孤立しがちな現代の母親たちにとっては，父親とのコミュニケーションを通して毎日の子育てで体験したことを共有したり，愚痴をこぼしてストレスを発散することも重要であり，父親は母親を情緒的にサポートすることも求められている。さらに，子育ての方針などをめぐって嫁姑の間に葛藤があるとき，父親はそれを調整することが求められる。

○ **子どもの発達への肯定的影響**

　父親が積極的に子育てに参加することは，子どもの発達にとってもさまざまな肯定的影響をもたらすことが知られている。加藤ら（2002）は，3歳児の集団場面における社会性の発達に関する研究を行い，父親の育児への関わりが直接的な影響を与えていることを明らかにした。また，仁平（2002）は，父親が自分の子どもの友達をどれだけ知っているかということと子どもの **自尊心** の

表 5-1　子育てを通しての親の変化

(%)

	自己中心的 でなくなる	社会が 広がる	責任感 をもつ	性格的・精 神的変化	その他	変化しない	合計
父親	15.3	2.5	22.7	11.0	22.7	25.8	100.0
母親	20.0	12.9	8.0	38.0	14.1	6.7	100.0

（出所）　牧野・中原, 1990。

高さが関連しているという，ローゼンバーグ（M. Rosenberg）の研究を紹介している。この研究の対象者はニューヨークの中高生であり乳幼児ではないものの，父親の子育て参加が子どもの発達に及ぼす肯定的な影響を知る貴重なデータである。

○ 父親自身の人格発達

近年の生涯発達心理学においては，親が子どもの人格発達にどのような影響を与えるかだけでなく，子育てを通した親の人格発達にも関心が高まってきている。

牧野・中原（1990）は，幼児から思春期までの子どもをもつ163組の父母を対象に，子どもの誕生や子育てによってどのような変化が自分自身に生じたかを分析している。それによると，9割以上の母親が「変化した」と答えているのに対して，父親の4人に1人は「変化しない」と答えている（表5-1）。そして，その変化の内容については，母親は「自己中心的でなくなる」「性格的・精神的変化」といった人格的な成長と関連したものであるのに対して，父親は「責任感をもつ」が母親よりも高いという結果を得ている。

また，柏木・若松（1994）は，親が認知する親としての発達を，①小さなことにこだわらない柔軟さと度胸・タフさ，②自分の欲求や立場を抑制し他者と協調する態度，③広い多角的な視野，④運命や信仰などの重視や謙虚さ，⑤生きがいと存在感，⑥自分の考えや立場の明確さ・強さの6領域について調査した。その結果，父親・母親いずれもすべての領域において，親になる以前よりも自分が成長したと認識しているものの，いずれも母親のほうが有意に高いことを明らかにした（図5-2）。

こうした客観的データに基づく研究では，子育てによる父親の人格発達は母親のそれほどではないという結果が得られているが，一方で，実際に子育てに

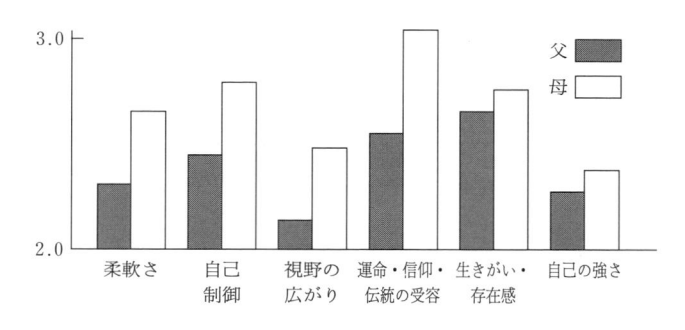

図 5-2　父親と母親の「親となる」ことによる成長・発達

（出所）　柏木・若松，1994。

積極的に関わった父親たちの体験によれば，より積極的な意味づけがなされている。その中で汐見（2003a）は，子育てを通して，無駄を省き効率を重視する企業社会とは異なる価値観を見出すことが，ほかならぬ父親自身の人間性を豊かにすることを主張している。

○ **変わり始めた父親たち**

　先述したように，日本の父親の家事・育児時間は世界的に見て非常に少ない。図 5-3 は 6 歳未満の子どもをもつ父親の育児・家事関連時間である。これを見ると，1996 年の 38 分と比較すると 2016 年は 83 分となっており，45 分増加している。とはいえ，母親の 7 時間 34 分と比べれば非常に少ないことに変わりはないが，それでも徐々に増加していることは重要であり，今後も増え続けることが期待される。

　また，大野（2016）は，男性の中には職業・稼得役割を第一とする「仕事中心型」，職業・稼得役割だけでなく個人的活動を重視する「仕事＋余暇型」，仕事と家庭に同等のエネルギーを配分する「仕事＝家庭型」という 3 つの生活スタイルがあることを見出している。このうち少数派である「仕事＝家庭型」が他のスタイルと異なるのは，短い労働時間と家族と過ごす時間の長さ，家庭への共同参画意識の高さという点であることが明らかになった。2018 年 6 月に成立したいわゆる働き方改革関連法では，長時間労働の是正，正規・非正規の不合理な処遇差の解消，多様な働き方の実現が柱となっている。これから父親たちが長時間労働から解放され，家族と過ごす時間が増えていくことが望まれ

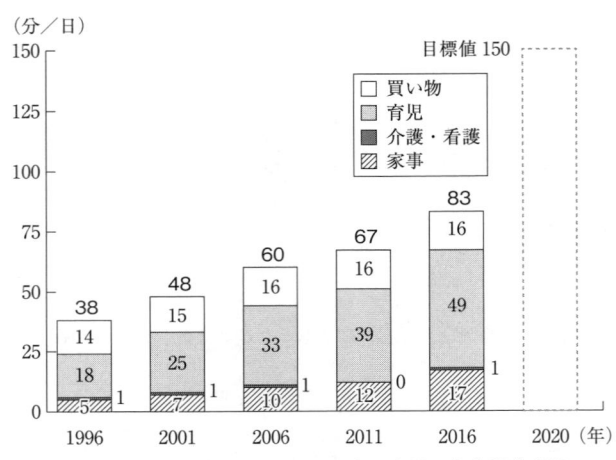

図 5-3　6歳未満の子どもをもつ夫の育児・家事関連時間

（注）　総務省「社会基本調査」より作成。
　　　　太字の値は合計（週全体平均）。
　　　　数値は夫婦と子どもの世帯における時間。
（出所）　内閣府男女共同参画局，2017。

る。

(2)　父親の子育てを支援する

○ 父親の子育てを促進するには

　「育児をしない男を，父とは呼ばない」。これは 1999 年に厚生省（現厚生労働省）が作成した広告のキャッチコピーである。また，ある NPO 団体が作成した「私は，育児なしの父でした。」という，中年男性をモデルとした広告も一時話題になった。こうしたメッセージによって子育てに取り組もうとする父親もいるかもしれないが，このような批判的メッセージは，「母親なんだから子育てをやるのは当たり前」といって母親を責めるのと大差ないであろう。

　また，子育てにはある程度の経済的基盤が必要であることはすでに述べたが，父親の給料が多少下がってもいいから，もっと家族と一緒にいる時間をつくり子育てに関わってほしいという母親は，はたしてどれだけいるのであろうか。舩橋（2000）は，女性の中には，父親には仕事も子育ても積極的に取り組んでほしいと期待する一方，母親は家事と子育てに取り組むべきと考える一群があ

ることを見出している。父親が自分自身のワーク・ライフ・バランスを見直し，子育てにより積極的に関わることが重要であることはいうまでもないが，母親が父親の仕事に対する要求水準を下げたり，母親自身がより家庭経済の担い手として大きな責任を引き受けていくことも，父親の子育てへの関与を促進するはずである。

○ パタニティ・ブルー

ところで，女性が妊娠出産によって情緒的に不安定になる現象はマタニティ・ブルーとしてよく知られているが，近年は男性も同じように情緒的に不安定になることがわかってきており，パタニティ・ブルーといわれる。国立成育医療研究センターなどのチームが 2012 年から 2013 年にかけて行った調査によると，妻の出産後 3 カ月まで追跡できた夫 215 人のうち，16.7％にうつ傾向が見られた（竹原，2014）。これまで，妻の妊娠出産にあたっては，夫の情緒的なサポートの重要性が指摘されてきたが，妻だけでなく夫に対する情緒的なサポートも重要だといえるだろう。

「イクメン」という言葉が一般的に広く知れ渡り，男性も育児をして当たり前と考えられる時代になってきた。しかし，だからといって，仕事をばりばりやってなおかつ育児も積極的に上手にこなし，妻をサポートするのが「イクメン」だとされてしまうと，その理想の姿に男性が押しつぶされるばかりか，女性の男性に対する不満はますます強まり，夫婦関係を悪化させる要因になりかねない。それは，母親が「母親とはこうあるべき」という完璧な母親（パーフェクト・マザー）像に苦しめられてきたのと同じ問題を生んでしまう。ウィニコットがほどよい母親といったように，「イクメン」とはほどよい父親のことだという認識が広がるべきであろう。

○ 増加傾向にある父親による虐待

図 5-4 は，2013 年度から 2017 年度の児童虐待相談における主な虐待者別構成割合の年次推移である。これを見ると，実母による虐待が最も多く，次いで実父による虐待が多いことがわかるが，父親による虐待が増加傾向にあり 5 年間で約 10 ポイント上昇している。これはおそらく，父親が子育てに関わる時間が増えていることと無関係ではないと思われる。そして，虐待とまではいかなくても，子育てのことで悩み不安を抱えている父親は，潜在的には増加傾向

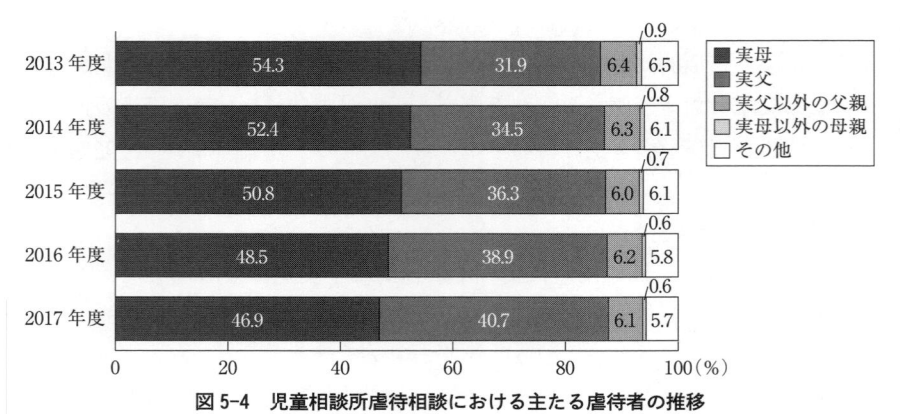

図5-4 児童相談所虐待相談における主たる虐待者の推移

（出所）厚生労働省，2018c。

にあると思われる。

　したがって，虐待問題の解決や予防，そして子育て支援において，対象を母親に限定するのではなく，父親対象の支援や夫婦対象の支援が今後ますます重要になると思われる。

第 5 節　子育てをめぐる夫婦の多様なあり方と自己実現

(1) それぞれの夫婦に適した子育てのあり方

　これまで，夫婦で子育てに取り組むこと，父親が子育てに積極的に関わることの重要性について述べてきた。しかし，だからといって，夫婦対等に子育てをすることが，すべての夫婦にとって最適なあり方であるとは限らない。図5-5は，夫婦でどのように子育てを分担するかということを，単純な連続線上で示したものであるが，そのどこに位置づけられようとも，最も重要なことは，夫婦がお互いの子育ての分担について納得しているかどうか，お互いに支え合っていると実感しているかどうかということである。

図 5-5　さまざまな子育てのあり方

⑵　子育てと自己実現

　自己実現という言葉は，最近では心理学用語としてのみならず，広く一般にも使われるようになった。しかし，本来の意味とは異なる文脈で使われることも多くなっているようである。日本の臨床心理学の発展に多大な影響を与えた河合（1999）は，「お母さん」になると「私」ではなくなるようで怖い，という現代女性に多く見られる悩みを取り上げ，その両方をどう生きるかがその人らしさであり，それを可能にするためには男性の理解と協力が必要であることを指摘している。

　また，現在巷で流行っているのは自己実現ではなく，むしろ利己実現であること，自己実現とは，日々の生活や人間関係におけるさまざまな不安に立ち向かうことそのものであること，そして，子育てとは心も身体も，つまり人間全体を使わないとできないものであり，子育てほどおもしろい自己実現はないと述べている。その意味では，母親も父親も子育てにおけるさまざまな葛藤や不安と向き合い，試行錯誤しながら毎日を必死に生きていくことこそ，真の自己実現であるといえる。

　　　　　　　　　　　　　　　　　　　　　　　　　　　　　　【野末武義】

　戦後の高度経済成長期からしばらくの間は，「男は仕事，女は家庭」という伝統的性別役割観が一般的であり，子育てはもっぱら母親の仕事と考えられてきた。心理学においても，母親が子どもの心身の健康な成長にとって重要な存在であることは，さまざまな角度から検討されてきた。その後，育児にストレスや不安を感じる母親が少なくないことが明らかになり，父親が母親を情緒的にサポートすることの重要性が指摘されるようになった。さらに，女性の社会進出が進み，共働き家庭が専業主婦家庭を上回ったことと並行して，父親がより家事や育児に積極的に関わることの必要性が叫ばれるようになり，「イクメン」という言葉まで登場した。父親がもっと家事・育児を積極的にこなし，夫婦が一緒に子育てをすることが母親や子どもの幸せにもつながる，理想的な家族の姿と考えられた。

　しかし，現実はそれほど単純ではない。夫婦が一緒に家事・育児をするといっても，多くの夫婦にはそのモデルとなる人がいない。自分たちの両親の世代の多くは，性別役割分業が当然だと思って生きてきた。場合によっては，夫婦で一緒に家事・育児をするということに嫌悪感を示す親もいる。また，協力してするといっても，夫婦それぞれの時間的ゆとり，仕事の忙しさや責任の重さ，家事や育児に関わるスキル習得の程度，体力，ストレス耐性など，夫婦とはいえ家事や子育てに関わるさまざまな要素が同等ではない。そのために，夫婦で一緒に取り組もうとすると，お互いの考え方ややり方や能力の違いが明らかになり，衝突したり失望したり怒りを覚えたりすることも起こる。あるいは，自分のほうが過度に負担を負わされているという不公平感を強めてしまう。

　このような家事や子育てをめぐる夫婦間の葛藤を解決する方法を誰からも教えられないまま，私たちは結婚するし親になる。大切なことは，コミュニケーションを通してお互いに自分の気持ちや考えを伝えていくことである。その際に，つい私たちは自分の正当性を主張して，相手の話に耳を傾けなくなりがちである。しかし，それは自分は変わらないで相手を変えようとしているのであり，それによって相手はますます防衛的になって頑なな態度をとるという悪循環が生じる。相手を変えることは非常に難しいが，むしろ自分が変わることによって相手が変わる可能性のほうが高い。そして，できればお互いに完璧ではいられないこと，自分にも相手にも限界があることを認め受け入れることができれば，夫婦間の葛藤はずいぶん小さなものになる。

【野末武義】

第 **6** 章　小学生の子どもとその家族

現代の「児童期」を考える

　　第6，7章では，時の経過とともに発達／変化する子どもたちの姿と，それを取り巻く家族に焦点をあてる。学校という集団教育の場に子どもを送り出すと，多くの親たちは，ひとまずほっと安堵のため息をつくことだろう。育児に明け暮れた数年を振り返る余裕も取り戻すようになる。第6章では，「小学校に上がった子どもとその家族」について考えていくが，伝統的には子どもが身辺自立することで親の養育負担はぐっと減り，親たちがほっと安堵するひとときと期待されたこの時期に，穏やかな安定期というだけでは括れない事態が紛れ込むようになった。そのあたりを，現代的な目でとらえ直してみよう。

第 *1* 節　現代の小学生事情

(1)　クラスの中の子どもたち

　小学校生活を始めた数名の子どもたちに近づいて，その暮らしぶりをそっと垣間見させてもらおう。

○ S輔の場合

　小学校に上がったばかりのS輔に，家から学校までの朝の道のりはたいへん長いものに感じられる。学校は楽しいかと聞かれれば迷わずに楽しいと答えるが，ランドセルは硬くて重いし，登校途中でたまらなくお腹が痛くなることがある。実際，下痢をしてしまうことも珍しくない。そうならないように家を出る前には必ずトイレに寄るが，そのときは何の問題もなく，歩いているうちにじわじわと腹痛が起こってトイレに駆け込みたくなる。親も子も，今日は大丈夫か，痛くならないかという心配が，いつも頭を離れないという。同じ集団

登校班の5,6年生が優しく話しかけてくれると気持ちが紛れるが，黙って歩いているとたいてい痛くなる。我慢できず，走って家に戻ってきたこともある。学校のトイレでは絶対にできないと言い張って，そういう日は学校を休んでしまう。S輔は自覚していないだろうが，お腹が痛くなるのは休み明けに多いし，幼稚園でも **登園しぶり** があり，ひとりっ子のS輔にとって，学校は緊張の高い場なのだろうと両親は話し合っていた。はらはらしながら見守る1学期が過ぎると，「先生がほめてくれた」「友達がこう言った」など，S輔の会話に学校の話が混じるようになった。朝の腹痛の心配を本人がいつの間にか忘れるようになったのは，その後のことである。

○ R夫の場合

　大人の目が届きやすいという理由から，R夫はいつも教壇に一番近い席に座っている。担任のT先生がこまめに声かけをしているが，じっと席に座っていることが彼にはどうしても難しい。授業が始まってしばらくすると，椅子をがたがた動かしたり，手もあげずに質問の答えを言ってしまったり，先生が後ろを向いている隙に，ふらりと教室を出て行ってしまう。T先生はR夫の状態をよく知ろうと，巡回相談でやってくる **スクール・カウンセラー** に相談したり，勧められた **発達障害** についての本を読んだりして勉強している。指導にあたっては，保護者の理解と協力を得ることが欠かせないと考え，R夫の現実をよく知ってほしいというねらいから，R夫の行動記録をこまめにつけたり，頻繁に家庭に電話を入れて逐一母親に報告するなど，熱心に家族への働きかけを行ってきた。はじめのうちは感謝されお礼を言われたが，しだいに電話に出る母親の声がつっけんどんになり，やりとりもおざなりになって，様子を見にクラスに足を運んでほしいという依頼は，何やかや理由をつけられ成り立たないままになってしまっている。しだいに先生の目に，親としての責任を取ろうとしない非協力的な人たちだと映るようになってしまった。R夫の両親から学校の管理職に抗議の電話が入ったが，それは，家族の，特に母親の不安と罪悪感が一番高まった頃でもあった。担任の先生には不本意な事態だったが，親には，子どもの問題で家族を追い詰める先生と感じられ，その熱心さを受けとめることが難しかった。そしてそんな親心を理解することが，まだ年若い先生には簡単にできなかった。

○ T子の場合

　T子は，入学と同時にちょっとした有名人になった。はやりの芸能人を真似てカラーリングした巻き毛と，長くふんだんなフリルが足に絡まり，歩くだけで転びそうなロングドレスが，入学式という常識を破って参加者の意表をついたこと，同伴した母親が，さらに人目を引く服装の人だったからである。遅刻や忘れ物も多く，朝の挨拶をきちんとする習慣も身につけていないT子だったが，挨拶の仕方や立ち居振る舞いが折にふれてフォローされ，生活習慣の建て直しが担任によって密かに図られた。2学期が終わる頃には，髪をショートにカットし，「学校の決まりだからいけない」「先生がこう言ったからだめ」と，クラスの男子の言動を率先して律するようになったT子の姿が見られるようになった。いささか厳し過ぎる口調によってではあるが。

(2) 学校という新しい環境への移行

　S輔，R夫，T子たちの描写から，**小学校入学** という同じ事態が，ある家族には順当で喜ばしい成長の証として，また別の家族にとっては予想外のつまずきとして経験される様子が想像されよう。この時期，小学校という新しい環境に入ってそこへの適応を果たすことが，子どもたちに第一に求められる。小学校入学以前には，家庭を主な生活空間として，また家族を重要他者として，家族の文化にどっぷりと浸かっていた。それ以外の生活様式があることを知らず，想像もあまりせず，家族のものの見方や考え方，立ち居振る舞い，規範がすべてだった子どもたちが，初めて外の世界へと踏み出していくステージである。もちろん，幼稚園や保育園での経験をもっている子どもが現在では大多数だろう。しかし学校は，幼稚園や保育園以上に大きな場であり，より堅固な社会的構成物である。教師がいて，教師の考えに則った方向性が規範として示され，たくさんの同世代の子どもたちがお互いに好奇の目を向け合っている。そして何より，遊びでなく学びを目的とする初めての所属集団である。

　近藤（2000a）は，小学校入学を1つの環境から別の環境に移行するときに人が体験する **環境移行**（environmental transition）の1つととらえて，「子どもを試練にさらして危機に陥れる」場合があると論じている。家族システムの観点からいうと，元来開放システムである家族が，子育てのために若干堅固に固

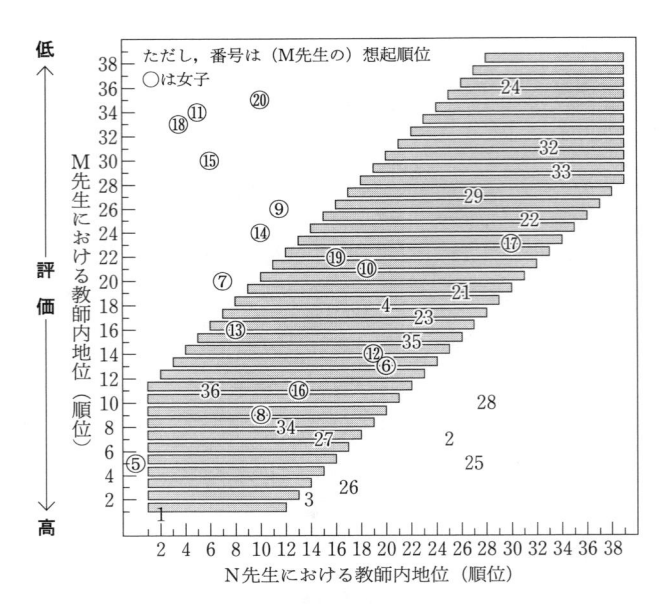

図 6-1　学級担任の交替に伴う教師内地位指数（順位）の変動

（注）　ある学級の子どもたちについて，5，6年生の学級担任M先生（男性）と4年生のときの学級担任N先生
　　　（女性）における教師内地位指数（順位）を比較したもの。中央の塗りつぶしたところにプロットされた子
　　　どもたちは，M先生とN先生の評価がそれほど変わらなかった子どもたちだが，図中の左上や右下に位置
　　　づいた子どもたちは，教師内地位が大きく変化した子どもたちである。教師が抱く子ども観や教育観，期
　　　待によって，子どもの評価が大きく変わる可能性があることを示している。この例では新担任になること
　　　で，女子7人の評価が下がり，男子5人の評価が上がったことを示している。

（出所）　近藤，1995。

めてきた家族の境界を緩めて，家族システムの外部から強く大量の影響を被っ
て変化する自由を子どもに与えること，すなわち，柔軟性をもつことが家族シ
ステムに求められる。例えば，家族メンバーがそれぞれマイペースで動く **遊
離家族** で育った子どもは，団結を重んじ同一行動を強要する学級の中で息苦
しさを感じる可能性が高い。反対に，凝集性の高い **纏綿家族** で育った子ども
の場合は，独自性を奨励する教師や学級によそよそしさを見てしまう可能性が
高いだろう。臨床的問題になる場合もならない場合もあるが，家族文化と学校
文化の間のギャップ，親の考えと教師の考えのギャップを子どもたちは大なり
小なり経験し，それぞれなりの工夫でそれを埋めるべく努力している。

　近藤（1994，1995）はまた，小学校入学という誰の目にも明らかな環境移行
だけでなく，学級の編成替えや **担任教師の交替** という移行によっても類似の事

態が起こることを実証した（図6-1）。ここ最近の日本の教育事情を鑑みれば，低学年の不登校や学級崩壊をはじめ，この時期に生じるいくつかの問題は，「個人主義的な文化へと急速に傾き始めた家族と，依然として集団主義的な文化を保持する学校」（近藤，2000a）のギャップがあまりに大きく，子どもたちがギャップを埋める努力を放棄したり，埋められず苦しんでいる現れととらえることができるという。子どもたちの様子から，環境移行をスムーズなものにするための歩み寄りが，学校側にいっそう求められるようになったと痛感する教師が少なくない。

(3) 心身の成長とその加速現象

　エリクソン（Erikson, 1950）によれば，小学生の時期，すなわち児童期（学童期）の心理社会的発達課題は，**勤勉性 vs 劣等感** ととらえられている。勤勉性とは，「周囲が価値を認め自分に求めてくる活動を，努力すれば自分なりにこなしていける」し，「成果をあげることができる」という効力感を抱くことである。世界への基本的信頼感に裏打ちされ，自律性と自主性を獲得した子どもたちが，いよいよ「成し遂げることができるし，適性を備えている」という意識に支えられるようになる。子どもたちは，大人が歳月をかけて構築した学校教育制度に則って必要な技能を習得していく。順調にいけば学習意欲や労働意欲が培われるが，うまくいかず「努力しても仕方がない」「自分には力がない」という劣等感に陥る危険性も存在する。児童期は **フロイト**（S. Freud）が**潜伏期** と呼んだ **心理性的発達段階** であるが，**幼児性欲** に翻弄された数年が終わり，疾風怒濤が予測される思春期・青年期が始まるまで，両ステージに挟まれてひと時の平穏が訪れる時期と伝統的にはとらえられてきた。

　平穏は，認知能力のつつがない発達によっても支えられる。**ピアジェ**（Piaget, 1952）によれば，小学校に入った頃に子どもたちは，目の前の具体的事象に限定されるものの，複数の観点から論理的に考えたり考えようとすることができるようになる（**具体的操作期**）。小学校が終わる 11, 12 歳になると，目の前に具体物がなくても論理的に物事が考えられるようになる（**形式的操作期**）。事象の見かけに惑わされない論理的思考がしだいにできるようになって，それが，子どもが世界をとらえていく際のいわば科学的思考の基盤となる。

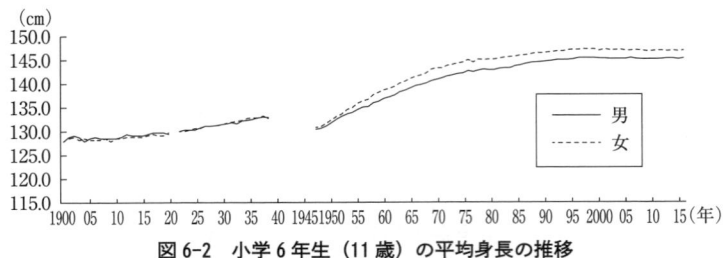

図 6-2　小学 6 年生（11 歳）の平均身長の推移

（出所）　文部科学省，2019。

　さて，上述の変化・成長を支えているのは，この時期に大きく変化する身体的な成長である。20 世紀，先進国では，時代とともに身体的発達が早まる **発達加速現象** が見られた。日本でも 1990 年くらいまでは発達加速現象が見られ，1950 年から 1990 年の 40 年間で，11 歳時点の平均身長が 17cm，体重 12kg 程度伸びている。その後，1990 年代で横ばいになり，現在まで 30 年近く平均身長・平均体重は変わっていない（図 6-2）。ここ 10 年の顕著な身体的変化は，視力の低下である。電子機器の普及が大きく影響しているだろう。また全般的な運動機能の低下もいわれており，スポーツなどの習い事によって身体を動かす習慣のある子どもと運動習慣のない子どもに二極化している。こうした変化も，子どもの心のありようを徐々に変えてゆくのだろう。

　いずれにしろ，男女とも 30cm 近く背が高くなるこの時期の子どものありようには，身体的成長の度合いが色濃く反映する。成長速度にも性差があり，女子は小学 4 年生くらいから小学 6 年生の時期に第二次性徴に入っていく。男子はやや遅れて小学 6 年生くらいから中学生にかけて大きく成長していく。第二次性徴は，子どもたちを揺さぶり心身の安定を脅かしにかかるものとして，すなわち児童期の終わりを告げるサインとなる。そしてその時期も，つまり思春期成長スパートにいつ入るかにも，当然個体差がある。実際，小学 4, 5 年生で初潮を迎える子どもたちは，現代ではさほど珍しくない。そうかと思うと中学卒業以降という子どもたちも相変わらずいて，数年に及ぶ個人差がそこに認められる。1 つのクラスの中にこれまで以上に多様な状態の子どもたちが席を並べるわけだが，成長がゆっくり訪れる子どもたちも友人の変化に刺激され，小学 5, 6 年生の学級はこぞって **思春期的様相** を呈していく。このようなからく

りで進む児童期の短縮化を，保坂（2000）は「前思春期の侵食」という言葉で表現している。思春期手前のこの時期に，はたしてどれほどの時間が奪われ，どれくらいの年月が保障されているか，この時期にたっぷり時間をかけて進行するはずだった発達課題の達成や時熟に与える影響は何か，時間短縮の弊害はどんな面に現れるかといった観点から，児童期の変容をとらえることが必要である。

第 2 節　親たちの経験

(1) 習い事や塾通い，学校選びをめぐって

本節では，親たちの経験に目を向ける。

ますます子どもから手が離れる時期だという世間一般の理解にもかかわらず，親役割の重責に押しつぶされそうだと感じる親たちもいる。「親として抱える迷いや問題は，子どもの成長につれて減るどころかますます多様に増えていく」と家族療法家のレーナーは語っている（Lerner, 1998）。少し前には「養育」という言葉でとらえられていた親から子への働きかけであるが，しつけや教育と呼ぶものに取って代わられ，多様な選択肢の中から親が自分たちの価値観や考えを反映させて選び取り，子どもに提示するものへと変質している。わが子をどのように育てるかは，この時期の親の大きな関心事であり，同時に悩みの種でもある。例えば，部屋の片づけをしないで遊んでいるとき，きょうだい喧嘩をしているとき，テレビを長く見続けているときなど，個々の状況で働きかけようかそれとも働きかけないで様子を見ようか，何をどう叱り，どのようにほめるか，子どもの将来に何を期待するか，どんな経験を奨励し，何を禁止するかなど，抽象的レベルから具体的言動に至るまで，親たちはさまざまな取捨選択を行っている。

親たち自身の生活状況も大きく変わっている。専業主婦世帯と共働き世帯の割合は，1980 年では 2 対 1 で専業主婦世帯が多かった。1990 年から 2000 年までの 10 年間は 1 対 1 でほぼ同数であったが，2000 年以降しだいに共働き世帯が増え続け，2018 年では逆転して 1 対 2 で共働き世帯が多くなった（図 6-3）。30 年というのは，生まれた子どもが親世代になるスパンである。したがって，

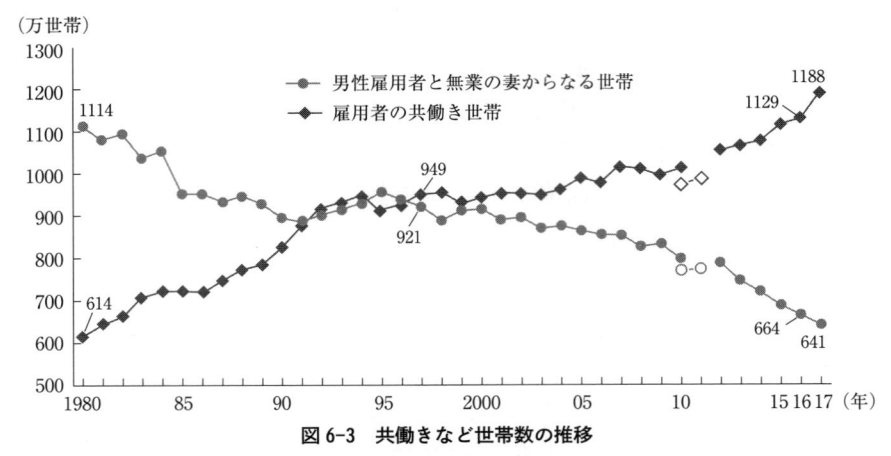

図 6-3　共働きなど世帯数の推移

現在の親たちは自らの子ども時代とは違う新たなライフスタイルの中で，子育てと仕事の両立にチャレンジしているといえるだろう。それに伴い，子どもたちの放課後の過ごし方にも大きな変化が起きている。放課後児童クラブ（学童）の利用児童は，2000 年に 39 万 2893 人だったが，2018 年には 121 万 1522 人となり，18 年間で約 82 万人増えている。また放課後を過ごす場所の 1 つとして，習い事や塾通いも，多くの親たちの懸案事項となっている。習い事や通信教育をしたり塾に通う比率は増えており，習い事の開始は幼児期（2, 3 歳）からとぐっと低年齢化した。おとなの目から離れた所で子どもが育つ時間的余裕も，そうした場への信頼も格段に減ってきているといえるだろう。子どもたちは，大人の目の届かないところとして，SNS 上の交流に関心を広げ，多くのリスクにもさらされるようになっている。

(2)　家族内の三角関係

カーターとマクゴールドリック（Carter & McGoldrick, 1999）によれば，子ど

もの教育やしつけをめぐって，複数の大人が意見を交わし方針を選択しなければならないこの時期には，考えが衝突して折り合わない，口をきかない，いがみ合うなどの問題が起こりやすく，ストレスを回避するために，家族内に**三角関係**が生じやすい。子どもを巻き込んだ三角関係としては，①父と母と1人か1人以上の子どもからなる三角関係，②子どもと父親とそのまた親，もしくは子どもと母親とそのまた親など，3世代にわたる三角関係，③子どもと父親または母親と，義理の親を巻き込んだ3世代にわたる三角関係などが考えられる。子どもを巻き込まない三角関係には，④夫婦と夫（または妻）の仕事，⑤夫婦とどちらかの実家，もしくは愛人によって構成される三角関係などがある。

　どんな三角関係も，固定され他の関係を排斥するようになると，それ自体がストレスへの対処法であると同時に，家族の問題やストレスの源泉として機能するようになる。日本では伝統的に，母親と父方祖母と子どもによる三角関係，もしくは嫁と姑と夫からなる三角関係が臨床的諸問題と深く関わってきた。その状況は今もなくなっていないが，都市部などの核家族においては，対立する父母とその間に挟まれた子どもによる三角関係がいっそう問題を抱えるようになってきた。母親と子どもが密接に結びつき，父親1人がはじかれる，父母が始終ぶつかるなどの状況が，子どもの不登校や心身症，行動上のトラブルといった不適応症状としばしば結びついて報告される。

　夫婦関係のまずさや源家族からもちこまれた問題が，子どもを巻き込んだ三角関係に偽装され，子どものしつけや教育問題で火花を散らしていると見える例は，相当数に上るだろう。しかし，だからといって夫婦の問題を直視する方向へ，源家族の親子関係の問題に早急に切り込んでいくことは軽率である。心理援助の専門家は断定的だったり叱責的だったりしてはならない。むしろ，関係が悪い中でもどう協力し合って子どもの養育・教育に臨むかを夫婦と共に考えていく。夫婦関係や自分のために問題と向き合うことは今さら困難と感じる夫婦であっても，子どものため，子どもたちのことを思って問題に取り組む親は少なくない。また，子どもが混乱しないように，家庭内に不一致があってはならないと考える風潮が世間一般には強い。不一致に付随して夫婦が示し合う憤りや侮蔑の念は確かに子どもを傷つけるが，単なる違いや不一致であれば，

それを子育て観や生き方の多様性として受けとめる力を子どもたちは身につけていく。不一致が容易に解消しない場合は，お互いの違いを尊重するという解決策が推奨される。つまり，相手のやり方に賛成ではないが，それぞれがよしと思うやり方で子どもと関わる自由を，自分にも相手にも認めようと努めていくやり方である。

第 *3* 節　子どもと家族を取り巻く人間関係

(1) 子どもの仲間づくりの進展と家族

　本節では，このステージ数年をかけてゆっくりと進む家族システムの変化に焦点をあてる。他のステージに比べれば，個々の成員にとってもまた全体としての家族にとっても，さほど無理のかからないなだらかな変化である。ドラスティックに変わるというより，子どもと子どもの手を引く養育者のひとセットが，それぞれ個として動き始める地点にいつの間にかたどり着くといった変化である。この時期の家族の発達課題は，「**養育システムの再編成**」と「**成員の個性化**」と表現される。子どもたちが同性同年齢集団をつくって仲間意識や友人関係を楽しむようになることが，家族の変容を推し進めていく。

　さて友人関係は，子どもが経験する新しいタイプの人間関係である。親子関係よりどちらかといえばきょうだい関係に近く，年齢も体力・知力という意味でも，自分とよく似た相手との間に自分の意思で関係を取り結んでいく。小学校低学年では，席が近い，たまたま帰る方向が一緒，親同士が知り合いなどがきっかけとなって友達づくりが進展する。それが中学年以降になると，好きな遊びが一緒，気が合う，話していておもしろいなどの内面的な理由があがり始める。この「自分の意思で取り結んだ関係」という特徴がいっそうはっきりする頃，子どもたちは，**ギャング・エイジ**と呼ばれる同性同年の仲間集団を形成して，親や教師の価値観とは一線を画す準拠枠を獲得する。

　ギャング・エイジは小学3，4年の男子に典型的に見られる友人関係であって，6〜7人ほどが集まって行動を共にして，ささやかな乱暴やいたずらをして結束力を高めている。ハドフィールド（Hadfield, 1962）によれば「権威に対する反抗性，他の集団に対する対抗性，異性集団に対する拒否性」を備えている。

家族以外の所属集団への帰属意識をいっそう高め，競合・協働の経験を積み上げて，集団におけるパワーや位置関係・性役割を再認識してそれを受け容れる。反抗性や対抗性，拒否性が時に行き過ぎて，同調行動を無理やり強制したり，排斥や張り合いを助長する危険性もはらんでいる。この時期に発生したいじめを，「仲間である以上，皆と一緒になってある子を無視しなければならない」「集団の規範に背いた数名を成敗しなければならない」という意識が子どもたちを極端な行動に駆り立てた例と理解することができる。そんな否定的側面に飲み込まれず進むことができれば，ギャング・エイジの経験は，**子どもの対人関係スキル** を高め，親子という縦方向の人間関係に対等性の要素をつけ加える格好の刺激となるだろう。しかし，現在の子どもたちに，このギャング・エイジを過ごす時間的・空間的余地は残されているのだろうか。子ども同士がストラグルする経験を守るためには，親もまた不安から口出しをしたりせず，他の親と連帯して子どもの育ちを見守る関係性づくりを意識的にする必要があるのだろう。

(2) 学校を核とするコミュニティ再建の試みの始まり

　仲間づくりがうまくいかずに集団に入れない子どもや，感情のコントロールができない，気持ちを言葉で伝えられずに，すぐカッとして手が出てしまう子どもたちが増えているという。文部科学省の統計によれば，小学校で児童が起こした暴力行為の件数は，1990 年代後半に1400〜1500 件台前後だったものが，2017 年には2 万8315 件となっている。対教師暴力も中学生と同程度の数が小学生でも報告されている。暴力行為が低年齢化し「休み時間に遊んでいて友達の言葉に腹を立てて，いきなり相手の顔を殴った」「掃除の時間にふざけていたことを担任に注意されて腹を立て，直後に昇降口のガラスをけり割った」「喧嘩の仲裁に入った教師に逆上し，教師を殴った」などの報告が続々となされ，教師をはじめ学校・家族・子どもの発達支援に携わる関係者に大きな衝撃を与えている。

　このような事態を理解するには，核家族化や少子化によって家族員が減ってきょうだい数もぐんと少なくなった事情をはじめとして，家族を取り巻く地縁・血縁コミュニティの崩壊といった社会文化的文脈の変化を総合的にとらえ

なければならない。家庭の教育力の低下や，教師の指導力といったただ1点に原因を帰すのは非科学的であり，もろもろの事情が絡まり合って子どもたちの対人関係能力の発達にマイナスの影響が及んでいると考えることが欠かせない。子どものコミュニケーション能力の不足といった問題ばかりでなく，親たちの社会性の未発達，サポート・ネットワーク不足もしばしば指摘され，改善のための手だてを講じることが，学校でも家庭でも早急に求められている。

＊

残りのスペースでは，上述の事態を受けて，このところ盛んになってきた学校における心の教育や心理援助の取り組みに言及しておこう。子どもの感情統制力の未発達，対人関係スキル不足を補うことが必要と考え，**心理教育** を始めた学校が少なくない。心理教育とは，心についてわかっていることを心理学の専門家以外の人に伝えることで，問題の発生を未然に防いだり心身の健康の増進を図ろうという，**予防的・開発的な働きかけ** である。心理学の素養を身につけた教師がクラスを対象に行う場合と，心理の専門家が教師たちの協力を得て実施する場合の両方がある。**怒りのマネジメント** や **構成的エンカウンター・グループ，アサーション（自己表現）・トレーニング** などが広く知られ活用されている（近藤，2000b；中釜，2002）。子どもを対象にしたものばかりでなく，親や教師を対象とした心理教育や広義の子育て支援も行われはじめている。

より日常的な子どもの心育ての手だてとして，スクール・カウンセラーの小学校配置は78.5％（2018年度）まで増えている。また各種専門家（情報通信技術〔ICT〕，英語，スクールソーシャルワーカー）を配置したり，地域人材を支援員として学校教育へ協力してもらい，子どもと直接ふれあう大人たちを多様で多層にする「**チーム学校**」の取り組みも広がっている。児童虐待の観点からは，子どもが登校して大人たちに見守られることが何よりありがたい。子どもが児童虐待や犯罪の被害者にならないように，関係機関での情報共有できるよう要保護児童地域対策協議会が設置されるようになっている。また近隣の大人たち全員の目を使い子どもを育てていこうと，学校運営に地域住民，児童委員らを組み入れる「コミュニティスクール（学校運営協議会制度）」の取り組みも2017年度より始まっている。残念ながらこの国の社会情勢の中で，子どもの社会性や対人関係能力の発達に不利な条件は，今後増しこそすれ簡単に解消するとは

思えない。家の外に出たら何が起こるかわからない危険満載のコミュニティではなく，大人の目が複数注がれる社会になっていくためにも，希薄になった地域社会再生の拠点として，また信頼できる仲間づくりの出発点として，学校に寄せられる期待が大変に大きい。

【中釜洋子・大塚斉・田附あえか】

　2018 年 10 月 25 日，「いじめ認知が過去最多 41 万件　小学校で大幅増」（産経新聞），「前年度から 9 万件増」（朝日新聞デジタル版）という衝撃的な見出しが各紙に掲げられた。前年比からの大幅な増加の背景には，いじめ防止対策推進法の施行などによる意識の高まりやいじめの定義の再確認などがあるとされる（文部科学省，2018）。

　現在のいじめの特徴の 1 つはいじめる側といじめられる側が流動的な「いじめ役割の不特定性」であるとされる（伊藤，2011）。伊藤（2017）の大規模調査によれば，小学校ではいじめ加害体験をもつ子どもの約 85％に，過去あるいは現在の被害体験があることが明らかになった。いじめの被害者は自尊感情が低く，情緒不安定な特徴をもつとされるが，そこに加害経験が加わると，さらに対人関係上の自己肯定感が低下することが報告されている。さらに，いじめを傍観する子ども（注意も相談もしなかった子ども）も自尊感情が低く，情緒的な不安定さを抱えていることが指摘されている。佐藤（2018）は海外のいじめ防止プログラムに関する複数のメタ分析を概観し，加害者被害者のみへの介入はあまり効果がなく，傍観者群へ焦点を当てた介入が有効であることを明らかにしている（Polanin et al., 2012）。

　またいじめを生むのは環境であるとして，学校全体や家庭で取り組むエコロジカルアプローチが広く支持されているとの報告もある（佐藤，2018）。親へのトレーニングをいじめ防止プログラムのキーエレメントの 1 つとしてあげているアメリカでのメタ研究もあり（Farrington & Ttofi, 2009），親がいじめの現状を理解し，適切に対峙できることが含まれる。この「適切に対峙」という視点は実際にはなかなかに難しい。特に日本においては，子どもを保護し，寄り添いながら，同時に親として不安になりすぎず，子どもの主体性を脅かさずにあり続けることはまさにトレーニングが必要なのかもしれない。発達的視点からは，いじめの影響は小学校で一番大きく，中高と成長するにつれて低まるとされる（伊藤，2017）。子どもの生活空間の広がりが背景にあると考察されており，地域において子どもに多様な居場所を確保するといった介入が望まれる。

　いずれも個人をターゲットにした介入では十分ではなく，当事者らの関係性をめぐるアセスメントや，時間軸を視野に入れたバイオサイコソーシャルな支援のまなざしが活かせるだろう。家族心理学がもつシステミックな視点が切に必要とされる支援の分野である。

【田附あえか】

第7章　若者世代とその家族

子どもたちの巣立ちのとき

　前章に引き続き，第7章では子どもたちの発達・成長に焦点をあてて，それに連動して起こる家族の変化について考えていく。

　思春期・青年期に入った子どもは，ある時は一人前の意見をもつ堂々たる大人のような個人として，また別の時には不安と迷いを抱える守るべき幼児のような存在として家族の中にいる。彼らは，自分づくり・友人づくりにますます多くのエネルギーを注ぎながら，自立の準備を進めていく。しかし，そのプロセスは決して平坦ではないし，時代の変化と共に変わりつつある。

　青年たちが親離れしていく過程で，見方を変えていえば親が青年を手放していく過程で，家族はどのような経験を積むのだろうか。時代や社会の変化の影響をふまえつつ，源家族からの巣立ちの意味についても考えていこう。

第1節　思春期・青年期の子どもがいる家族の特徴

(1)　身体の揺れと心の揺れ

　思春期・青年期 が何歳から何歳までにあたるかという問題には，現在ではいくつかの考えがある。生理や精通など子どもの身体から大人の身体へと大きく変化する第二次性徴が始まる頃を思春期の入り口として，出口は，職業に就き社会貢献を始める時期とすることが多いが，第6章で見てきたように，第二次性徴が始まる時期の個人差は大きく，高学歴社会では，30代で学生生活を送っている例も珍しくない。10歳から30代半ばまでという長い期間を想定する場合もあるが，ここでは最も一般的な理解に倣って，12, 13歳以降22, 23歳くらいまでの約10年間ととらえよう。中学生・高校生・大学生世代の子どもが

いる家族を，第7章の主たる対象とする。

　では親たちは，およそ何歳くらいにあたるのだろうか。子どもを何歳で産んだか，何番目の子どもか，ひとりっ子かきょうだいがたくさんいるかどうかによって違いが生じるなど，こちらは個人差の入り込む余地がさらに大きい。およその目安として，30代半ばから50代の **中年世代** ととらえておこう。祖父母はそのまた20，30歳年上であり，60代，70代が中心だろう。構成メンバーを並べてみると，かつては疾風怒濤と形容された10代後半から20代前半，**中年期危機** が注目される40，50代，身体の不調と無縁でいることがしだいに難しくなりさまざまな喪失体験に見舞われる60，70代となり，大きな **身体的変化** が起こる人生の3つの節目にいる人々によって構成される家族だとわかってくる。子ども世代は，密かに進む身体の変容に驚かされながら「自分が自分でなくなったような」不思議な気持ちを抱えて，「自分の身に何が起こったんだろうか」「これからどこに向かって進むのだろう」という不安や戸惑い，ある種の期待を味わっている。親たちは，来し方を振り返りながら「もう若くない」「人生の後半戦」「変化を受け容れざるをえない」といった **思秋期** ならではの喪失感に揺さぶられている。祖父母世代が発しているのは，「健康がこのままいつまでも続いてくれればよいのだが」「いつなんどき死が訪れるかわからない」といった不安だろうか。「これまでのようにはいかない」「こんなはずではなかったのに」という，自分の身体が自分を裏切っていく経験が始まる頃だろう。親も子もそのまた親も，三者三様の身体の揺らぎを経験しながら，これまた三者三様の心の揺らぎを抱えている。そんな人々によって構成される **移行期の家族** であることが，この時期の家族の最大の特徴だろう。

　さて，移行期は一面では家族解体にさらされる危険な時期であり，反面では可能性に開かれる好機でもある。娘や息子の揺らぎを感じつつも親たちはあまり動じず，つかず離れずの距離から見守ることで子どもの不要な不安を減じられる関係が，この時期の家族の理想といえるだろう。だが，現実はそれぞれの家族の事情を反映していろいろである。子どもの心の揺れが親の不安を喚起して共揺れを起こす例，親の不安が子どもを刺激してその問題行動を助長する例，親の夫婦関係の問題で子どもが傷つき苦悩する例，親の事情が優先され，親を支える1つのコマであることが子どもに求められる例など，さまざまな家族模

様が展開する。

(2) 移行期の家族システム

　家族システムという観点からいうと，**柔軟な家族境界** をもつことがこの時期の家族の発達課題の１つである。中学・高校・大学へと進むにつれて，子どもたちはますます多くの時間を家族以外の人間関係の中で，家庭の外で，あるいはインターネット上の空間で過ごすようになる。部活動や塾のスケジュールのために，夕食の時間に間に合わなくなったり，食事を外でとるようになったり，少し前まであれほど楽しみにしていた一家揃っての外出を喜ばず，友達との約束を優先する子どもの姿が認められるようになる。「門限は８時まで」「その都度親の許可を取ってから友達と約束する」「家族の行事が最優先」といったそれまでのルールは変更を余儀なくされ，「夕飯を食べないときは事前に知らせること」「家族の行事に参加するかどうかはその都度話し合って決める」など，自由度の高いルールへと姿を変える。子どもは家の内と外を行き来して，友人や恋人との関係，そしてインターネット上の世界から音楽や服装の好みやものの考え方，流行のゲームなど，家庭とは異質の **若者文化** をしばしば家の中に持ち込んでくる。自由で，ある意味身勝手なそんな行動を，子どもたちが申し訳なさや後ろめたさを感じ過ぎないでできるためには，家族と外界を分かつ家族境界が柔軟であることが望ましい。この段階にある子を抜かしても家族は家族としてのまとまりを維持することができるし，戻ってきたときは子どもを受け容れてまとまり直すことができる柔軟性が必要である。家族境界が固すぎる場合（求心的家族），出入りが抑制されて青年が外の世界に出ていきにくくなって自立が阻害されたり，大騒動のあげく出ていったかと思うと，極端に異質な文化に入り込んで戻ってくるのが難しくなるなどの弊害が現れやすい。反対に家族境界があいまいすぎると（遠心的家族），青年が自由に外の世界に出て行くことに無関心になり，家族が青年を受け止め守ることが難しくなり，青年は孤立感を深めることになってしまう。

　この時期の家族は，さらに複数の次元で変化をとげる。家族構造の面では，青年たちが親の統制下の子どもの１人というポジションから，自分で自分を律しつつ完全には独立できない半独立状態という，年下のきょうだいにはいまだ

図 7-1　思春期に生じるファミリー・マップ（家族図）上の変化

与えられないポジションを与えられるようになる（図 7-1）。また家族メンバー間の **心理的距離** は，加齢に伴って増大し，反対に親子間の力の差は，加齢に伴って小さくなる傾向が認められる（Feldman & Gehring, 1988）。どのような変化であれ，この時期，変化を必要としているのは，特定のメンバーだけでなく家族システムそのものである。この事実を了解し，家族が変化を歓迎する場合はよい。苦しいのは，家族メンバーが変化を推進する側と阻止する側の二手に分かれて，あたかも内部抗争の様相を呈するときである。「日々の平穏をわざわざぶち壊しにかかる人（多くの場合は青年たち）」と「成長を妨害する人（多くの場合は親世代）」と互いの目に映り，親子の感情的争いへと発展することがしばしば起こる。それ以前の段階では特に問題が見られなかった家族であっても，親子ともどもに臨床的問題や症状が現れやすい発達段階である。

　第 2，3 節では家族全体から個々人へと視点を移し，青年の内側で進む変化，そして親世代が経験する変化について，さらに詳しく後を追ってみよう。

第 *2* 節　子どもの友達づくりと自分づくりの進展

(1)　子どもの友人関係の深まり——チャムシップからピア関係へ

　まずはギャング・エイジ以降の友人関係の発達に，目を向けておこう。

　思春期に入ると，子どもたちはギャング・エイジを卒業して，ものの見方や考え方，志向性を同じくする少数名と「どのように思うか」「どう考え，誰の味方か」にこだわった，より静的でそのぶん一段と深まった友人関係を取り結ぶようになる（表 7-1）。身体を使って楽しく賑やかに行動することが友人であるための必須条件ではすでになくなり，一番の理解者であり，同じ気持ちでい

表7-1　思春期下位段階の発達課題

児童期後期	前思春期 （pre adolescence） （10〜11歳）	〈　性　〉両性的構え，性的好奇心の発現 〈　親　〉依存的関係の中で親への反発 〈友人〉同性集団への帰属，遊び仲間的関わり 〈自我〉未分化であるが，青年期に向かっての基礎固め
思春期	思春期前期 （early adolescence） （11〜14歳）	〈　性　〉性衝動，第二次性徴の発現とそれへの対応（例：とまどい，罪悪感） 〈　親　〉親からの分離の始まり，親との間に距離を取り始める。反抗（例：分離不安，抑うつ感） 〈友人〉同性の仲間との親密で理想化された友情の高まり，異性への興味（例：反動形成），騒々しい異性への接近 〈自我〉価値，自我理想への手探り
	思春期中期 （middle adolescence） （14〜16歳）	〈　性　〉第二次性徴，性衝動に対する一定の対応，防衛機制の形成（例：行動化），性器衝動の高まり 〈　親　〉親からの分離が進む，親に対する批判，家庭外での対象関係の形成 〈友人〉対人関係の模索と拡大（例：不安定な対象関係と自我境界→ひきこもり，内閉的空想），異性への関心と交流，異性の理想化，空想的愛 〈自我〉内的体験の追求，役割実験，空想的自己模索（例：知性化）
	思春期後期 （late adolescence） （16〜18歳）	〈　性　〉防衛機制の安定，適応的防衛機制の形成 〈　親　〉親からの精神的独立，親との対決，親の客観的評価 〈友人〉対人関係の深まりと安定，異性との現実的な交流，異性愛対象の発見 〈自我〉現実吟味の増大，社会意識の増大，性役割の形成，社会的自己限定の開始，将来への見通しをもつこと（＝進路決定）

（出所）　下山，1998を一部改変。

てくれること，そして裏切らない味方でいることが何より求められるようになる。2〜3人からなる同性のそんな友情関係を，精神医学者のサリヴァン（S. Sullivan）は，**チャムシップ**（親友関係）と呼んだ。

　チャム（親友）との関係には，思春期以前の心の歪みや精神病理に働きかけ，それを癒す力が備わっているとサリヴァンは考えた。また，家族に取って代わる強力なサポート源となり，他者が入り込む隙のない堅固な基盤となってくれる可能性がある。ただし，不健康な形で現れると，裏切りという問題が浮上したり，チャムの特殊な家族事情や問題に同情して，自分には何の不満も問題もなかったのに一緒に家出したり，自殺を図ったりするなど，常識では考え難い反社会的・非社会的言動に少年たちを駆り立てる場合がある。

　友情関係の第3の段階は，対等性が重んじられる **ピア** と呼ばれる関係であ

る。チャムシップが **同質性によるつながり** であるのに対して，ピアは，自分と相手の違いを認めてそれをおもしろいと思う人間関係，すなわち **異質性によるつながり** である。共に過ごす時間の長さを問わずに相手を理解し，互いの行動を束縛せずに相手らしさに敬意を払っている。高校生から大学生以降に経験する人間関係であり，年齢も性別も異なる人との友情関係を楽しむことができようになる。友人関係の最も成熟した段階ともいわれ，この段階を経ることで，青年たちは背景を異にするさまざまな人との間に，**相互尊重的な関係** を築く対人関係能力を身につけていく。そしてそれが，将来結婚するパートナーと親密な関係を築く基盤となる。

(2) 自我同一性の確立

思春期に入ると，子どもたちは「自分とは何者なのか」「自分らしさはどこにあるか」という疑問を抱いて，自分なりの答えを見つけようと格闘を始める。エリクソン（E. H. Erikson）が自我同一性（アイデンティティ）の確立と述べた青年期の発達課題であるが，時々刻々の変化や，接している相手，自分がおかれている場面や文脈の不連続性にもかかわらず，一貫した「私」があるという感覚がもてることであり，内心密かにもっているだけでなく，自分を取り囲む重要他者からもそうと認められ，社会からも拒否されたり非難・排除されることなく，ある程度の承認が得られる形で自分らしさを築けている状態を意味する。カーターとマクゴールドリック（Carter & McGoldrick, 1999）は，エリクソンの概念を「人間関係に取り囲まれて生きる個人」という視点から読み砕く必要性を説き，その観点からすれば，自我同一性確立とは「自身の声を発見すること」であり，「他者配慮と自己配慮の均衡をとること，そして，社会や親やピアからの期待と圧力という文脈の中で，自分に対して誠実な意見や気持ちを発し続けること」だと説明している。

マーシャ（J. E. Marcia）は，自我同一性を達成されているか否かの二分法でとらえることは，あまりに単純で青年たちの実像に合わないという考えから，どんな模索をしたり危機を経験してきたか，深い関与が見られるかどうかという2つの基準によって同一性を4類型に分けることを提案し，そのための面接法を開発した。4類型は，同一性達成，モラトリアム，早期完了，同一性拡散

表 7-2　マーシャの同一性地位

同一性地位	危機	傾倒	概略
同一性達成 (identity achievement)	経験した	している	幼児期からのあり方について確信がなくなり，いくつかの可能性について本気で考えた末，自分自身の解決に達して，それに基づいて行動している。
モラトリアム (moratorium)	その最中	しようとしている	いくつかの選択肢について迷っているところで，その不確かさを克服しようと一所懸命努力している。
早期完了 (foreclosure)	経験していない	している	自分の目標と親の目標の間に不協和がない。どんな体験も，幼児期以来の信念を補強するだけになっている。堅さ（融通のきかなさ）が特徴的である。
同一性拡散 (identity diffusion)	経験していない	していない	危機前（pre-crisis）：今まで本当に何者かであった経験がないので，何者かである自分を想像することが不可能である。
	経験した	していない	危機後（post-crisis）：すべてのことが可能だし，可能なままにしておかなければならないという意識をもつ。

（出所）　Marcia, 1966 より作成。

と命名され，同一性達成群は同一性拡散群より不安が低く，精神的健康度が高いなどの傾向が見出されている（表 7-2）。自我同一性の達成は，もちろん一夜にしてつくられるものではない。時間をかけてゆっくりとその準備を整えていくわけだが，自己決定する手前の未決定状態を **モラトリアム**（**猶予期間**）と呼ぶ。支払いが猶予されたお試し期間であり，この時期の失敗は致命的にはならず，気負わずにいろいろ試行錯誤や役割実験を試せる状態と解される。

　モラトリアムは，金銭労働に本格的に従事しなくてもよい豊かな社会だからこそ，青年に提供することができる状態だが，同時に青年は，社会とのつながりが希薄で不明瞭な **マージナルマン** としての孤独に堪えなければならない。マージナルであること（＝どこにも明確に属さず境界に位置すること）がほとんど苦しくなく，きわめて当たり前となってしまった現代では，より満足のいく同一性を確立することに役立つ積極的モラトリアムが影を潜め，いつまでたっても職業が定まらず価値観やものの見方も未決定のままずっといきたがる，社会的自己の確立を放棄したかと見える若者たちの急増ぶりに目を向けなければ

ならない。第3章では，**フリーター** の増加と新規学卒者が大卒後3年以内に離職する割合が長らく3割を超えてきたことを指摘した。これは，経済的自立の難しさに加えて，現代青年が職業的アイデンティティを確立するのが困難になっていることをうかがわせる。さらに，近年では急速なインターネットの普及とAI（人工知能）の活用によって，10年前には存在しなかった職業が登場して注目を浴びたり，反対に今後なくなることが予想される職業が多数指摘されるようになってきた。このような変化は，青年と中高年，子ども世代と親世代の価値観のギャップやスキルの違いを生み出しており，親も子もその時代の変化に翻弄される可能性も生じている。

第 *3* 節　親たちの思秋期

(1)　中年期危機

中年期 はちょうど，人生の折り返し地点にあたる。物心ついて以来，長く親しんできた成長と発達のモードを離れて，減速や一時停止を余儀なくされたり，人生がこのまま永遠には続かないこと，限りあることを思い知らされる時期といわれる。その昔，中年期は，ようやく暮らしに余裕が生まれて生き方も定まる迷いの少ない時期と理解されていた。1970年代あたりから，誰にとってもストレスの多い，人生の転換期だととらえられるようになった。実際，健康を害する，一時的にやる気を失うなどの形で生じた心身の変調への軌道修正が求められるほか，子育てがひと段落した，第一線を退いて閑職に回った，中間管理職の悲哀といった，家庭や職場における役割変化に順応しなければならないなど，男女ともに複数の課題に取り組まなければならない。

エリクソンによると，中年期の心理社会的発達課題は，**世代性**（generativity；生殖性や世代継承性とも訳される）vs **停滞**（stagnation）という言葉で表される。子どもを産み育て，物質的・知的生産活動にたずさわり，社会を担っていく次世代の教育・指導にあたることを意味している。自分を中心とする生き方から，親しい他者や自分より幼い者，弱い者の傷つきや心の動きへの感受性が高まった状態にごく自然に移行していること，他者のニーズに配慮した生き方へと転換していることを伴う。この移行がうまくいかない場合は，自分のことだけに

表 7-3　中年期のアイデンティティ再体制化のプロセス

段階	内　　容
I	**身体感覚の変化の認識に伴う危機期** ・体力の衰え，体調の変化への気づき ・バイタリティの衰えの認識
II	**自分の再吟味と再方向づけへの模索期** ・自分の半生への問い直し ・将来への再方向づけの試み
III	**軌道修正・軌道転換期** ・将来へ向けての生活，価値観などの修正 ・自分と対象との関係の変化
IV	**アイデンティティ再確定期** ・自己安定感・肯定感の増大

（出所）　岡本，1985。

執着して，周囲とのやりとりからは何の影響も受けず何の影響も与えることができない停滞状態に陥ってしまう。中年期はまた，時間や社会的役割や人間関係など多くの喪失と向かい合う時期でもある。停滞や憂うつといった感情と近づきながら，長い老後に備えて，これからの生き方を主体的に選び直すことが欠かせない。それらの課題に真正面から取り組みつつ，より納得のいく生き方を探していくことを，岡本（1985）は **中年期のアイデンティティ再体制化のプロセス** と呼んでいる（表7-3）。

　さて，ここまで心理的意味や経験を中心に据えて中年期を論じてきたが，現代人が暮らす社会文化的文脈の変化をここでも改めて考えないわけにいかない。経済不況の只中にあって，1998年以降，自殺者数が年間3万人を越える状態が続いていたが，2012年以降は2万人代になり，2018年には2万840人まで減少している。しかし，男女を比較してみると，2018年において男性は女性の2.2倍の多さである（図7-2）。中でも中高年男性の自殺者数の多さはひときわ顕著であって，2017年の男女別の年齢階級別の自殺者数の構成割合（図7-3）を見ると，40代男性が全体の12.6％，50代男性が12.2％，次いで60代男性が10.9％で3位を占めている。また，2017年における年齢別，原因・動機別の自殺者数（表7-4）をみると，健康問題の次に多い，「経済・生活問題」については，男性のほうが女性よりも著しく多く，中でも「40歳代」と「50歳代」で多く，「勤務問題」については，男性は「40歳代」で特に多い。中高年の男性

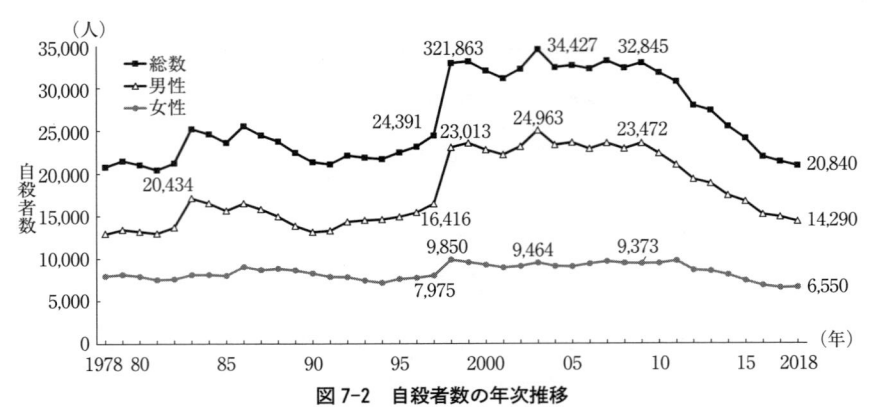

図7-2 自殺者数の年次推移

（注）　2018年の自殺者数は2万840人となり，対前年比481人（約2.3%）減。2010年以降，9年連続の減少となり，1981年以来，37年ぶりに2万1000人を下回った。
　　　男女別にみると，男性は9年連続の減少となった。一方，前年過去最少だった女性の自殺者数は，55人の増加となった。また，男性の自殺者数は，女性の約2.2倍となっている（男性68.6%，女性31.4%）。
（出所）　厚生労働省，2019c。

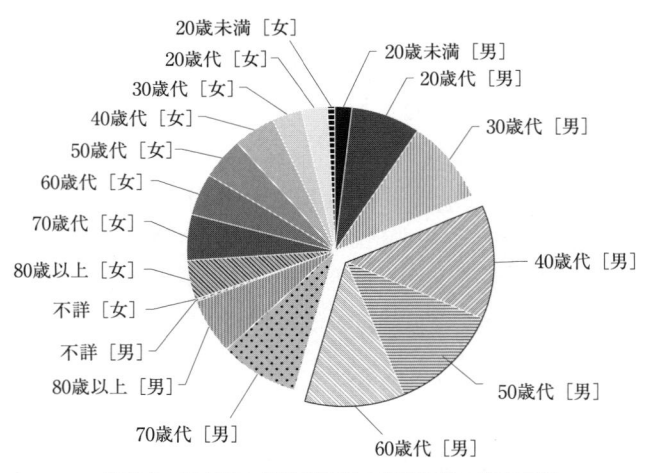

図7-3　男女別の年齢階級別の自殺者数の構成概要

（出所）　厚生労働省，2018f。

表 7-4　2017 年における年齢階級別，原因・動機別自殺者数（単位：人）

原因・動機別 ＼ 年齢階級別（歳）		～19	20～29	30～39	40～49	50～59	60～69	70～79	80～	不詳	合計
合計	計	488	2,262	2,836	3,950	3,827	3,361	2,872	2,079	6	21,681
	男	317	1,573	2,092	2,866	2,770	2,287	1,742	1,173	4	14,824
	女	171	689	744	1,084	1,057	1,074	1,130	906	2	6,857
家庭問題	計	91	231	439	635	572	432	419	360		3,179
	男	49	146	300	433	391	267	238	206		2,030
	女	42	85	139	202	181	165	181	154		1,149
健康問題	計	93	783	1,113	1,636	1,759	1,931	1,977	1,482	4	10,778
	男	49	448	689	982	1,061	1,166	1,130	831	2	6,358
	女	44	335	424	654	698	765	847	651	2	4,420
経済・生活問題	計	14	308	523	761	859	665	270	63	1	3,464
	男	11	275	480	691	770	590	216	44	1	3,078
	女	3	33	43	70	89	75	54	19		386
勤務問題	計	24	403	420	563	433	116	27	5		1,991
	男	21	339	370	510	397	100	27	4		1,768
	女	3	64	50	53	36	16		1		223
男女問題	計	47	242	195	177	63	27	16	1		768
	男	26	139	139	110	39	18	15			486
	女	21	103	56	67	24	9	1	1		282
学校問題	計	169	156	2	2						329
	男	124	121	2	2						249
	女	45	35								80
その他	計	50	139	144	176	141	190	163	168	1	1,172
	男	37	105	112	138	112	146	116	88	1	855
	女	13	34	32	38	29	44	47	80		317

（注）　自殺の多くは多様かつ複合的な原因および背景を有しており，さまざまな要因が連鎖する中で起きている。

　　　遺書などの自殺を裏付ける資料により明らかに推定できる原因・動機を自殺者 1 人につき 3 つまで計上可能としているため，原因・動機特定者の原因・動機別の和と原因・動機特定者数（1 万 5930 人）とは一致しない。

（出所）　厚生労働省，2018f。

にとって，仕事がらみの悩みがいかに深刻かが推察される。

　女性の場合，事情はもう少し複雑である。それまで家庭人として子育てにエネルギーを注いできた場合は，子どもの自立後にうつや無力感を経験することが **空の巣症候群** として知られている。配偶者との人間関係上のトラブルや **親の介護** の責務が重くのしかかる，**うつ** や **不定愁訴** の頻発期でもある。一方，職業をもってきた場合は，そうするために手放さなければならなかった可能性に改めて目が向く時期である。ある場合は結婚，またある場合は子どもを産むこと，あるいは日々の生活のゆとりなど，いつかどこかでかなえたいと思って

きた可能性が，かなわぬ夢のまま，生涯手にすることができないものへと変わっている。仕事にエネルギーを注いできた彼女らも，**老親の介護** を免れることは難しい。女性の生き方が多様であるぶん，ある時点で納得して選んだライフスタイルであっても，自分の生き方はこれでよかったのか，後悔はないかと，この時期に改めて自問自答を繰り返すことを多くの女性たちは免れないのかもしれない。

(2) 中年期夫婦が取り組むこと

中年期夫婦を待ち受けるのは，「夫婦2人になることの準備」と「老親の介護システムの構築」という課題である。プレトとブラッカー（Preto & Blacker, 2016）は，中高年の多くの夫婦にとって，子どもの巣立ちは結婚生活や幸福感に肯定的な影響をもたらしていると述べている。そして，この時期の関係改善の鍵は，ストレスを緩和することと家事を簡素化することだとしている。さらに，夫婦関係の性質も変化し，友人や仲間としての感覚，平等性，忍耐，関心の共有などが高まるという。その一方で，それ以前の子育て期に，水面下に潜伏させていた葛藤が顕在化することもある。また，女性が自律性を獲得し，仕事や学校など家庭の外に関心を向けるのに対して，男性は妻と一緒に旅行したりレジャーを楽しむことを期待するという。夫婦2人が中心の生活に適応することは，必ずしも容易ではない。中釜（2005）は，中年期夫婦の関係の悪化を引き起こす要因として，1つには夫婦関係形成期に生じたまま未解決になっている傷つきの問題が，もう1つには，長い子育て期を夫は仕事，妻は家庭の切り盛りという性別役割分業体制で乗り切った副産物として生まれた夫婦の交流の欠如の問題をあげている。

前項にもあげた老親の介護の問題は，ただ1人の家族メンバーが抱えるのでなく，家族などの関係者が集まって複数で担っていく課題である。関係が良好な何人かの人々が集まって，専門家の橋梁と支援を受けながら，介護システムを構築することができれば，個々人に降りかかる負担はこれまで以上に小さなものへと，変化させることができるだろう。

第 *4* 節　青年が家族から自立するプロセスの変容と心理的援助

(1)　青年が家を出ていくことの難しさ

　ここでは，青年が家を離れるプロセスについて考える。実家から遠く離れた大学に入る，ひとり暮らしを始めるなど文字通り家から離れる場合と，心理的・象徴的な意味で **家離れ** を果たす場合の両方を視野に入れて考えよう。

　友人関係の深まりを第1の課題，自分づくり・自我同一性（アイデンティティ）の確立を第2の課題とすると，この時期の青年の第3の課題は，親子関係を変容させて，家族の中の自分を縮小させ家を出ていく準備を次第に整えることである。しかし，親離れを遅らせる事情が，現代家族にいくつも存在するようになった。

　保坂（2000）は，ギャングからチャムシップへの移行，それを待っていたかのように進む親子関係の変化という一連の流れが，発達の加速現象によってバランスを崩しうまく進まなくなったと考察する。チャムシップが始まる前の，友人関係がいまだ不安定なうちに思春期を迎える子どもたちは，心身の変調に伴う不安を鎮めるために親との強い関係に逆戻りするのではないか，親子関係を弱めるどころか強化する結果に否応なく陥っているのではないかというのが，保坂が提示する疑問である。現代の親の物わかりのよさ，若者文化への関心の強さも，親離れを遅らせる要因の1つということができるだろう。立ち居振る舞いや服装の好みも若者との違いが目立たず，母娘で服を共有して繁華街を買い物する親子もいて，マスコミからは **友達親子** とか **一卵性母娘** として取り上げられる。親子間の会話が活発に行われる，親子の相互理解が進んでいるなど，こうした親子関係に関しては，肯定的な見方も存在する。しかしその反面で，夫婦関係の希薄さを仕事にのめりこむことでやり過ごす父親がいて，母親は子どもと近しくなって寂しさを紛らわせている，親たちが大人としての責任をとらないで子どもと同等の立場に甘んじている，親のほうが子どもに情緒的に依存して必要としているなど，マイナスの影響を考えざるをえない場合もあるだろう。

　また，近年は青年の友人関係が希薄化しているという指摘もされている。土

井（2008）は，互いの対立の顕在化を極端に恐れ，相手を傷つけないように細かい配慮を行う関係を「優しい関係」と呼んでおり，その根底には，承認を得続けられないと不安になるような，自己肯定感の脆弱さがあると指摘している。また，岡田（2007）は，大学生の友人関係を分析し，3つのクラスタに分類した。クラスタ1は，内面を開示する友人関係をとり従来の青年観に合致する群で，自尊感情が高く全般的に適応的な傾向が見られる。クラスタ2は，友人関係から回避する傾向をもち，適応的な傾向が低い。クラスタ3は，自他共に傷つくことを回避しつつ，円滑な関係を指向する群で，他者からの賞賛を求めつつそれが満たされないことで傷つくことを恐れる傾向が見出された。

　現代の若者の友人関係の特徴を希薄化としてまとめてしまうのは，単純すぎるかもしれない。しかし，友人からの承認を強く求めていることや，傷つけたり傷つけられたりすることへの強い不安は，必ずしもごく一部の若者に限った心理ではないだろう。そして，そうした心理の背景として，それ以前の発達段階における友人関係の中での傷つきや裏切り，そしていじめの影響が考えられる。

(2)　自立のための親からのサポートの重要性

　さて，従来の思春期・青年期の子どもは，依存や反発を繰り返しながら徐々に親から離れ自立していくものと考えられてきた。しかし，近年はすでに述べた友人関係の変化と連動して，親との関係も大きく変わりつつある。図7-4以降は，政木（2013）が中高生を対象に行った調査のうち，悩みごとの相談相手に関する結果である。これを見ると，中高生共に友達が最も多く，中学生は42％，高校生は60％である。2番目は中高生共に母親であり，中学生が38％，高校生が25％となっている。それらの学年推移を見てみると（図7-5），学年が進むごとに友達の占める割合が増えており，中学1年生で35％だったのが高校3年では63％に増加している。一方，母親は中学1年生で42％だったのが高校3年では20％に減少している。こうして見ると，従来いわれていたように，思春期・青年期の子どもたちにとっての重要な人間関係は，親から友人へと移行しているように見える。しかし，1982年から2012年までの30年間の推移（図7-6）を見てみると，中学生では友達が62％から42％に減少してい

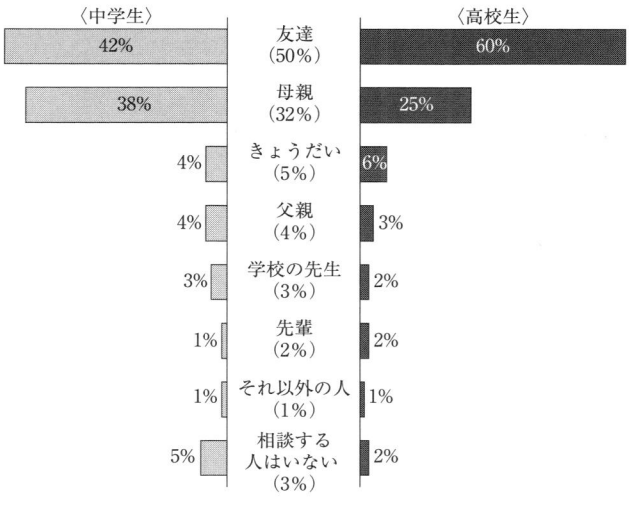

図7-4　悩みごとの相談相手

（注）　括弧内は全体の割合。
（出所）　政木，2013。

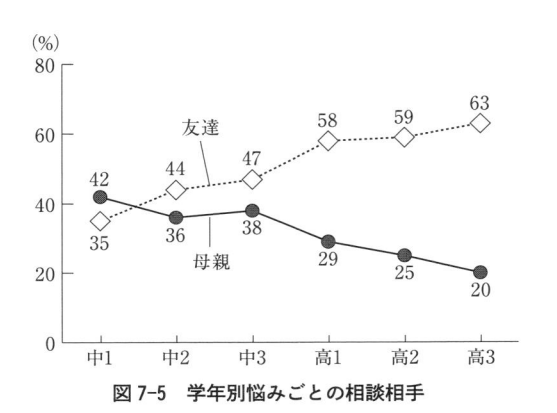

図7-5　学年別悩みごとの相談相手

（出所）　政木，2013。

る一方で，母親は20％から38％に増加している。高校生も同様に，友達は74％から60％に減少しており，母親は11％から25％に増加している。

　このように，思春期・青年期において，学年が上がるほど悩みごと相談の相手として友人が重要になり，母親の重要性は低下するものの，長期間にわたる

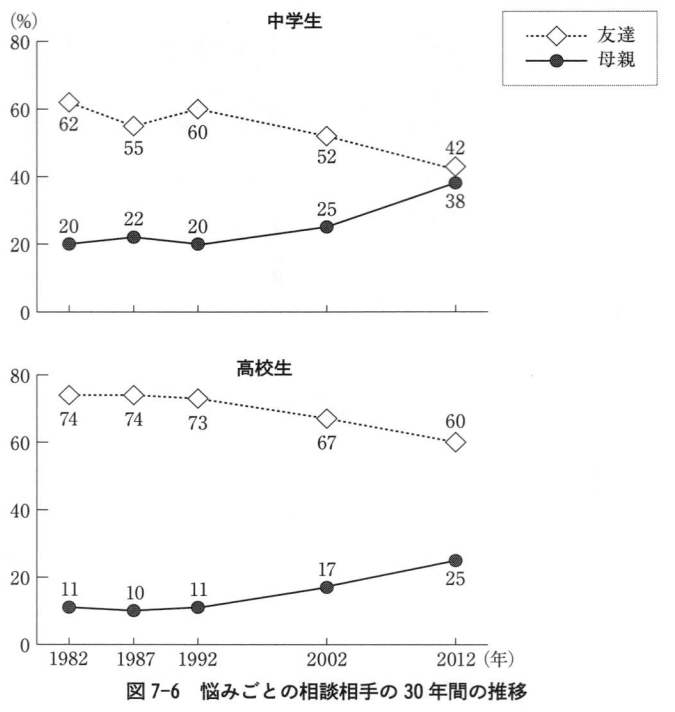

図7-6　悩みごとの相談相手の30年間の推移

（出所）　政木，2013。

傾向としては，より相談相手としての母親の存在が重要になってきているといえる。したがって，自立のプロセスを従来のように親から心理的に離れていくプロセスとして単純に考えないほうがよいのかもしれない。

（3）　青年と親への家族心理学的理解と家族療法的アプローチの重要性

　思春期・青年期の子どもを育てる家族の段階は，家族ライフサイクルの中でもさまざまな臨床的問題の好発期でもある。こうした子どもたちの臨床的問題に対して，従来は子どもの自律性，独立性に関心が払われ，家族は子どもにとって「離れる対象」と見なされてきたために，支援の対象は子ども個人に限定され，家族は子どもの自立を阻止する存在としてとらえられてきた（北島，2019）。大学生の学生相談においても，家族との関わりは，精神疾患を抱えた

学生への支援や危機介入など，限定的に見られたに過ぎない（大町，2019）。し
かし，ここまで述べてきたように，子どもと家族は完全に独立した個人として
存在しているというよりも，お互いに影響を及ぼし合う複雑で細やかな相互作
用の中で生きている。また，この段階は子どもだけでなく，親もさまざまな課
題を抱えストレスに圧倒される段階でもあり，子どもの問題に親が向き合うた
めには，親もサポートされる必要があるだろう。さらに，データにも表れてい
る通り，子どもの親に対する依存度は増大傾向にあり，友人との関係の中で成
長し自律していくことが期待しにくくなっている。

　したがって，思春期・青年期にある子どもたちのさまざまな問題解決を支援
するためには，子どもに援助の手をさしのべるだけでなく，親を支援したり，
子どもと親との関係性が変化するようなアプローチも積極的に取り入れていく
必要がある。そのためにも，子どもと親の関係や問題についての家族心理学的
な理解や家族療法的なアプローチ，そして，個人療法と家族療法を統合する視
点や関わり（野末，2003，2015b）が求められる。これからの心理臨床家は，子
どもに対する個人面接はもちろんのこと，親面接，両親面接，家族合同面接な
どを柔軟に取り入れて，個々のケースにマッチした支援ができることが求めら
れる。

【中釜洋子・野末武義】

　青年期の心理支援では，自立が重要なテーマとなる。親には，「子離れするように」，子どもには「甘えずに自立するように」というアドバイスが一般的に行われている。しかし，実際の親子関係は絡み合っており，そう単純には分離に至らない。

　アタッチメント（愛着）とは，「恐れや不安を抱く危機的状況において，特定の他者からの慰めを得ることによって，安全の感覚を回復，維持しようとする行動システム」（数井・遠藤，2005）と定義される。乳幼児を対象に研究が開始されたが，近年，アタッチメントは，人生を通して重要な役割を果たしていることがわかってきている。青年期までに，アタッチメント対象は，親から，先生・友人・恋人へ拡大し，アタッチメントの満足も，身体接触から，言葉による受容・共感へと質的な変化を遂げる。実証研究からは思春期・青年期になっても，親はアタッチメント機能の一部（「分離苦悩」「安心の基地」）を担っており，重要な機能を果たしていることが指摘されている（中尾，2017）。

　ダイヤモンド（Diamond, 2005）は，うつ病の青年の治療にアタッチメント理論をベースとした家族療法を導入している。その際，親のアタッチメント機能として①開かれたコミュニケーション（否定的な気持ちも語れること），②アクセスが可能であること（連絡がとれ，話ができる準備があること），③必要な場合は守りと支援を行う（味方であるという信頼感），という3つの条件を提示している。これらの条件が揃い，青年の親に対するアタッチメントが安定することによって，青年の探索活動が活発となり，アイデンティティの獲得に向けた試行錯誤が開始されると考えられる。

　しかし，この時期，親自身も自らの身体的衰え，夫婦関係，職業的な再編，介護などの問題を抱え，不安を感じていることが多い。このような状況下で，親子を分離させようとしても反対に強い抵抗を招くこととなる。よって，支援者の役割は，親子を分離させようと説得することではなく，親の不安を支援者が受け止め，青年のアタッチメント対象として親が機能できるよう支援することである。親が青年の話に耳を傾ける余裕が生じると，青年のナラティヴは充実し，自己探索活動に集中し始める。その結果，青年と親との自己分化は促進され，絡まり合いが解けるのである。親子の心理的距離を縮めるような働きかけが，分離につながるというパラドキシカルな変容が生じる。まさに形態発生的な変化であるのだが，そのメタモルフォーゼにはなんど立ち会っても驚かされる。青年の自立を生み出す土壌として家族関係は重要といえる。

【北島歩美】

第 **8** 章　老年期の家族

老いを迎える家族

　第8章では，老いを迎える人たちとその家族に焦点をあてる。人生の最終章にいる高齢者自身とその家族にとって，老いはどのように体験されているのだろうか。高齢者と，その配偶者，子どもや孫がいる人であれば子や孫，また，親（後期高齢期や故人）などが，それぞれのライフステージならではのプロセスをたどりつつ，互いの関係性を再編していく。この時期には前章までの時期よりもいっそう，家族のあり方はさまざまであろう。家族の文化・歴史に加えて，現代の社会文化的，政治・経済・福祉的な背景を含めて考えてみよう。高齢者介護や高齢者虐待の問題と，老年期ならではの課題に取り組むことへのサポートや，認知症をもつ人などの高齢者とその家族へのサポートについても取り上げる。日本では世界的に見てもかつてないほどの速さで高齢化が進んできている。老いは，長く続く老年期をどのように生きるのかという高齢者本人にとっての問題であるばかりではない。その家族や地域・社会も含めて，どのような社会を築いていこうとしているのかが，私たちに問われている。

第 *1* 節　高齢化と家族の現況

　高齢者本人と家族にとって老いを迎えるとはどのような体験なのか，まず初めに，統計資料などから現代日本の家族の概況を見てみよう。

(1) 急激な超高齢化

　急激な超高齢化が起こっている。65歳以上の人口が総人口に占める割合を高齢化率という（以下，内閣府，2018b）。日本は，1970年に高齢化社会（高齢化率7％以上），1994年に高齢社会（14％以上）となった。2007年に超高齢社会（21％以上）となり，2017年現在27.7％で，世界で最も高く，3.6人に1人

が高齢者となっている。高齢化速度（7％から14％までの所要年数）は，フランス 115 年，スウェーデン 85 年，アメリカ 72 年，イギリス 46 年，ドイツ 40 年に対して，日本は 24 年で，非常に速い速度で高齢化が進んできている。ちなみに，韓国 18 年，シンガポール 20 年，中国 24 年である。今後の日本の高齢化率は，2036 年に 33.3％（3 人に 1 人），そして 2065 年については，38.4％（約 2.6 人に 1 人），75 歳以上の割合が 25.5％（約 3.9 人に 1 人）になると推計されている。同時に死亡率も上昇していく。日本は世界的にも先例となるような超高齢化の途上にある。これにつれて，高齢者自身の生き方や家族・社会のあり方が，急激な変化にさらされているのである。

(2) 1つのありふれたライフステージとしての老年期

　老年期は，生涯発達過程における 1 つありふれたライフステージとなっている。2017 年現在，総人口の 27.7％を占める高齢者人口のうち，65〜74 歳と 75 歳以上は，ほぼ半々である（内閣府，2018b）。平均寿命は，男性 80.98 年，女性 87.14 年である（厚生労働省，2017c）。平均余命について，1970 年／2015 年で比較してみよう（厚生労働省，2017a）。65 歳男性の平均余命は 12.50 年／19.41 年，75 歳男性は 7.14 年／12.03 年で，65 歳女性は 15.34 年／24.24 年，75 歳女性は 8.70 年／15.64 年である。平均寿命と平均余命は延伸し，高齢の年齢まで生存する人の割合は増加し（図 8-1），「人生 100 年時代」ともいわれている（内閣府，2018b）。労働力人口に占める 65 歳以上の割合は増加している（2017 年で 12.2％；内閣府，2018b。うち 7 割は非正規雇用；内閣府男女共同参画局，2018b）。とはいえ，就業を退いてからの高齢期後半の期間はかなり長い。老年期とは人生における主な役割を果たした後の付加的な時期なのではなく，老年期をどう生きるかは，定番のライフステージをどう生きるかという課題だといえよう。

(3) 高齢者のいる家族の家族構成の変化

　家族のあり方は当然ながらさまざまである。たとえ同居していなくても家族であるともとらえられるが，日々の家族関係を考えたとき，家族構成は大きな要素である。2017 年現在（厚生労働省，2018a），世帯構造別では全世帯のうち，

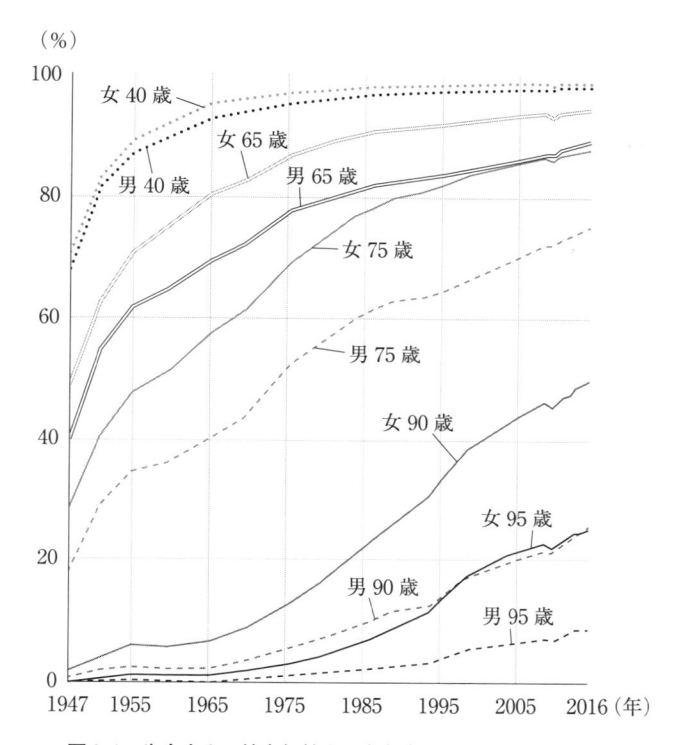

図 8-1　生命表上の特定年齢まで生存する者の割合の年次推移

（注）　2010 年以前および 2015 年は完全生命表による。
　　　　1970 年以前は，沖縄県を除く値である。
（出所）　厚生労働省，2017a。

「親と未婚の子のみの世帯」は 36.7％と最も多い（「夫婦と未婚の子のみ」29.5％
と「ひとり親と未婚の子のみ」7.2％の合計）。次いで「単独世帯」27.0％，「夫婦
のみの世帯」24.0％であり，「三世代世帯」は 5.8％と非常に少なくなっている。
次に，全世帯の約半数（47.2％）にのぼる「『65 歳以上の者のいる』世帯」の
内訳（図 8-2）について，変遷を見てみよう（1986 年／2017 年）。「夫婦のみ」
（18.2％／32.5％），「単独世帯」（13.1％／26.4％），「親と未婚の子のみ」（11.1％／
19.9％）が増加してきているが，「三世代」（44.8％／11.0％）は年々減少してい
る。さらに，「高齢者世帯」（「65 歳以上の者のみ」，またはこれに 18 歳未満の未婚
者が加わった世帯）について絞ってみると「夫婦のみ」48.7％，「単独」47.4％

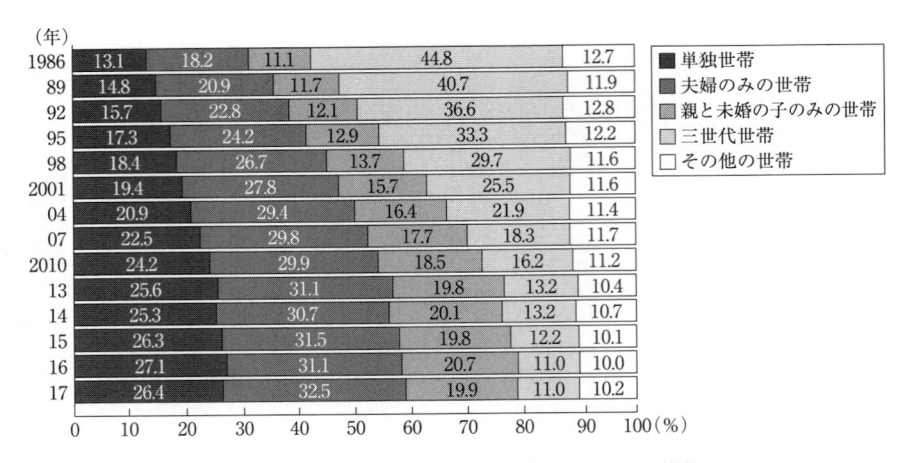

図 8-2　65 歳以上の者のいる世帯の世帯構造の年次推移

（注）　1995 年の数値は，兵庫県を除いたものである。
　　　　2016 年の数値は，熊本県を除いたものである。
　　　　「親と未婚の子のみの世帯」とは，「夫婦と未婚の子のみの世帯」および「ひとり親と未婚の子のみの世
　　　　帯」をいう。
（出所）　厚生労働省，2018a。

という内訳である（ちなみに，単独高齢者世帯のうち女性で 62.8％・男性で 41.2％
は，75 歳以上である）。なお，「世帯主 65 歳以上の世帯」における「単独世帯」
の割合は，2040 年には全都道府県で 30％以上になると推計されている（国立
社会保障・人口問題研究所，2019）。以上のような家族構成の変化に伴って，家
族観（子どもや配偶者への期待など）も変化してきている。それを念頭において，
老いを迎える家族について考えていこう。

第 **2** 節　**老年期における変化**──人生の統合へ

　老年期前期には，それまでの主な職業的役割が縮小してくる場合が多い。ま
た，家庭内の仕事に主に携わってきた人にとっても，自分の役割や存在価値の
拠り所が変化していく。それにつれて，自分の役割や生きがいをどこに見出し
て，今後の人生をどう生きるのかという老年期の課題が起こる。地域での人間
関係やその他の活動の中にすでに自分の居場所を見つけている人に比べ，それ
まで仕事一筋にきた人は新たなあり方・関係性を見出す必要がある。なお，人

生の持ち時間が少ないと感じがちな高齢者にとって，これまでの人生や出会ってきた人とのつながりの流れのうえに現在の自分があることを感じ取ること，それによる人生の統合が望まれる。

　年齢を重ねるにつれて次第に（以下，内閣府，2018b），病気になったり介護が必要になったりしてくる。病気では，65歳以上の主な死因は，がん，心疾患，肺炎が上位である。また，たとえ病気や要支援・要介護にならなくとも，フレイル（frailty）もある。これは心身の活力（運動機能や認知機能など）が低下して心身の脆弱性が出現しているが，適切な介入・支援によって，生活機能の維持向上が可能とされており，いわば健康状態と介護状態の中間状態である。健康寿命延伸のために，フレイル予防も注目されている。さて，65歳以上の要介護者（要介護または要支援の認定を受けた人）について見てみよう。その人数は増加してきている。2015年度末で606.8万人となっており，65〜74歳人口のうちの4.3％に対して，75歳以上では32.5％となっていて，年齢が上がるほど，認定される人の割合が増える。なお，要介護または要支援と認定された主な原因は，認知症が18.7％（要介護に限れば25％近く）で最多である。ちなみに，認知症有病率（2013年度のデータによる推計；東京都健康長寿医療センター研究所，2017）は，65歳以上の約16％と推計され，各年代別（85〜89歳／90〜94歳／95歳以上）の人口に占める認知症有病率は，男性35％／49％／51％，女性44％／65％／84％で，年代が上がるとともに急激に高まっている。なお，2025年には高齢者の5人に1人，国民の17人に1人が認知症になるものと予測されている（内閣府，2016）。認知症では，さまざまな行動・心理症状（BPSD：behavioral and psychological symptoms of dementia）が生じて，ADL（activities of daily living；食事，移動，排泄，着脱衣などの基本的な「日常生活動作」）やIADL（instrumental activities of daily living；買い物など「手段的日常生活動作」）の能力が低下する。また，自己としての連続性や，他者との関係性の連続性が徐々に脅かされ，寄る辺ない不安が大きい。なお，家族もとまどって，接し方や対処に困難を感じている場合も多い。

　このように老年期は，これまでは難なくできていたことが思うようにできなくなり，大なり小なり身体的衰えや体調不良と付き合いながら暮らすことになる。新たに疾患とともに生きるようになったり，死がそう遠いこととは思えな

くなることも多い。また，社会にあるエイジズム（ネガティブな高齢者イメージによる年齢差別）や「老いの神話」（他の文脈で起こることもすべて，老いに起因すると意味づけられること）によって，弱く無能な存在であるかのように扱われて，自分が抱いてきた自己像とのずれを意識させられることもある。さらに，したいことをするための心身の健康状態・体力・資金などの不足を痛感する機会も増えてくる。大切だった役割・仕事や家族・親しい人などとの別れもあり，老年期には喪失と悲哀の問題は避けがたいと考えられる。もし要介護となって身辺の世話をしてもらう立場になると，他人に世話されるということに適応しつつ自尊感情をどう維持するかということも課題となってくる。

エリクソン（Erikson, 1950, 1982）は，人間のライフサイクルの最終時期を老年期として生涯発達に位置づけ，この時期に優勢なテーマを「統合 vs 絶望」とした。自分の人生のさまざまな経験を，一貫性と全体性の感覚をもって1つの意味ある全体へとまとめあげたいという欲求が，統合への動きを生むとしている。そして，人生の意味づけにあたっては，家族など他者との関わり合いをはじめとして，他者や地域社会との相互性・関わり合いの中から生き生きした人生が起こるという観点から，統合を論じている。これは，認知症をもつ人であっても同様であろう。したがって，高齢者への支援は，家族の関係性や社会のあり方も視野に入れて考えていく必要がある。

第 3 節　高齢者と家族の関係性の再構築

(1)　多世代の関係性の再構築

家族のメンバーそれぞれがその発達課題に取り組む中で，家族システムの変容が必要となり，家族ライフサイクルの移行が生じると考えられる。例えば，老年期にいる親世代，子ども世代（多くは中年期），そして，もしその子どもがいれば孫世代は，それぞれのライフステージでの課題に取り組みつつ，家族としてそれぞれの関係性の再構築に取り組む。新しい親子関係が模索され絡み合いながら活性化して家族システムの変容が起こるのである。

例えば，親世代が徐々にケアが必要になるにつれて，子ども世代とのケア役割の交代が起こる。その際，互いに情緒的サポートや道具的サポートを提供し

合いながらも，しだいに子世代が老親をサポートしケアする側面が強まっていく。多くはゆるやかな変化の過程であろうが，病気などで急激な変化が起こることもある。いずれにしても，これは決して平坦な過程ではない。双方がこれまでの親のイメージの喪失にさらされる。特に老親自身にとっては，ケアを与える側ではなくなり，相手に依存するいわば弱い存在になるのを受け容れるのが難しいことも多い。子にとってもしっかりした親・美しい親などのイメージを変えざるをえないなど，互いに，新しい距離のとり方・新しいケア授受の仕方などを模索しながら，互いの関係性が徐々につくり直されていく。なお，幼い頃から十分な養育と愛を受けてこなかったと子世代が感じているなど，親子関係の満たされなかった思いや未解決な問題がある場合はなおさら，老親をケアしなければならなくなってくることや，認知症によって自分との関係の記憶自体が失われていくことは，子世代にとって大きな葛藤やストレスとなりうる。

　なお，親世代と子世代の親子関係に加えて，もし孫世代もいる場合には3世代の体験は絡み合ってくる。成人期以降，世代継承性（ジェネラティヴィティ；generativity）というテーマがあると考えられている。生物学的子どもに限らず，自分が生み出した作品や持てる技能を，人生の証として残したり次の世代に伝えたりすることも，高齢者の人生にとって大切なのである。孫世代がいること自体が高齢者の生きがいとなることもある。他方，孫世代にとっても，祖父母世代の生き方にふれたり，自分の親と祖父母との関係性を目撃したり，介護に関わることには意味がある（渡辺，2019）。また，子世代が自身の子ども（孫世代）との経験の中から，自身の親との関係性について新たに気づくこともある。例えば，思春期の子どもとの争いを通じて，子世代が，自身の親に言いたいことに気づいたり，それが子育てにおいて自分が譲れない大事な点と関連していると気づいたりすることもある。また，子世代が，自身の夫婦関係体験から，親の過去や親世代の現在の夫婦関係についての見え方が変わることもある。

　さらに，老親自身のその親との関係性も再構築されうる。たとえ親がもう亡くなっているとしても，内的対象としての親は心の中に位置を占めている。高齢者自身，老いを迎えて初めて自分自身の親の老年期を理解することができることもある。

このように，中年期や老年期になって自分の源家族の関係性や歴史を新たな目で見直すことができる。これらは，広い意味で現在の家族全体の関係性に反映されるだろう。

(2)　夫婦関係の再構築

　多世代の関係性の再構築と並行して，老年期には夫婦関係の再構築も起こる。夫婦は，これまでの関係性の文脈のうえで，互いに関係性を再構築していく。夫婦は，定年退職・介護・死別などさまざまなライフイベントにつれて，互いの理解が深まることもあれば，齟齬が大きくなることもあるだろう。ことさら問い直しをする必要なしに，共に老いる穏やかな道程をたどっている感覚をもつこともあるだろう。夫婦の長期的な関係性・生涯発達については，親密性，個人化志向や，関係性ステイタス，関係満足度，結婚満足度などさまざまな観点から研究が行われている（伊藤ら，2014；伊藤，2015；宇都宮，2004，2014）。また，共同での活動や会話時間など，家事分担などの行動，また，就業状況や収入への満足度など経済面，社会変動の影響なども重要であると指摘されている（伊藤，2015にある展望も参照）。なお，これまでDVのあった夫婦の場合などでは，健康状態が下降・社会的資源も減少していく中でどのような関係性となっていくのかは，他者には計り知れない部分もある。老年期の夫婦の姿には，カップルになって以来の高齢期に至るまでに築いてきている夫婦関係がどのようなものであるのかが反映されている。

(3)　家族の多様性の拡大とコミュニティの関係性へ

　以上，配偶者と子どもや孫のいる家族を想定して話を進めてきた。しかし実際は，家族のあり方は多様で，単身の家庭，単親家族，離婚・再婚を経た家族，子どもをもたないカップル，里親子家族，生殖補助医療によって子どもを迎えた家族，同性婚をはじめとする性的マイノリティの家族など，実にさまざまである。また，ひとり暮らし高齢者の増加という観点から見ても，家族に限らない関係性やコミュニティが重要性を増すと考えられる。老年期においては友情によって，お互いの人生経験を認め合い確認し合うことの意味は大きい（McGoldrick et al., 2015）。また，地域コミュニティにおける諸活動を共にする

ことでの関係性，また，終の棲家やケアを受ける住まいでの他者（その施設の住人，ケア提供職など）との関係性なども，高齢者の日常を構成するものとしてますます大きな意味をもっていくだろう。

第 *4* 節　　家族による高齢者介護

次に，老いを迎えた家族に介護・看護が必要になったときについて考えてみよう。以前は，介護を要する人は家庭の中にいて，過酷な介護も家族が担っていた（コラム8参照）。2000年に介護保険法が施行されてからは，介護を個人・家族だけに負担させずに専門的な介護サービスを公的仕組みとして確保するという「介護の社会化」の考え方が，以前と比較すれば広まってきている。介護度などに応じて，施設に入居するサービス，居宅で受けるサービス（デイサービスなどの通所型，訪問で看護・介護・リハビリなどを受ける訪問型，ショートステイなど）などが利用できる。考え方としても社会が多様なサービス・介護形態を受け容れるようになってきており，家族介護者がすべてを抱え込んでいた頃に比べて，家族介護者が労力面で多少は楽になりうるといえよう。しかしながら，家族介護者の果たす役割が小さくなったとはまったくいえない。また，介護保険制度は改定のたびに使いにくさを増している。この超高齢多死社会において，介護をめぐってどのような現状と課題があるのかを見ていこう。

(1)　家族による高齢者介護の現況──介護を担う人の多様化

介護を受ける人が増加しており，身近な人が介護を受ける可能性を誰もが持っているといえよう（以下，内閣府，2018b）。介護などを受けずに生活を送ることができる健康寿命は，2016年は男性72.14歳，女性74.79歳である。平均寿命から健康寿命を引いた期間（介護などを受けながら過ごす期間）は2016年では，男性で8.84年，女性で12.35年ということになる。健康寿命は伸びてきているとはいえ，このかなり長い期間は，本人にとっても家族にとっても課題がある。要介護者等（介護保険制度における要介護または要支援の認定を受けた者）は年々増加しており，2015年には600万人を超えた。要介護者等の割合の増加では，特に，75歳以上で割合が高い（2017年では，65〜74歳人口の2.9%

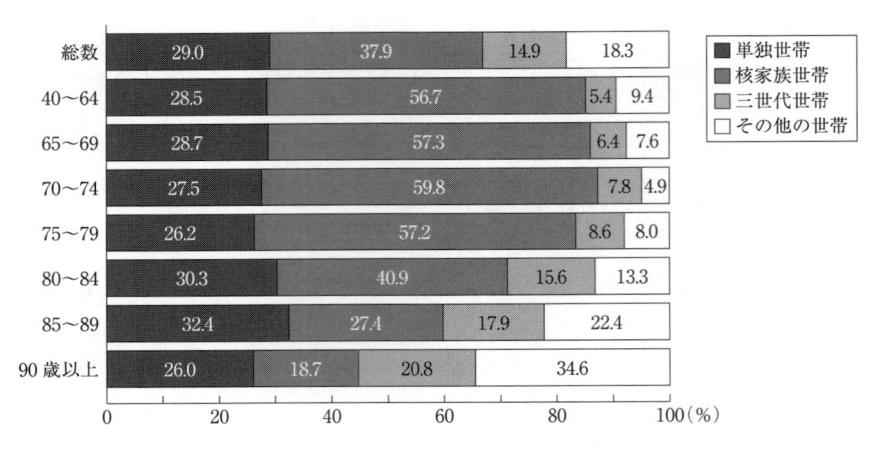

図 8-3　要介護者等の年齢階級別にみた要介護者等のいる世帯の世帯構造の構成割合

（注）　世帯に複数の要介護者等がいる場合には，年齢が高いほうを計上している。
（出所）　厚生労働省政策統括官，2018a。

に対して，75歳以上では23.5％）。要介護者の詳細については，厚生労働省政策
統括官（2018a）および図 8-3 を参照されたい。

　本節では高齢者の家族介護を取り上げる。しかし，そこに「介護は家族がす
べきものだ」という合意があるわけではない。むしろ，高齢者をどのようにケ
アしていくかということが社会全体に問われていると考えている。また，介護
家族の体験は最小単位の家族や拡大家族にとっての問題であるだけではなく，
家族の歴史文化まで含むものであり，さらに，社会文化的・経済的・福祉施策
的など様々な文脈の影響が大きいということも取り上げていく。

　どのような人が主な介護者として介護を担っているのだろうか（以下，内閣
府，2018b；厚生労働省，2017c。図 8-4）。要介護者等との続柄をみると「同居の
配偶者」25.2％が最も多く，「同居の子」21.8％で，「同居の子の配偶者」は
9.7％である。「別居の家族など」の 12.2％などと合計すると，「主な介護者」
が家族である割合は70.9％にのぼる。また，主な介護者である同居家族（以下，
「同居介護者」とする）を性別にみると，女性66.0％・男性34.0％で，女性が 2
倍近い。とりわけ介護の負担が大きい「介護時間がほとんど終日」の同居介護
者のうち，女性は 72.5％・男性 27.5％となっており，女性が多い傾向は以前か
ら変わらない。

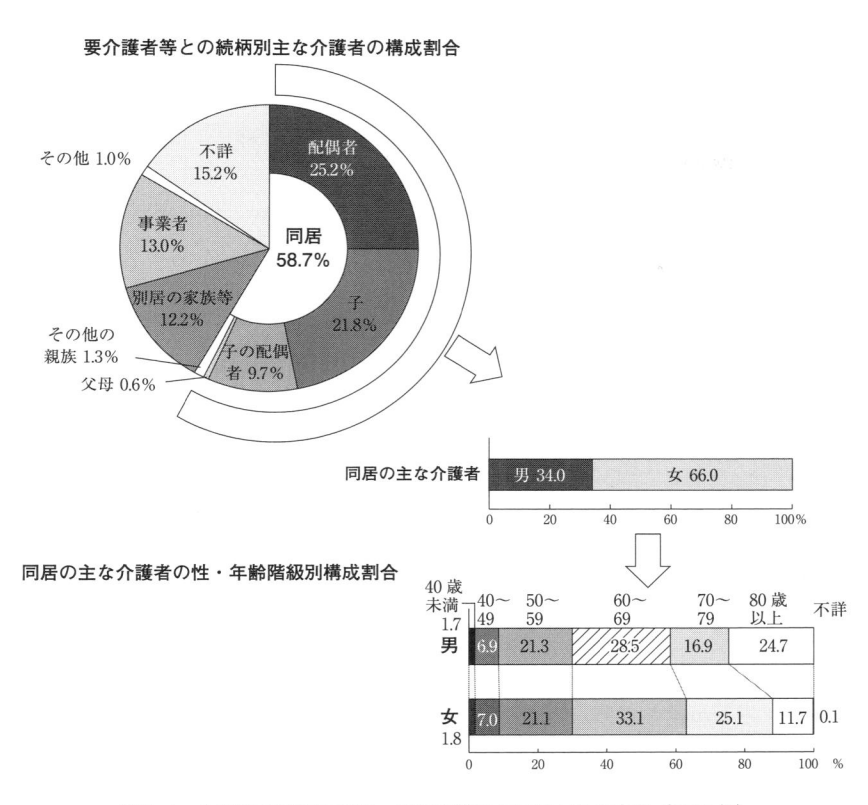

要介護者等との続柄別主な介護者の構成割合

項目	割合
同居	58.7%
配偶者	25.2%
子	21.8%
子の配偶者	9.7%
父母	0.6%
その他の親族	1.3%
別居の家族等	12.2%
事業者	13.0%
その他	1.0%
不詳	15.2%

同居の主な介護者　男 34.0　女 66.0

同居の主な介護者の性・年齢階級別構成割合

	40歳未満	40〜49	50〜59	60〜69	70〜79	80歳以上	不詳
男	1.7	6.9	21.3	28.5	16.9	24.7	
女	1.8	7.0	21.1	33.1	25.1	11.7	0.1

図 8-4　介護者の続柄の内訳・同居介護者の年齢と性の内訳（2016 年）

（注）　熊本県を除いたものである。
（出所）　厚生労働省，2017c。

　老老介護が多いこと，認知症をもつ人同士の介護（認認介護）もあることも知られている（ちなみに，介護が必要になった主な原因の構成割合のうち，認知症は，女性で 20.0％・男性で 14.2％である）。さて，同居介護者と要介護者等の組み合わせを年齢階級別にみると（厚生労働省，2017c の表 21 参照），配偶者介護と想定される同年代同士の組み合わせが多い。60 歳代後半の要介護者等の同居主介護者のうち，60 歳代が最多の 62.0％（女性介護者 43.7，男性介護者 18.3）となっている。70 歳代要介護者の同居主介護者では，70 歳代が最多の 48.4％（女性介護者 31.5，男性介護者 16.8）となっている。80 歳代同士も 23.4％（女性介護

者 12.0・男性介護者 11.4）となっている。しかし，80歳代以上の年代では，80歳代要介護者を介護する同居主介護者は，50歳代と60歳代合わせて 55.5% を占め，90歳代要介護者の介護者では 60歳代介護者が 63.2%（女性介護者 44.0・男性介護者 19.3）となっていて，高年代の子世代による介護が増えている。背景には，前述の世帯の家族構成の変化・人口構造の変化や，家族観・夫婦観の変化（自分たちのことは自分たちでという夫婦規範など）があると思われる。介護を頼みたい相手は，男性は「配偶者」56.9%・「介護サービス」22.2%，女性は「介護サービス」39.5%・「子」31.7% となっている。ちなみに，「子の配偶者」（1968年当時には，実際の介護者の半数を占めていた）に介護を頼みたいと希望する人は非常に少ない。

　全体としては，介護者に女性が多いことは変わらない。他方では，夫や息子による介護も増えてきている傾向である。そのような変遷の中で，妻介護を担う夫や，親介護を担う単身息子など男性介護者（「ケアメン」；津止・西田，2015）が注目されている（津止・斉藤，2007）。稼ぎ手役割をとってきた男性ならではの介護スタイルについて，また，男性介護者だけの問題ではないが，ワーク・ライフ・ケア・バランスの問題なども取り上げられている。遠距離介護や，斜めの関係（おじ・おば）の介護など，介護のあり方が多様化している。また，ヤングケアラー（高齢に限らず病気や障害を抱えた家族をケアする責任を成人と同等に担っている子ども）（北山・石倉，2015；澁谷，2018）にも，徐々にではあるが，社会の目が向けられるようになってきている。

(2)　家族介護者の体験

　家族を介護している人（インフォーマル介護者；以下，「家族介護者」または「介護者」）が担っていることは，非常に多岐にわたり，多様な配慮を要することである。介護者自身の心身の健康や人生航路への影響も大きい。介護は，身体的・物理的な介助・世話にとどまらない。日々の世話・応答・見守りなどでは，自分の時間と心的エネルギーを絶え間なく提供している。たとえ別居や遠距離介護，また，施設に入居中であっても，ケアを必要とする家族が，安心して安全に暮らせるように，安定して日々スムーズに生活ができるように，多方面を支えている。特に，認知症をもつ家族に対しては，相手がよい精神状態で

いられるように（BPSD をできる限り生じさせないように）と，自分の感情をコントロールして接している（例えば，イライラなどを見せずに笑顔でいるなどして）。これは，感情労働（emotional labor；Hockschild, 1983）といえる。思うように自分をコントロールできずに，自己イメージが傷つくこともある。以前とは変わってしまっている家族の姿に喪失感を感じることもある。現在の介護の仕方やサービスについて選択したことがこれでよいのかについて，また，今後の見通しなどについても，あいまいさや不確実さにも耐えながら，日々すべきことをこなしていかなければならない。さまざまな介護サービスや医療の選択肢について，専門職とやりとりし，情報を入手し，調べたり見学したりして比較し選択して，手配することも，介護の大きな側面である。そのためには，今後についての予測も必要となる。つまり，要介護者本人や家族にとって，どのようなサービスや医療などを受けるのがよいのかを判断し納得し選択することが必要となる。

　どのような形であれ，介護の開始は，家族（拡大家族を含む）にとって大きな危機である。そして，介護・医療では節目の折々に，決断を迫られて，判断と選択，意思決定が必要となる。本人および家族（拡大家族も含まれる）が意思決定するときには，各々の人の価値観・信念と希望，これまでの家族の関係性の歴史，家族の暗黙のルール，家族各々の現在の生活状況・経済状況・資産状況，もっている資源（相談できる相手なども）など，いろいろな要因が深く関わってくる。介護家族の危機においては，介護の労力や費用の分担をめぐって，また，これまでの親からの愛や今後の相続関係なども関わって，家族・拡大家族の葛藤は起こって当然ともいえる。そのような複雑な意思決定の過程を進める調整的な役割を，陰に陽に家族介護者が果たすことも多い。あるいは逆に，決定の場から排除される場合もある。さらに，意思決定後の実行では，例えばデイサービスやショートステイに送り出すには（本人にいつどのように伝えて準備するか，どのような工夫で身支度などを迎えに間に合わせるかなど），かなりの心配りと労力を要するのである。このように多岐にわたる待ったなしの対処の積み重ねの中で，介護者は自分自身へのケアがおろそかになりやすい。自分自身の人生計画を変更したり，自分の日々の生活もコントロールできないと感じたりすることも多い。社会的にも孤立しがちである。同居介護者のうち，

「ほとんど終日」介護している人の割合は20％以上にのぼり，要介護度が高い場合は50％以上となる（厚生労働省，2017c）。このような重い介護負担から，介護疲れはもちろん，介護うつも起こりうる。

　さて，介護を主に担うという決断や介護を継続する意思は，家族介護者自身のライフサイクル・人生設計などに大きく影響する。その決断を左右する介護観は，家族観・ジェンダー観・親子規範・夫婦規範などに基づいていると考えられる。例えば，「女性のほうが介護に向いている」「常勤職に就いていない人が介護すべきだ」，また最近では，「親の面倒は，義理の娘（いわゆる嫁）ではなく息子自身がみるべき」「妻の面倒は，（仕事ばかりだったこれまでの）罪滅ぼしに，夫がみるべき」などの意識である。それを介護者自身が抱いたり，周囲から向けられたりする。これらは，介護の体験・負担感や，援助要請の仕方にも関わる。なお，平山（2017）による，義理の親の介護におけるジェンダーの非対称性の指摘は，ケアに関するジェンダーの問題を浮かび上がらせている。

　介護と仕事の両立についてみてみよう。性別・年代別に離職の理由をみると（厚生労働省，2018b），「介護・看護」という理由は比較的少ない（0％・1％台が多い）。しかし，女性の50歳代前半離職者の4.2％，女性の30歳代後半離職者の4.4％，女性の50歳代後半離職者の5.7％は，「介護・看護」を理由としている。介護や看護のために離職する介護離職は2017年には男女あわせて，約9万人で増加している。勤務先に介護休業制度や両立支援制度がない場合，介護開始時に高度の身体介助や常時の認知症見守りがある場合，また，自分以外に家族介護者がいない場合などには，離（転）職割合が高くなっている（労働政策研究・研修機構，2015）。育児・介護休業法は1995年に成立し，その後改正や介護休暇制度創設を経て，2017年には育児・介護休業法が改正された（介護休業分割取得可，介護休業給付金の引き上げ，介護休暇の取得単位柔軟化など）。しかし，長期にわたる仕事と介護の両立を支えるには，さまざまな領域において不十分である。介護離職は，介護者自身の将来にわたる経済的基盤への不安・人生設計の変更などはもちろん，社会にとっても大きな損失となっている。

　家族介護者の体験は，介護者個人の問題・課題や対処方略の問題（例えばストレスケアのスキル）としてだけではなく，介護家族・拡大家族の価値観や，社会文化的・政治経済的・福祉施策的な背景まで含んだ文脈の中で理解される

必要がある。その意味では，よりよい心身状態で，「要介護者にとってのよい資源（よりよい介護者）」になることができるよう支援するというだけの観点には問題がある（コラム 8 参照）。家族介護者・介護家族がどのような体験をしているのかを理解し，家族・社会・文化の文脈の中での介護への問い直しから，介護支援者のあり方が導き出されるようなアプローチが望まれる。

(3) 介護体験が介護者・介護家族にとってもつ意味

家族介護では，主介護者だけが介護にたずさわっているわけではない。家族全員が，実際の労力を提供するか否かにかかわらず，要介護者の状態や主介護者の大変さを目のあたりにし，何らかの影響を受けている。また，主介護者との協働・意思決定や協力・サポートなどを通じて，その家族全体が介護に関わっているともいえよう。高齢家族の介護を通じて，介護家族には，家族にとって意味ある変化が起こる。渡辺（2005）は，役割の変化（介護を中心とした家族メンバーの役割の再編），境界の変化（家族の境界の透過性を高めて適応），病者やケアについての信念の変化（介護観・家族観・ジェンダー観のとらえ直し）を指摘している。介護を担っていくことを通じて，介護観や家族についての考えや願望（どうでありたいかという願い・希望・期待）なども変化しうる。また，看取りを体験するときにはなおのこと，自分自身の老いについても視野に入り，死生観も問い直されることもあるだろう。介護や看取りは，人の人生のあらゆる側面に関わるものであり，それは，さまざまな価値観にふれる。

なお，支援者にとっても，支援し支援されるという関係性を超えて，新たに体験し発見することがある。スピリチュアルケアを通じては死生観・宗教観・スピリチュアリティに思いが及び，意思決定支援を通じては医療倫理・臨床倫理なども大きな側面となる。介護は，それに関わるすべての人に影響をもつ体験といえよう。

(4) 介護をめぐる施策の変化

日本での介護をめぐる施策の変化についてざっと概観する。かつては，無償・無休で介護に携わることになる家族は，要介護者にとっても社会にとっても，介護資源・社会の含み資産と見なされていた（コラム 8 参照）。その後，

2000 年の介護保険制度のコンセプトは「介護の社会化」であった。実際，介護サービスの利用は増加した。しかし，介護を要する人の大幅な増加から，介護保険制度，医療費・介護費をどう賄うかという社会経済的課題への指摘がますます強まっている。ちなみに，高齢者（65 歳以上）1 人に対する現役世代（15〜64 歳）の人数は，年々減り続けて 2015 年には 2.3 人となった（2065 年の推計は 1.3 人）。このような中，2030 年までに約 40 万人の死亡者数増加が見込まれる。看取り先の確保困難から，医療・介護の将来像として施設から在宅への介護環境のシフトチェンジが進められており，今後いっそう加速することが予想される。2015 年には介護資源の再編と集中のための「地域包括ケアシステム」の構築という観点から介護保険制度が改定された。住まい・医療・介護・予防・生活支援が一体的に提供される「地域包括ケアシステム」を整備することで，「要介護状態となっても，可能な限り住み慣れた地域で，必要な医療・介護サービスを受けつつ，安心して自分らしい暮らしを，最期まで続けることができる社会を」と謳われている。もし介護が必要になった場合についての調査では，自宅で家族介護と／または介護サービスを受けたいという希望は多い（内閣府，2018b）。終末期の療養場所についての高齢者自身の希望としても在宅の希望が多い（厚生労働省在宅医療推進室，2012）。高齢者の訪問看護利用者数が多い都道府県では在宅で死亡する者の割合が高い傾向がある（厚生労働省在宅医療推進室，2012）。本人も希望しているということが，在宅医療・介護への回帰方向を支えるものともされる。

　このような施策の動向においては，地域コミュニティがより視野に入れられるようになっている。認知症関連では，「認知症高齢者等にやさしい地域づくり（新オレンジプラン）」が 2015 年に策定された。早期診断・早期対応のための体制整備（認知症サポート医，認知症疾患医療センター，認知症初期集中支援チームなど），地域の支援ネットワークや認知症カフェなど，医療・介護の連携，などである。若年性認知症の人への支援や，認知症当事者の声を活かすことや意思決定支援なども，今後充実させていくことが望まれる。全体として，誰もが介護をする／受けるようになる時代には，介護を受ける側の視点を社会に活かすこと，また，家族の枠に留まらず地域コミュニティを視野に入れることは，施策の如何にかかわらず大切であろう。

第 **5** 節　高齢者虐待とアドボカシー

　高齢者が安心して日々を過ごし，その人生と意思を周囲から尊重されて尊厳が保持されることは，本人と同時に，その家族をもサポートすることであろう。2006 年に高齢者虐待防止法が施行された。高齢者の権利・利益を擁護し尊厳を保持するために，高齢者虐待の防止・早期発見，行政の責務，被虐待高齢者の保護，養護者（家族など）の負担の軽減と支援などが定められた。

　高齢者虐待の現状を見てみよう。2017 年には（厚生労働省，2019b），養護者による虐待（身体的虐待・心理的虐待・介護等放棄など）は 1 万 7078 件（1 万7538 人）・養介護施設従事者（介護老人福祉施設などや居宅サービス事業の従事者）による虐待は 510 件（854 人）で，年々増加してきた。まず，養護者による虐待について見てみよう。8.3％が「生命・身体・生活に関する重大な危険」と判断された。実際，殺人・ネグレクトなどで 28 人が死亡に至っている。虐待発生要因として，約 4 分の 1 で介護疲れ・介護ストレスがあがっている（複数回答）。被虐待高齢者のうち女性が多くを占める（76.1％）。虐待者の続柄は，息子 40.3％，夫 21.1％，娘 17.4％で，男性から女性への虐待が多いことになる。また，要介護度や寝たきり度が高い場合に深刻度が高まる傾向がある。なお，虐待と判断された場合の対応では，「虐待者からの分離」（介護サービス利用，医療機関への一時入院，施設利用など）が最多（27.8％）であった。では次に，施設従事者による虐待を見てみる。「身体拘束あり」が 30％以上にものぼった（ちなみに，身体拘束の 3 原則は切迫性・非代替性・一時性である。日本看護倫理学会，2015）。養護者によるものと同じく，被虐待者の 70％を女性が占め，虐待者は従業者全体での男女比に対して男性の割合のほうが高い。被虐待者の年齢が高く日常生活自立度（寝たきり度）が高いほど虐待を受ける傾向にある。

　虐待の相談・通報件数は増加の一途をたどっている（養護者による虐待に関する相談・通報は 2017 年に 3 万件以上）。痛ましい事件も多く，対応されていない虐待が他にも多く起こっていると考えられる。虐待の発見・防止の役割を担うケアマネジャーが，地域包括支援センターなどに相談・通報をしていない場合や，そもそも虐待と判断できていない場合も多いとの調査もある（春名・越

智，2018)。言うまでもなく，虐待は人権侵害である。判断能力の不十分な人が不利益を受けないようにする成年後見制度（市民後見人の選任も含む）をはじめとして，本人に代わって主張・代弁して権利を擁護していく活動を **アドボカシー**（advocacy）と呼び，高齢者福祉・介護の中心的な概念だが，これはまだ十分浸透しているとはいえない。なお，虐待をする人への支援も必要である。この点では，虐待者に多い男性介護者などの陥りやすい傾向を理解するジェンダーの視点をもつこと，また，DV加害者への支援（中村，2011）から学ぶ点がある。

第 **6** 節　　高齢者本人と家族への支援

　高齢者本人とその家族への支援について見ていこう。以下の項目は互いに排他的な分類ではなく，その項目の特徴という側面だけをもつわけでもないが，便宜的に以下のように整理して紹介する。なお，グループ設定でも行われるアプローチもある。その場合は，参加者間での対話や相互作用も貴重なものとなる。また，もともと本人を含む家族との対話によるアプローチでは，本人と家族への支援でありつつ，家族と専門職の対話が促され，また，専門職のネットワークづくりに寄与するものもある。

(1)　高齢者の人生の統合や再編の支援

　自分自身の体力など，社会的役割・関係性などにおける喪失の体験を通じて，老年期には人生の統合が必要となってくる。どのように自分自身を認め受け容れて自分を維持するのか，自分を不安にさせるような出来事にどう対処していくのか，なども重要である。ここでは，これまでの自分の人生の意味を確認することが統合に役立つ。これまでの人生で，また人との関係の中でどのようなことを大切にして生きてきたか，日々どのようなことに喜び・楽しみ・充実感を覚えて生きているのかなど，これまでの自分と現在の自分の生き方の特質を理解した連続性のうえで，老いや病いと折り合いをつけていく。老いを迎える人が自身の人生を振り返り，人生の意味や価値を模索して，活力を得るのは，普遍的で自然なプロセスといえる。認知症高齢者にも行われている **回想法**（reminiscence；黒川，2005，2014）や，**ライフレビュー**（life review；Haight & Haight 2007）は，広く実践されているアプローチである。高齢者が自分の歩んできた人生を振り返り聴き手と対話する中で，心的事実としての自分の人生を再評価し，意味の再発見が起こりうる。

　また，ナラティヴ（語り）を取り上げるアプローチも，この時期に限らず役に立つものである。**ナラティヴ・セラピー**（White, 2007）における，再著述（自分の価値観・志向性や人生への願いなどにふれながら新しいストーリーラインへと展開する会話）や，自分の人生での重要人物と関わり直すリ・メンバリングなどのアイディアは，自身の人生への願いや人との関係への志向性に合った人生の再編につながる。

　さて，一部の人を除いてほとんどの人は，一定期間 ケア（介護・医療・看護・生活支援など）を必要とする状態を経てから亡くなる。その期間はさまざまな障害や苦痛をもちつつ，誰かに何らかの形でケアを受けながら生きることになる。まずは，苦痛を和らげて生活の質を高めるための医療・介護が基盤となる。さらにそのうえに，自身の変化や艱難の中にあっても，「自分らしさを保って，今を生きている」と感じられることへのサポートが望まれる。その際，その人のもともとの性格・価値観・趣味やライフスタイル・これまでの歴史などを尊重して，その人の「物語」を知ることの大切さが，医療やケアの現場でも認識されてきている。

　緩和医療のチョチノフ（Chochinov, 2002, 2012）による **ディグニティセラピー**（dignity therapy）は，人生の意味・生きる意思，尊厳感などについてエビデンスが見出されてきているアプローチである。これまでの人生で自分が大切にしてきたこと・大切な人に伝えたいことを語り，それを編集して，大切な人達への手紙ともなる文書をつくるものである（小森，2018；小森・チョチノフ，2011；無藤，2019）。また，がん患者（個人やグループ）などのための人生の意味に焦点をあてた **ミーニング・センタード・サイコセラピー**（Breitbart & Poppito, 2015）も開発されている。また，スピリチュアリティへの目配りや，**病いの語り**の観点（Kleinman, 1988；Frank, 1995）も，高齢者理解には欠かせない。

(2) 高齢者を全人的存在として接する支援

　前項でも広義の全人的存在として接するものについて述べた。この項では，ケアを受ける人の人間性・その人らしさ（personhood）に敬意をもって接する全人的アプローチで，さらに接し方を含む実践の諸領域に焦点を当てているものを取り上げる。高齢者，特に認知機能低下や認知症をもつ人に接するとき，その人の立場・視点（性格・その人の歴史・趣味・価値観などを含めたその人らしさなど）を理解し，尊敬・尊重の念があらわれて相手に感じ取られるようなケア，尊厳が回復し護られるようなケアを目指す。

　まず **パーソンセンタード・ケア**（person-centred care；Kitwood, 1997；事例集として Benson, 2000）である。ロジャーズ（Rogers, C.）のパーソンセンタードを，認知症をもつ人のケアという枠組みにおいてアレンジしたものともいわれる。パーソンセンタード・ケアでは，認知症をもつ人の心理的ニーズを，社会的存在であることを前提として，愛着・慰め，アイデンティティ，役割，帰属意識から記述した。個別性・多様性に注目し，ケアのあり方が症状や行動に影響力をもつことを指摘して，イギリスをはじめとして認知症ケアに影響を与えてきた。この観点は認知症をもつ当事者（クリスティーン・ボーデン／ブライデンなど）からの提言にも通じる。なお，ケアの質を改善するためのツールとして，状態や行動を観察してQOLを評価する **認知症ケアマッピング**（dementia care mapping）が開発された。次に，**バリデーション**（validation；Feil & De Klerk-Rubin 2012）を取り上げる。認知の混乱や見当識障害のある人の経験を，その人にとっての現実であると認める。そして，その人が感じている感情・感覚を尊重して，唯一の価値をもった存在として敬意と共感をもって，感情・感覚のレベルで応える。基本的な欲求（例えば，安らかな死を迎えるためにまだやり終えていないことを解決する欲求，忍び難い現実を納得のいくものにする欲求，などもあげられている）にも目を向ける。ケアする側のいくつもの具体的なテクニックも提案されている。最後に，**ユマニチュード**（Humanitude；ジネストら，2018）を取り上げる。知覚・感情・言語に基づく包括的コミュニケーションであり，一般にも注目されている。「人は，そこに一緒にいる誰かに，あなたは人間ですよ，と認められることによって，人として存在することができる」との哲学をもち，行動科学的コミュニケーションについて（見る・話す・触れ

る・立つという 4 つの柱について）ケアの手順となる技術を具体的に示した。以上のどれも「その人らしさ」を重視して尊重する全人的なケアである。これらは，ケアを受ける人にとって，どのようなケアがしっくりくるものなのかについて，探求するアプローチともいえる。また同時に，無力感を覚えがちなケアする側（家族や専門職）にとってもサポートとなるアプローチとも言える。

(3) 高齢者の抱える困難の質について理解して共に取り組む支援

高齢者の抱える困難では，脳卒中や脳外傷などによる高次脳機能障害や認知症などによる認知障害・認知機能低下も大きい。**神経心理学的アセスメント** による詳細な認知機能評価が求められる。**認知的リハビリテーション** では，障害された機能と，代償能力・できる能力をアセスメントして，効果的な介入が計画される。その人に特徴的な障害に対して日常生活の中で具体的にできるだけ有効に対処することにつながるため，本人はもちろん家族にとっても，工夫したり対処したりできる点でエンパワメントとなる。なお，認知症の早期発見・早期診断促進の動きの中で，**認知症初期集中支援チーム** によるアウトリーチが行われている。認知症が疑われる人や認知症をもつ人とその家族に複数の専門職が訪問し，アセスメント・家族支援などの初期支援を半年程度，包括的・集中的に行って，自立生活のサポートを行うものである。なお，軽度認知障害（MCI：mild cognitive impairment）とされた人や若年性認知症の人と家族への，生活支援も含む支援を充実させることも，緊急の課題である。医療・介護も生活支援の一部であるという観点のもとで，医療や生活支援に関わる多職種の協働が促進される方向にある（北村・野村，2017；日本家族心理学会，2019）。

ところで，広く医療・介護を受ける過程やターミナル期においては，折々に意思決定を要する局面が訪れる。人工的水分栄養補給・人工呼吸器・胃瘻（いろう）などの導入について，また，終末期を含めた今後の医療・介護についての心づもりなどである。**アドバンス・ケア・プランニング**（ACP：advance care planning）などでは，意思決定能力が低下する場合に備えてあらかじめ，意思決定のプロセスについて，本人・家族・関係専門職で継続的に話し合う（会田，2011，2017）。なお，ACP は，本人が今後の人生をどう生きたいと思っているかを，よく理解することが基本である。そのため，**意思決定支援** においては，価値観・死生

観・人生計画・選好，生活文化，人生物語など「物語（narrative）」を尊重して，本人にとっての最善を探求する臨床倫理の観点が必要となる（宮坂，2011）。

⑷　本人と家族介護者・介護家族への支援

　ケアを受けている人とその家族への支援は別々のものではない。介護者への支援は，介護者にとっての支援であるだけでなく，ケアを受けている人にとっても望ましいことが導かれうる。さらに，専門職との対話も重要である。

　まず，家族や多文脈を取り上げることを通じて，ケアを受けている人と家族が共に支援されるセラピーを見てみよう。役割や関係性を変化させて介護家族として機能することを求められる状況での家族の支援に力を発揮する。マクゴールドリックら（McGoldrick et al., 2015）は，人のライフサイクルと家族のライフサイクルを，多文脈からとらえる枠組みを提示している（第2章参照）。また，**メディカル・ファミリー・セラピー**（医療的家族療法；McDaniel et al., 2013；渡辺・小森，2014）（第13章も参照）は，システム理論的視点に立ち，病気や障害を家族システムの文脈から理解して，適切な介入によって家族の機能が高まることを目指す，家族療法・家族支援・家族志向的なコンサルテーションである。身体疾患を心理社会的な環境に位置づけて理解するバイオサイコソーシャルモデル（BPSモデル；biopsychosocial model；生物・心理・社会的モデル）によるアプローチである。病気や障害をめぐる本人と家族各々の体験が取り上げられ，病気に向き合うことが支えられる。家族と医療スタッフのコミュニケーションを促進し，ケアのためのネットワーク形成が促進される。技法として，生物学的次元を認識する，病気の体験を聞く，防衛（否認）を尊重して感情を受容する，コミュニケーションを維持する，家族の発達を考える，患者と家族の遂行能力を高める，などがあげられている。ケアされる本人・家族・医療チームをつなぐ統合的ケアである。

　次に，特に家族介護者を中心に向けた支援を見てみよう。前述（第4節）のような介護生活の中で**介護者カウンセリング**が必要な場合がある。虐待防止などの文脈で一部自治体などにおいて実施されている介護者カウンセリングは，需要は大きいと推測されるが，制度的裏付けなどの課題から充分には普及していない点が課題である（無藤，2012）。他方，介護家族への**心理教育**は，病院

や地域包括支援センターなどで広範に開催されている。小講義などによって，疾病や障害や心理の特徴と望ましい接し方を理解し，よりよいケアができることが目指されている。心理教育と組み合わせて，家族の交流会が行われている場合も多い。

(5) 社会的つながりの中での支援

　家族介護者の社会的孤立は大きな問題である。地域コミュニティにおける関係性や，社会におけるさまざまなレベルでの協働が，ケアを受ける人やケアする人にとってのよりよい支援となると考えられる。

　さて，多くの家族介護者が社会的孤立の中で奮闘しているという問題がある。上記の心理教育とセットの交流会のほかに，家族介護者が定期的に集い語り合う介護者の会や，認知症カフェなどが展開されている。特に，介護者が定期的に集う介護者の会は，介護者が安心して語り合い支え合うつながりの場であり，同時に地域の介護者サポーターと接する場となっており，今後，介護者にとっての当然の選択肢の1つとして，さらに広まることが望まれる。認知症関連の**介護者の会**についていえば，地域包括支援センターや社会福祉協議会によるものもあるが，介護保険以前に地域の有志が設立した会や，公益社団法人など（認知症の人と家族の会，若年性認知症家族会彩星の会）や介護者支援のNPO法人などによる介護者の会もある。また，**認知症カフェ**など認知症をもつ本人と，介護者・介護経験者や，地域のボランティア，専門職などが，共通の目標に向けて関わり合う場もある。なお，ケアラー（高齢者のケアに限らない無償の介護者）を社会で支える仕組みの実現を目指す活動も展開している（日本ケアラー連盟など）。これらは，介護者への支援であると同時に，課題を社会が共有する方向への動きともいえよう。社会が関わる中で，多職種の連携が展開している（日本家族心理学会，2017）。ケアを受ける人とその家族・拡大家族，そして，地域コミュニティにおける，社会文化的文脈はもちろん，政治経済的・社会福祉施策的文脈への視点ももつ家族臨床心理学的アプローチが意味をもつと考えられる。この超高齢多死社会では，誰もがケアの当事者であり，どのような社会・地域コミュニティを創っていきたいのかという問いに，協働して取り組んでいきたい。

【無藤清子】

　「介護」は1983年に初めて『広辞苑』に載った。家で家族が担っていた過酷なケアは，ベストセラー『恍惚の人』（有吉佐和子，1972）で注目を集めた。特に女性が介護を担うのが当然だとする社会文化は，自治体の「模範嫁」表彰（樋口，2008；1996年に全市区町村の31.3％が実施）にも如実に表れている。例えば高知県では（以下，高知女性の会，2000），「常に強固な意志と信念をもって明るく誠実な生活を営み，人格円満で寝たきり老人の介護に心身ともにつくしている模範的な嫁（孫嫁を含む）」を「模範嫁表彰」した（1970〜1985年。1986〜1993年は「優良介護家族表彰」）。表彰者の一部への聞き取り調査でも，「家事・育児・介護は女／嫁の当たり前の仕事」だと，介護者本人と家族・地域社会がとらえていたことが語られた。家族介護は「福祉における含み資産」（厚生白書，1978）と見なされていたのである。次第に「手を尽くす」ものとしての病院死が在宅死を上回り（1978年），社会的入院が増加する。その財政負担の問題から2000年の介護保険の導入へと至る。その後（2012年頃〜）社会保障抑制政策下で，「地域包括ケアシステム」へ，介護の役割が家族・近隣の自助・互助へという現状にある。

　介護保険導入時の「介護の社会化」では，2段階の戦略がとられた（湯原，2014の紹介）。(1)介護は過酷な重労働であり社会化が必要だという国民の合意形成，(2)（家族介護を前提としていながら）家族を評価・支援せずに除外した制度設計（家族介護の不可視化）である。日本では，先進国には珍しく介護者支援が政策課題に位置づけられていない（三富，2011a，2011b）。他方，家族介護の可視化はイギリスなどに見られる。在宅家族介護者は，要介護者（高齢者や障がい児者）とは別の存在として独自のニーズと権利をもつこと，その承認の必要性が指摘されてきたのである（三富，2008，2011bなど，日本ケアラー連盟のケアラーアセスメント）。介護者について，制度に位置づけられるべき権利として，次の点があげられている。①コミュニティケアで果たしている役割の公的承認，②社会生活を享受する権利の保障，③均等待遇，④介護負担の程度を選択する権利，⑤情報，⑥経済的・実際的・精神的支援，⑦一時休息，⑧介護と仕事の両立，⑨健康の増進・保護，⑩経済的安定などである。そもそも，誰もが一定期間は他者にケアされなければ生きられず，介護を担う人がいてこそ社会が成り立っており，介護者が社会から排除されたり経済的政治的力が奪われたりしてはならない（キテイら，2011）。

　介護者支援においては，以上のように，ジェンダーの観点を含むラージャーシステム・多文脈を視野に入れてはじめて，適切な支援ができると考えられる。

【無藤清子】

第 **III** 部

家族と臨床的諸問題

第9章 家族への臨床的アプローチ

家族療法入門

　第Ⅲ部では，現代日本の家族が遭遇するさまざまな臨床的問題と，それらへの対処・対応について8章に分けて考えていく。この第9章では，家族を個々人の単なる総和とせず，家族というひとまとまり（集合体）ととらえて行う臨床的アプローチについて概観する。いわゆる家族療法の発展史をおさえたうえで，個人を対象とする心理的援助と家族への臨床的アプローチとの違いについてわかりやすく説明する。個人が抱える症状や問題にとどまらず，人間関係上のトラブルやコミュニケーション不全など，関係性に直接的に働きかける，家族への臨床的アプローチについて紹介する。

第1節　家族のための，家族と共に行う臨床実践

(1) 家族療法のあけぼの

　次に紹介するのは，1950年代，家族療法のあけぼの期に報告された観察である。当時，統合失調症の家族のコミュニケーション研究に乗り出していたベイトソン（G. Bateson）とその研究グループは，次のような事態を見出した。

　それは母の日の直後の出来事だった。精神科病棟に入院治療中の青年の母親が，その青年と担当医に母の日に彼から送られたカードを見せながら嘆いていた。「カードの添え書きに『私のお母さんみたいな人へ』と書いてあったがこれはいったい何なのか，この文章を読んで自分はたいそう傷ついた」というのが母親からの訴えだった。「ちょっとからかっただけだから」と，青年は慌てて弁解した。青年の言葉を聴いた母親は，さらに声を荒げてこう言った，「かわいい息子のためなら自分は何だってやる，どんな犠牲だって少しも厭わない母親なんだ」。そんなふうに言ったかと思うと，そのすぐあとで「まったく罪

のない純朴な親である自分たちがどうしてこんな目にあわなければならないのか。名誉も誇りも何もかも，息子の病気のせいですっかりぼろぼろに傷つけられ，何も手につかずやる気が出ない状態になってしまった」という内容のことを泣きながら訴え始めた。青年は何が何だかわからなくなって当惑し，「そんなカードなんて知らない，何も覚えていない」と言い出す始末だった。母親が泣き喚けば喚くほど，息子の言動が怪しくなっていった。好意的内容が怒った口調で伝えられたり，敵対的内容が嘆願の口調で語られたりといった混乱したコミュニケーションにさらされて，息子はどんどん平静さを失ってしまった。この間，わずか数分の出来事だったが，状態が安定していたはずの青年が，混乱して支離滅裂なことを言い，すっかり不安の高まった姿へと変化していく様子を専門家たちは目のあたりにすることになった。

　また別の事例では，次のような報告がなされた。姉の状態が安定すると，入れ替わるようにして弟の問題行動が激しくなる。夫のうつ状態がよくなって自分のことは自分で対応できるようになると，あれほど熱心に夫の面倒を見ていた妻が落ち込みを経験するようになる。家族の誰か1人の心理的問題や症状が軽減すると，別の家族メンバーが問題を呈し始めるという報告がいくつか寄せられた。

　それまで，心理的問題や症状は，それぞれの人の内面に原因があって生じると考えられていた。けれども，上の2つの事態が示すのは，まったく異なる可能性であった。1人ひとりが各自の内的必然性によって状態が悪くなったり，症状を呈したりするのでなく，家族関係の中で，その場の雰囲気やコミュニケーションの影響を受けて症状の改善や悪化が起こるかのように，研究者たちには感じられ始めた。そんな状態を意識的につくり上げるわけではないだろうに，誰かが問題を抱えることで家族がバランスをとっている，もしくは家族のバランスを維持するために，問題を抱えた人がいる状態が家族に求められるのだろうかと，当時の研究者たちは不遜にも考え始めたのだった。

　さて，これらいく例かの臨床的観察と考察を契機にして，家族をひとまとまりの単位ととらえて行う家族療法が誕生した。アメリカのカリフォルニア州，MRI（Mental Research Institute）を中心に展開した研究動向である。MRIでベル（J. E. Bell）が行った **家族集団療法** が最初の試みといわれている。この試み

表 9-1　家族療法の発展史

1950, 60 年代（あけぼの期）

　アメリカの各地でほぼ同時期に合同面接が試みられ始める。要素に分割せず，家族全体をひとまとまりにとらえる臨床的アプローチとして家族療法が産声をあげた。

　ボーエン，ボスゾルメニィーナージ，ミニューチン，MRI などでいくつかの家族療法理論が誕生した。

1970 年代（実践展開・拡大期）

　個人心理療法のアンチテーゼとして，家族療法がますます盛んに行われるようになった。いっそう確実で早い変化を達成することを目指して，家族療法家たちは変化の技法の開発に奔走することになった。

　技法が洗練された時期ともいえるが，時には強引な試みがなされることもあった。

1980 年代（再生期）

　「有能で何でもよく知っている専門家が効果的な方法で家族を変える」ことを目指してきたことへの見直しの機運が内部から高まった。家族療法とは，「数多ある選択肢の中から家族が独自な選択をすることを手助けすること」だととらえられるようになった。

　それ以前の家族療法との差異化を図るため，第二次家族療法と呼ぶようになった。

1990 年代以降（統合期）

　家族療法の各アプローチが成熟して相互比較や交流が始まったことで，境界が不明瞭になり統合の試みが始まった。病院や心理クリニックなどの医療機関にとどまらず，学校，児童相談所，福祉施設，企業などで，家族療法的アプローチが取り入れられるようになる。

に相次ぐように，何人もの創始者たちが各地で家族との合同面接を取り入れ始めた。するとこれまで個人が抱えると理解されてきた問題や症状が，合同面接という家族ごと会う文脈では，専門家たちの目に非常に異なってとらえられるのだった。つまり，家族メンバーたちは「行きつ戻りつする円環的な因果関係の輪をいくつも構成しており，病者（クライエント）の行動は，より大きな回帰的ダンスの一部に過ぎない」(Hoffman, 1981) という理解がこの領域の先駆者たちに広く共有されるようになって，クライエントをその場から 1 人切り離して行う臨床的アプローチ（**個人心理療法**）と一線を画すものとして，**家族療法** と呼ばれる専門領域が確立した。

(2)　**家族療法の代表的な理論モデル**

　表 9-1 に家族療法の発展史を示す。六十余年にわたる経過を，あけぼの期，実践展開・拡大期，再生期，統合期の 4 つのステージに分けることができる。各期の内容を表中に簡潔に記した。個人心理療法の中に **精神分析** や **クライエ**

表 9-2　家族療法の

	多世代家族療法	構造的家族療法
中心となった人物	ボーエン（自然システム理論），ボスゾルメニイーナージ（文脈療法）など	ミニューチン，アポンテなど
問題のある家族とは何か	生まれ育った家族から自己分化していない家族メンバーが家族遺産や見えない忠誠心に拘束され，親世代から譲り受けた問題を何度も繰り返す	世代間境界があいまい／過度に融合しているか，もしくは過度にばらばらな家族
実際のセラピー（何をするか）	自己観察能力を身につけ，反動性を減じるための働きかけ，見えない忠誠心を自分でも認める ジェノグラム，多方向への肩入れ	家族の再構造化，ジョイニング，エナクトメントを上手に行いながら，境界を敷く

（出所）　Carr，2000 より作成。

ント中心療法 など，代表的理論モデルがいくつかあるように，家族療法も決して単一のグループではない。家族理解の視点や問題のとらえ方についての仮説，働きかけ方（介入法）が異なる複数の理論モデルが 4 つのステージの中で生まれ，家族療法と呼ばれる集合体を構成している。各理論モデルは，ある意味では創始者たちの着眼点の違いを反映し，また別の意味では，家族療法発展史の各期や時代が求めた家族観に呼応した理論となっている。現在では，家族という複雑な対象を理解するための多様な視点ととらえることができる。

　それでは，家族療法の代表的理論モデルを具体的に見てみよう（表9-2）。**多世代家族療法**，**構造的家族療法**，コミュニケーション学派から発展した **MRI ブリーフ・セラピー** と **ミラノ派の家族療法** の 4 つを取り上げて，各家族療法モデルを開発した中心人物，問題のある家族とはどのような状態かについての仮説，セラピーの実際について簡潔にまとめた。これら 4 つの家族療法は，古典的とも呼ばれるもので，1960 年代に開発された家族療法理論である。それ以降，**ソリューション・フォーカスト・アプローチ** や社会構成主義，**心理教育** などの新しい理論や，家族療法から生まれたもののそれを越えて発展した **ナラティヴ・アプローチ**（第 13 章第 3 節参照），**リフレクティング・プロセス** など，新しい心理援助論がいろいろに展開しているが，それらは 21 世紀のアプローチとして

代表的理論モデル

MRI ブリーフ・セラピー	ミラノ派の家族療法	21世紀の家族療法
ウィークランド，ワッツラウィック，フィッシュなど	パラツォーリ，ツェキン，ボスコロ，プラタなど	21世紀の家族療法と呼ばれるものには，ソリューション・フォーカスト・アプローチ（ド・シェザー，インスー・キム），社会構成主義（グーリシャン，アンダーソン），心理教育，ナラティヴ・アプローチ（ホワイト・エプストン），リフレクティング・プロセス（アンデルセン）など
問題維持的な行動パターンが繰り返し認められる家族	行動パターンや信念体系が柔軟性を欠くため，家族ライフサイクルの移行や生態システムからの要請にうまく応えることができない家族	
パラドキシカルな介入，リフレーミングなど ごく小さなねらいを設定して行動パターンが変わるように働きかける	家族メンバーの思惑の肯定的意味づけ，逆説処方など 家族の信念体系に挑戦して問題維持的相互作用を断つ	

まとめ，名前を記す程度にとどめた。くわしくは他書を参照していただきたい。本書では，構造的家族療法についてはもっぱら第2章で，多世代家族療法は第2章と第13章の後半で，MRIブリーフ・セラピーやミラノ派へと発展した母体となったコミュニケーション学派については第14章で，その考え方をもう一度説明する機会を得る。

(3) 家族療法・家族面接・家族のための心理的援助

　家族療法の創始については，1950年代のことだとすでに説明した。これを心理療法やカウンセリングを含めたすべての心理的援助の歴史の中に位置づけると，ちょうどフロイト（S. Freud）の精神分析によって職業としての臨床実践活動が始まって半世紀が経つ頃，現代から振り返ると折り返し地点にあたる（図9-1）。**コミュニティ心理学** の始まりが1965年であることを考えると，1950〜60年代までに，現在でも主要な心理療法理論はほぼ出揃ったことになる。1960, 70年代は，各心理援助論の修正・洗練が内部で進んだ時期，1980年以降は，これら心理療法理論や各種アプローチ間に存在した垣根を越えて，**共通因子の探究，折衷・統合** を目指す動向が始まった時期と概観することができる。

　家族療法は初期には，実際に「家族全員を集めて行う心理療法」だった。現

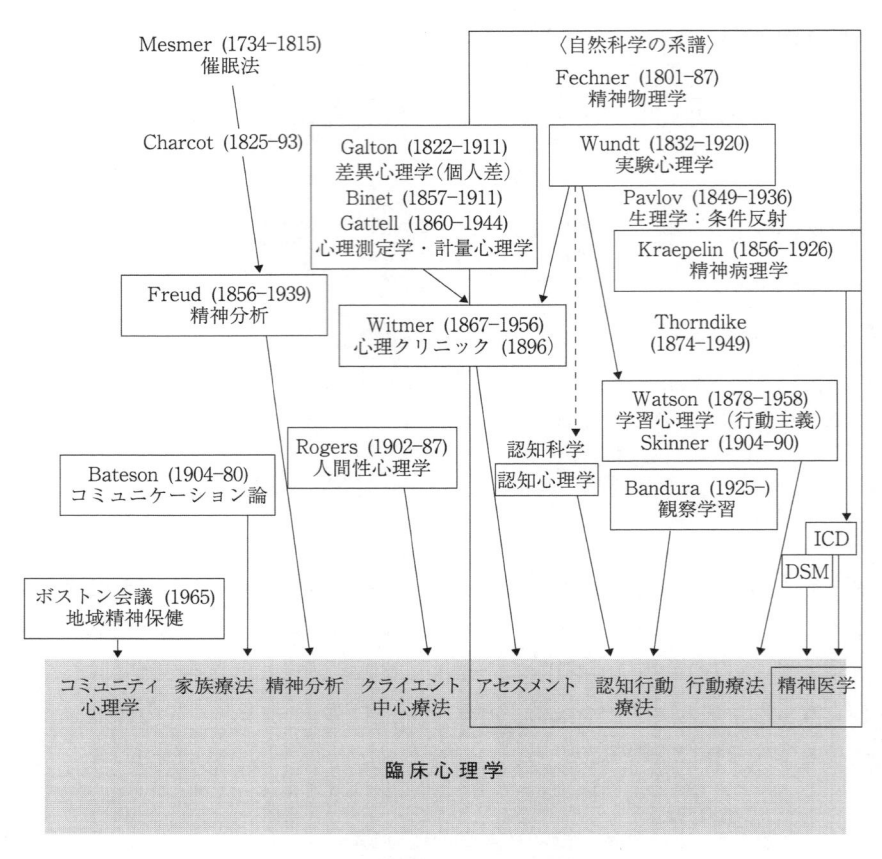

図 9-1　心理療法・心理援助の発展史

（出所）下山・丹野，2001。

代のように皆が多忙で動きの激しい社会では，家族全員を一堂に集めることが困難になってきたという事情もあり，またシステム論の理解がいっそう進み，多様な家族に適合するように家族療法の実践がより柔軟になった結果，必ずしも全員呼び集めることを必要としない，合同家族面接に固執しない家族療法が行われるようになってきている。すなわち，1つの面接室にたくさんの人が同席する合同面接もあれば，無理せず集まることができる数名や1人の人（家族の一部）と家族療法的に会ったり，合同面接と個人面接を統合的に組み合わせ

るなど，いろいろなやり方が柔軟に採用されるようになった。家族療法をより現代的に定義すると，次のようになるだろう。

「家族メンバー間の相互作用や結びつきの様態を問題形成や維持に積極的役割を果たすものとして重要視し，治療や援助過程の構成に役立てようとする臨床的アプローチ」の総称である（中釜，2003a；楢林，1999）。

個人心理療法と家族療法をより効果的に組み合わせる試みも始まり，病院やクリニックといった保健医療領域にとどまらず，教育領域やコミュニティ活動，司法・犯罪領域，産業・労働領域，児童相談所や児童養護施設などの社会福祉領域にも紹介されて広く活用されるようになった。適用範囲の拡大に伴って，家族療法という呼び名も少しずつ変化させたものが用いられるようになってきている。病気や治療という意味合いを若干弱めて，個人や家族に備わる成長力にいっそう期待するカウンセリングや心理援助の一種であるととらえ直して**家族臨床，家族面接，家族のための心理援助**（中釜，2008）等々，より一般的な名称を使う機会も増えてきている。

第 *2* 節　　他の臨床的アプローチとどんな違いがあるか

(1)　個人の心の内面の整理・探求か，現実の人間関係の整理・再編か

本節では，家族を対象とする心理臨床と，個人を対象にする心理臨床の違いについて見直しておこう。

中釜（2008）は，個人の心理臨床と家族の心理臨床の違いは絶対的というより相対的なものだと述べたうえで，前者が人の心の不自由を目のあたりにして編み出された臨床的アプローチであるのに対して，後者は，人間関係上の不自由を出発点に生まれた臨床的アプローチだという滝川（2004）らの理解を紹介している。私たちは，とりわけ親密な人間関係の中で言いたいことが言えなかったり，強い期待があるせいで，それがかなわないことへの苛立ちや悲しみを必要以上に強く意識し，冷静に自分をコントロールできず，ついつい反発したり反動的に言いたくもないことを言ってしまったりする。そんな様子を目のあたりにして，それらに対処するために考案されたアプローチが家族療法だとまとめることができる。前者が心の内面を整理したり探求することを第1のねら

いに掲げるのに対して，後者は，家族関係の整理や再編を第1の目的に据えることが多い。整理や再編が進む中で，もしくは進んだあとに，内面に目を向ける自由がいっそう保障されると考えている。私たちの生が，心の自由と人間関係上の安心・安全感に恵まれていっそう豊かになることを考えると，どちらに意味があるとかいずれが優れているといった議論ではなく，個人の心の内面の整理・探求と家族関係の整理・再編のいずれもが進み，2種のねらいが相まって達成されることを目指したいものである。

　人間関係上のトラブルやねじれを扱う家族の心理臨床は，症状や問題行動がない場合でも，円満な人間関係や家庭生活のつつがない維持を願う際，重用されるアプローチである。複数人が一堂に会する合同面接では，相互交流を直接観察したり家族関係に直接働きかけたりすることが可能である。この仕組みを利用して，思春期・青年期の青少年に親や周囲の大人たちがどう接してよいかわからない問題（不登校，非行，反抗，家庭内暴力など）や，本人にはあまり問題意識がなく，それ以上に周囲の人がほとほと困っている問題（**ひきこもり** や薬物・アルコール濫用，**摂食障害** など），人間関係がうまくいかない場合（口論が絶えない，親子や夫婦関係のいがみ合いやぶつかり合い）に特に力を発揮するといわれる。ただし，しっかり覚えておかなけれなならない例外も存在する。親子や夫婦のぶつかり合いといっても，虐待やDVなど **暴力の問題** が混ざった場合には，安易な合同面接の導入はタブーとされている。合同という面接形態が家族を刺激して，家族間のコミュニケーションがいつも以上に活発化し，家族の統制を越えてかえって暴力が激化してしまう危険が生じかねないからである。

　家族療法の実際をもっとよく知るには，事例が掲載されている本や雑誌や録画を手にとってみるとよい。日本語で読める事例の本がいくつかあるが，『ブライス家の人々』（Napier & Whitaker, 1978）には，ナピアが **マスター・セラピスト** の1人と称されるウィタカー（C. Whitaker）と共に行ったブライス一家との合同面接が回を追って記されている。小説を読むかのような感覚で手軽に家族の力動と個々人の心理力動を後追うことができる。思春期の長女の問題行動に困り果て家族療法家のもとを訪れたブライス一家だったが，長女の問題は，家族の要である夫婦が不調和を抱えているというサインであることがほどなくわ

かってくる。家族の言動を通して，関係の問題に巻き込まれ心理内界が混沌として身動きが取れなくなるとはどのような経験か，そして心理内界が整理されるにつれて第三者として適度な距離が取れるようになるプロセスについてうかがい知ることができるだろう。

　また，DVD『説き明かし・私の家族面接——初回面接の実際』（日本家族研究・家族療法学会第 27 回大会運営委員会，2010）では，不登校の中学生の問題に悩む家族が，アプローチの異なる 3 人のセラピストによってうけた家族合同面接の初回面接が収録されている。家族合同面接といっても，家族に対する理解と介入の仕方がセラピストや依拠する理論によって異なること，家族の関係と個人の心理内界や多世代の歴史，そして学校などの家族を取り巻く社会システムをどのように扱うのかなどを具体的なやりとりを通して学ぶことができる。

(2)　家族関係を越えて，関係性の心理的援助を目指す

　個人を取り巻く人間関係や環境との相互作用を重視・活用しながらも，家族にこだわらない，もしくはあえて家族に期待しない臨床的アプローチがあるので，それについて言及しておこう。**児童虐待** や **DV（ドメスティック・バイオレンス）** など，暴力が絡む事例では，合同家族面接がタブーであると前述した。家族を視野に入れた臨床的アプローチを展開する理由は，家族の協力が得られると心理的援助が早く進んだり効果が高まると期待されるからである。家族を巻き込むと反対に事態が悪化したり，改善に役立たない場合は，家族を巻き込むことは得策でなく，家族以外の協力を得る算段をするほうがよほど意味があることになる。

　学校臨床においては，教師や親しい友人たちを交えた **ネットワーク療法** が，医療の現場では，医療スタッフを交えて行うメディカル・ファミリー・セラピー（McDaniel et al., 2013）が，日本でも試行錯誤的に始まっている。このクライエントの援助には誰を集めるのがよいか，クライエントにとって最も望ましい家族との関係は，共に暮らすことか，つかず離れずの距離で関係を切らずにいくことか，安全な場で第三者を交えた面接を続けることから考えるといった発想を頭の片隅においておくのがよいだろう。

　結婚前のカップルに提供する **婚前カップル・カウンセリング**，離婚のプロセ

スをともにたどることで法的にはもちろん，心理的離婚を達成する手助けをする **離婚カウンセリング**，別れたあとで子育てをめぐって元夫と元妻が子どもの父母として協力して子育てするための話し合いなどもある。日本ではまだまだ一般的ではないが，人間関係を支援するニーズは確実に高まっていると感じられる。家族の多様性を理解して「かくあるべき」論から自由になって，初めて援助者は，本当に役立つ援助を提供することができるだろう。

第 **3** 節　代表的な家族援助の技法について

(1)　**関係づくり──ジョイニングと多方向への肩入れ**

　本節では，どの家族療法，家族面接であっても用いられる，最も代表的で基本的な技法である「ジョイニング」と「多方向への肩入れ」「リフレーミング」の 3 つを取り上げて解説する。いずれも家族の心理臨床に携わる者に求められる基本的態度や心構えを示唆するもので，前 2 者はとりわけ家族との信頼関係を構築するために役立つ技法，後者は家族の変化を期待して家族に働きかけるための変化の技法である。

　まず **ジョイニング**（joining）は，構造的家族療法を創始したミニューチン（S. Minuchin）が最初に述べた技法である。家族システムに参入するために，セラピストは家族のコミュニケーション・スタイルや交流パターンを受け容れて，まずはそれに自分を溶け込ませる。セラピストが家族を理解し，家族のために仕事をしていると家族が知ることができて初めて，家族は安心して自分たちのありのままの姿をセラピストの前で示し，変化を求めて日頃と異なる言動を試してみる勇気をもつことができる。具体的には，先頭だって家族を引っ張るというより家族の横にいてその動きに付き添って走ること（**トラッキング**），家族の声のトーンやテンポ，語り口調，ものの考え方に自分を合わせること（**アコモデーション**），家族が用いる言葉や動作を実際に真似ること（**マイムシス**）によってそれを行う。セラピストが家族の一員として仲間入りすることができると，次のステップとして，家族はセラピストが示す価値観や行動特性に合わせて自分たちを少しずつ変化させてくれるだろう。

　多方向への肩入れ（multidirected partiality）は，**多世代文脈療法** の創始者であ

る **ボスゾルメニイ－ナージ**（I. Boszormenyi-Nagy）が導入した言葉である。家族療法においてセラピストは，家族と協働作業するために特定の誰か１人に偏らない公平な関係を家族全員と結ぶことが求められる。面接に参加している家族メンバー全員，さらには面接には参加していないが，家族にとって重要な意味をもつメンバー全員（きょうだいや祖父母など）に肩入れして，その人の言い分を一理あるというスタンスで共感的に聴こうと努める。言い分の食い違いや意見の不一致にはあまり気をとられず，とにかく１人ひとりの目に映ったその人にとっての真実に耳を傾けていく。具体的には，ある人の話に耳を傾けたら，それと同じくらいの熱心さでもう１人の人の話の傾聴に努める。それを全員分行って，それぞれの人の立場と言い分を明確にしていく。合同面接の場で発言する際のきつさは，しばしば話し手が，他の家族の言語や非言語的な批判や反応にダイレクトにさらされることにある。セラピストによって聴き取られる経験は，話し手の緊張を和らげて面接の場に安心感を与え，少なくともこの場は誰が悪いかをすぐに決めつけられたりはしない，自分だけの味方に簡単になってはくれないが，公平な判断を下そうと時間をかけて聴いてくれるという経験になる。そんな経験を積む中で，家族の対話を始めるための基盤づくりが進んでいく。

⑵ 問題を異なる枠組みでとらえる──リフレーミング

変化の技法としては，**リフレーミング**（reframing）をあげよう。**ワッツラウィック**（P. Watzlawick）らが最初に命名し，**ヘイリー**（J. Haley）をはじめとする多くの家族療法家はもちろんのこと，家族療法以外の心理療法でも広く活用されている技法である。

私たちは出来事を体験する際，必ず何らかのフレーム，すなわち自覚的・無自覚に身につけてしまったフレーム（枠組み）を通して理解している。出来事自体を変えることはできないが，そのフレームを付け替えて，その出来事に付与されている意味やおかれた文脈を変えることで，それが問題や家族にもたらしている影響を変化させることができる。リフレーミングとは，問題とされていることのフレームを変えることによって，その問題の意味そのものを変える技法である。肯定的に意味づけられていること（例えばしつけ）を否定的に意

味づける（例えば虐待）場合もあるが，多くの場合は否定的に意味づけられているものを肯定的に意味づける介入がされる。

　例えば，家族に起きた事件や家族メンバーの気持ちや心の状態に頓着せず，自分の主張をし続ける青年は，わがまま，自分勝手と家族の中では否定的にいわれているかもしれないが，周囲からの働きかけに流されない強い意志をもった人物と肯定的にとらえることができる。彼の変わらなさや流されなさが，苦境や彼を利用し搾取しようという劣悪な環境におかれた際には，彼の身を守る最大の武器になってくれる可能性がある。また，優柔不断で煮えきらず頼りにならない父親は，実は多角度から包括的に物事をとらえようと心がけているのかもしれず，家族全員の言い分を聴いているうちに何がよいのか簡単に結論が下せなくなって，皆によい選択は何かと，それなりに真剣に考えている人なのかもしれない。

　このようにリフレーミングは，凝り固まったものの見方を解きほぐし，他者の視点を受け容れたり，考え方を柔軟にほぐすことに役立つ。また何より，今はまだ光が当たっていないが，否定的な物事にも含まれている肯定的側面に気づかせてくれる。実際，家族は最も身近な存在であって，力になってくれる，わかってくれることへの期待が高い相手である。家族への恨みや否定的感情は，肩透かしやわかってくれるはずの人がわかってくれない失望体験から生まれることが多く，出発点には，家族への期待や絆の強さがある。そうと気づくと，張りつめた空気がほぐれることが多い。当人や当事者である家族が気づいていることに加え，セラピストは彼らが気づいていない肯定的な側面に目が向くことが重要である。

　また，リフレーミングは単なるプラス思考や肯定的な言い換えではない。症状や問題に悩む家族それぞれの葛藤や苦しみに対するセラピストの共感的理解があり，それが適切に家族に伝えられていることで初めて効果を発揮する。

【中釜洋子・野末武義】

　家族療法が日本に紹介されてすでに 40 年近い年月が経っているが，いまだに広く普及しているとは言い難い。そのような中で，心理療法において親子・夫婦・家族の問題が扱われるとき，ほとんどの場合は個人のクライエントに対して個人面接の形態で行われ，複数の家族メンバーが同席する合同面接の形態で行われるのは，ごくごく少数であろう。では，個人面接と合同面接には，どのような違いがあるのだろうか。

　個人面接では，クライエントとセラピストの 1 対 1 の関係の中で，セラピストが受容的共感的に耳を傾けることでクライエントは安心感と安全感が得られ，自由に話すことができる。一方で，クライエントが語る家族の問題は，クライエントの主観的な体験に対して，クライエントの見方や価値観や解釈というフィルターを通した心的現実である。そして，それは必ずしも実際の家族の姿や関係を正確に描写しているわけではない。また，クライエントと家族との間に起こっていることのすべてをありのまま語るとは限らず，重要なことが触れられないということも起こる。例えば，母親が子どものことをいかに反抗的で親の言うことを聞かないかについて具体的に詳細に語ったとしても，その子どもの存在を否定するようなひどいことを自分が言って傷つけているということを自ら語らないかもしれない。

　一方，複数の家族が一堂に会する合同面接では，家族の中で実際に起こっていることがより具体的に明らかになる。つまり，問題に対して 1 人ひとりがどのように感じ考えているのか，誰が問題にどのように関わっているのかいないのか，誰と誰との関係が良好なのか良好でないか，といったことが，セラピストの前で明らかになる。そして，そこで明らかになった葛藤や悪循環に対して，セラピストは直接的に介入し，変化を促進することができる。例えば，前述の反抗的な子どもと子どもを傷つける母親の間で繰り返される大げんかに対して，父親が関わろうとしていないことが明確になり，そうした 3 人の関係そのものをその場で変えていくことができるのである。

　個人面接も合同面接も，メリットもあれば留意すべき点もある。大切なことは，それぞれについて理解したうえで，個人面接を主体にしながらも時に合同面接を入れたり，反対に基本的には合同面接をし，必要に応じて個人面接を加えるなど，問題解決につながるように両者を統合的に活用していくことである。

【野末武義】

第10章　夫婦関係の危機と援助

愛情は幻だったのか

　夫婦は，永遠の愛を誓い合って結婚する。にもかかわらず，月日が経つにつれて多くの人がパートナーとの関係に悩み苦しみ，時には憎しみすら抱き，傷つけ合ってしまう。「恋愛と結婚は違う」とよくいわれるが，結婚生活とは，夫婦とは，それほど夢も希望もないものなのだろうか。そもそも，いったいなぜそのようなことになってしまうのであろうか。夫婦関係の危機とは，単に互いに愛情が薄れてしまったという問題なのだろうか。

　夫婦が問題を抱え，自分たちの力や友人などの身近な人たちの援助だけでは解決できなくなったときに，カップル・セラピーを受けることが役に立つことがある。カップル・セラピーは，いまだ日本では一般的なアプローチとはいえないが，その重要性は急速に高まっている。では，カップル・セラピーは，従来の1対1の個人療法とは何が違い，夫婦にとってどのように役に立つ援助法なのであろうか。

　さらに，近年では日本においても，離婚や再婚についてメディアでも取り上げられることが増えてきた。そのような家族の選択やありようをどのように理解し，援助することが必要であろうか。

　本章ではこれらの問題を考えてみよう。

第 1 節　夫婦の関係が揺らぐとき

　夫婦の関係が揺らぎ，**危機**（crisis）に直面するのは，愛情の問題として片づけられるほど単純なものではないし，ごく一部の問題を抱えた夫婦だけが危機に直面するわけでもない。

(1) 夫婦が直面するさまざまな葛藤

第4章で夫婦という関係の特質や発達課題について述べたが，そこであげた

ことのすべてが，2人の関係を豊かにするものであり，また一方では葛藤にもなりうるものである。家庭と仕事のバランスをどのようにとるのか，夫婦としての2人の絆を大切にしつつ実家との関係とどうバランスをとるのか，子どもの養育や教育に対する考え方をどう理解し合うか，さまざまな生活上の変化にどのように対処するかなど，夫婦が直面し解決すべき課題は数限りなく存在する。こうした課題は平均的な夫婦が共通して体験するものであるが，それらを効果的に解決できるようなコミュニケーション・スキルを2人が身につけていないと，問題を解決しようとすればするほど，さらに2人の関係が悪化したり，問題が長期化したり，新たな問題を生み出すという悪循環が生じてしまう。

(2) 魅力が欠点に変わるパラドックス

夫婦関係に問題を強く感じたとき，「こんなはずじゃなかった」とか「こんな人だとは思わなかった」と感じ，「裏切られた」とか「だまされた」と感じる人は少なくない。しかし，非常に皮肉なことであるが，夫婦が結婚前に相手に対して魅力を感じていたところ，そしてそれはしばしば結婚への動機づけの一部となっていたものが，いつの間にか欠点として受け容れられないものに変化してしまうというパラドックスがある。

例えば，女性から見て「物静かで私の話をよく聴いてくれる人」が，「自分の気持ちを話そうとしない無口な夫」に，その男性から見て「感情表現が豊かな人」が，「口うるさくて感情的な妻」に変わってしまったと感じ，お互いに相手に失望するということは珍しくない。しかし，実際に変わったのは自分の相手に対する見方であり，そして相手に対する関わり方であって，それを意識していないと，パートナーに対する失望感と怒りのみを募らせることになる。

(3) 親との未解決な問題

夫婦間の葛藤は，時に幼少期からの親との未解決な問題に強く影響されていることもある。人は，幼い頃からの両親との関係やイメージを対人関係のひな形としており，それは夫婦関係も例外ではない。フラモ（Framo, 1992）は，人は自分の心の中にある親イメージをパートナーに投影し，無意識のうちにそれに合致するようにパートナーに働きかけると指摘している。その結果，パート

ナーとの間に，かつて親との間で経験し解決されないできた葛藤が再演される
のであるが，当人たちがそれに気づくことは難しく，多くの場合パートナーの
問題だと思っている。そして，パートナーと別れることによってその問題を解
決しようとするのだが，本当にパートナーと別れるべき問題なのか，それとも
自分の親との関係を振り返り，過去の親と心理的に別れることが必要なのかを
考える必要がある。

(4) 浮　　気

　カップル・セラピーに来る夫婦には，**浮気**（infidelity）の問題を抱えている夫
婦が少なくない。アメリカでは，カップル・セラピーに来る夫婦の約5割が浮
気の問題に悩んでいるというデータもある（Karpel, 1994）。浮気の発覚以前か
ら夫婦関係に問題を感じていた夫婦もあれば，浮気によって初めて2人の関係
に問題があることに気づく夫婦もあるが，いずれにせよ，浮気は2人の関係に
大きな影を落とすことになる。浮気をされたほうは，睡眠障害や抑うつ感にと
どまらず，自殺未遂，暴力，飲酒問題，自尊心の低下や無力感といった心身の
さまざまな問題が生じる。そして，結果的に離婚する夫婦もあれば婚姻関係を
継続する夫婦もあるが，後者には数年かけて信頼関係を取り戻していく夫婦も
あれば，形式的に婚姻関係を継続し同居している夫婦もある。

　いずれにせよ，浮気はセックスの問題というよりも，夫婦の親密性をめぐる
問題である。その浮気が遊びであろうが本気であろうが，一時的なものであろ
うが長期間のものであろうが，2人の関係の中に，時には非常に見えにくく意
識しにくい問題が横たわっている。したがって，浮気の問題に取り組むことは，
時に夫婦にとって2人の関係の大手術となりうる。

(5) 夫婦関係の危機は，夫婦としての成長のチャンスにもなりうる

　ここにあげた夫婦の課題や危機は，現実的には限りなく存在するもののごく
一部に過ぎない。しかしここで強調しておきたいのは，夫婦関係の危機とは，
2人の関係を崩壊させることになりかねないが，一方で苦しみながら適切に取
り組むことによって，夫婦は関係を修復しよりいっそう親密になれる可能性も
秘めているということである。そもそも危機とは，危険＋機会の意味をもつ言

葉であるということを忘れないでおきたい。

第 2 節　　カップル・セラピーによる夫婦の変化と成長

　このような夫婦関係の危機に対して，夫婦がセラピストの力を借りながら，夫婦として個人としての成長を目指すのが **カップル・セラピー** である。セラピストの役割は，夫婦が結婚生活を継続すべきか別れるべきかについてアドバイスすることではなく（Crane, 1996），夫婦が問題に向き合い自分たちなりの結論を出せるように援助することである。また，カップル・セラピーでは，夫婦を 2 人の独立した個人の集合体と見なすのではなく，相互影響関係にあるシステムと見なし，夫婦同席でセラピーを受けるのが基本となる。すなわち，夫婦 2 人とセラピスト 1 人，もしくは夫婦 2 人とセラピスト 2 人が一堂に会し話し合うことに，従来の 1 対 1 の個人療法とは異なるさまざまなメリットがある。

(1)　問題に向き合い，話し合う

　夫婦が何らかの問題を抱えたとき，たとえ問題があるということを 2 人が認識できたとしても，そのことについて 2 人が向き合って話し合うことは容易ではない。日常生活の中では，一方が話し合おうと思っても他方は時間がなかったり疲れきっていたりして，問題を口にすること自体が新たな葛藤を引き起こすことも少なくない。少なからずの夫婦が，セラピーという非日常的な場と時間を設定することで，その時間はじっくりとお互いが問題に向き合うことが可能になる。また，実家や友人とは異なり，夫婦の日常生活には直接関わっていないセラピストという第三者の存在は，多くの夫婦にとって，自分たちの関係を公平な立場から理解してくれる人として認識される。カップル・セラピーを継続する夫婦の多くが，セラピーについて「ちゃんと話し合える場にしたい」と述べるのは，セラピストの力を借りながら，自分たちの問題を自分たちの力で解決していきたいと考える誠実な努力の現れであると理解することができる。

(2)　コミュニケーションの改善

　夫婦の問題を自分たちだけでは解決できなくなっている場合，そこには必ず

コミュニケーションの問題が見られる（野末，2015a）。多くの夫婦に共通する問題は，①自分の気持ちや考えをパートナーに伝えるときの問題，②パートナーが表現したことを理解し受け止め理解するときの問題，の2つに大別される。

　伝えるときの問題としてまずあげられるのは，自分の気持ちや考えを言葉や態度で適切に表現しないということである。「言わなくてもわかってほしい」という過度に非現実的な期待をもっていたり，「どうせ言ってもわかってもらえないだろう」とあきらめていたり，言いたい気持ちはあるもののどう言ったらよいかわからない場合など，さまざまである。また，気持ちや考えを表現してはいるものの，表現の仕方が不適切な場合も少なくない。「私はこうしてほしくない」とアイ・メッセージ（I message）で言わず，「どうしてそんなことするの‼」と相手を激しく責めたり，本当は寂しいのに激しい怒りとして表現したりする場合などである。

　受け取め理解するときの問題としては，パートナーの話を最後まで聴かないで決めつける，話の内容だけ理解しようとしてパートナーの気持ちを理解しようとしない，問題についての自分とパートナーの認識が食い違っているとき，自分の認識の正しさのみを主張してパートナーの認識を理解しようとしない，パートナーの発言をすべて自分への非難と受け取る，などである。

　セラピストは，夫婦双方に対して受容的・共感的に関わりつつ，質問，繰り返し，言い換え，要約，代弁などをしたり，沈黙しがちなパートナーには発言を促したり，パートナーの話を遮って発言しようとする人にストップをかけるなどしながら，夫婦が気持ちや考えを適切に表現できるように，またパートナーの発言を誤解せず受け取れるように，時には通訳のように関わることによって，夫婦のコミュニケーションを改善していく。つまり，夫婦同席を基本とするカップル・セラピーでは，夫婦のコミュニケーションの問題をつぶさに観察できるだけでなく，そこにダイレクトに介入し，その場で夫婦の関係に変化をもたらすことが可能になる。それは，1対1で行う個人療法とは大きく異なる，カップル・セラピーの最大のメリットといえるかもしれない。

(3) パートナー理解・自己理解・関係理解

　セラピーによってコミュニケーションが改善されることで，「この人は，本当はこんなことを思っていたんだ」とか，「確かにセラピストの言うように，この人にはこういうよいところもあるな」という体験が生じ，パートナーに対する理解が深まる。それは自分自身に対しても同様で，「私は，本当はこんな気持ちだったんだ」とか，「実は私もこの人を傷つけていたんだ」というように，自己理解も深まる。一般的に，自分がパートナーからマイナスの影響を受けていることを認識できている人であっても，自分がパートナーにマイナスの影響を与えていることを自覚している人は少ない。

　このようなパートナー理解と自己理解は，自分とパートナーとの問題を，誰が悪いというような **直線的因果律** ではなく，お互いに影響を与え合っている関係性の問題として **円環的因果律** で理解することにもつながり，それは夫婦間の葛藤や問題に対して2人が責任を負って取り組んでいくことを可能にする。

(4) 親密性の高まり

　カップル・セラピーでは，単に夫婦が抱えている問題や葛藤だけに焦点をあてて話し合っていくわけではなく，いかにして2人の親密性を高めるかも大きなテーマである（Weeks & Treat, 2014）。次のセッションまでの間に，夫婦で映画を観たりレストランで食事をするといったデートを課題で出す場合もあるし，問題については毎日話し合うことをせず，週末の30分間だけに限定するような課題を出すこともある。このようにして夫婦間のプラスの交流を促進することによって，夫婦が2人の関係に希望を見出し，問題に対してより積極的に取り組むことを促進する。

　また，夫婦であるからこそ，自分の本当の気持ちやつらい体験はパートナーには伝えにくいということも珍しくない。しかし，セラピストに支えられながら，それまではパートナーに伝えていなかった自分の悲しみや心の痛みにまつわる体験などを表現すること，それをパートナーが受けとめられるようセラピストが援助することによって，1人で抱えていた気持ちや体験を共有することが可能になり，夫婦はより深いレベルの **親密性** を獲得することが可能になる。

　さらに，子どもの問題を主訴として夫婦がセラピーを受ける場合，一般的に

は問題認識もセラピーへの動機づけも，夫婦間で一致していないことが珍しくないが，夫婦同席であるがゆえに，セラピストは子どもの問題解決のために夫婦の協力関係が必要であることを直接伝えることが可能である。また，夫婦間の不一致に対して直接介入し調整することによって，夫婦の足並みを揃えて子どもの問題に対処することが可能になる。

(5)　源家族からの自己分化——パートナーへの投影の解消

　すでに述べたように，カップルの問題の背景に，親との未解決な問題が隠されていることも珍しくない。そのような場合，夫婦同席面接の中で幼少期からの親との関係についても扱っていくことで，親子関係の問題が現在の夫婦の関係にどのような影響を及ぼしているのかを理解したり，親子関係の問題と夫婦の問題を区別したりしていく必要がある。それは，源家族からの **自己分化** を促進することであり，パートナーへの親イメージの投影を解消し，より現実的にパートナーを認識し関わることを可能にする。場合によっては，親子関係の大きな問題を抱えた人とその源家族の合同セッションを行うことも役に立つ（Framo, 1976）。

(6)　変われないパートナーを受け容れる

　通常のカップル・セラピーでは，夫婦の関係が変化することが主たる目標となり，それは個人としての変化も伴うものであるが，時に，セラピーを継続していっても一定のところで変化が止まってしまうパートナーや，ほとんど変化しないパートナーもいる。そうしたときに，「この人にこれ以上の変化を望むのは難しい」という現実に直面し，それでもなおかつそのように変われないパートナーを受け容れるということ，言い換えれば，自分のパートナーとして再選択するということも起こりうる。

(7)　別れるという選択

　一方で，セラピーを受けた結果，最終的に離婚を選択する夫婦もまれにある。それは，パートナーが自分の思うようには変化してくれないことを受け容れられなかった場合，セラピーで互いに本音を話し合った結果，これからの夫婦関

係や結婚生活に対する考え方が大きく食い違っていることがわかり，互いに自分自身のそれを変えるつもりがないとわかった場合，などである。

　カップル・セラピーは，基本的に夫婦の関係を改善し葛藤を解決することを目的としているが，夫婦が結果的に離婚の道を選択したからといって，必ずしもセラピーの失敗を意味するわけではない。しかし，セラピストとしては，せめて離婚という選択がその夫婦にとっての成長につながり，子どもへのマイナスの影響を最小限に食い止められるよう，援助したいものである。

第 *3* 節　　個人療法の中で夫婦の問題を扱う際の留意点

　このように，カップル・セラピーにはさまざまな効果が期待される。その一方で，夫婦の問題を従来の 1 対 1 の個人療法の考え方と方法で扱い，夫婦のどちらか一方にのみにセラピストが関わり変化を及ぼすことは，時にマイナスの影響を及ぼすことが指摘されている（藤田，2015；野末，2016）。

(1)　個人の変化がパートナーに及ぼす影響

　バーカー（Barker, 1986）は，個人療法は基本的に個人を変化させることを目的としているため，効果的な治療による個人の変化が，必ずしもパートナーにとって望ましい変化であるとは限らないという問題を指摘している。

　例えば，良妻賢母として夫に対して服従してきた妻が，仕事中心の夫との関係に悩み個人療法を受けたとしよう。個人療法がうまく展開し，妻は徐々に自己主張するようになるかもしれない。しかし，そのような妻の個人としての望ましい変化に夫は戸惑い，無意識のうちに分離不安と見捨てられ不安を強め，妻の行動をコントロールしようとするかもしれないが，妻は以前のようには夫には服従しないために，夫婦間の葛藤はさらに大きくなる可能性がある。これは，2 人の関係の変化よりも個人の変化のみに焦点をあてたことによる新たな問題である。

(2)　心的現実を中心に扱うことの限界

　個人療法では，基本的にクライエントの感じ方，考え方，認知の仕方が最大

限に尊重される。そのため，クライエントが語るパートナーの言動は必ずしも客観的現実に基づくものとは限らず，あくまでもクライエントの **心的現実**（psychic reality）である。そして，実際にそのパートナーと会ってみると，クライエントが語っていた人物像とは大きく異なることも珍しくない。

　とりわけクライエントの感情や認知の歪みが大きかったり，重篤な精神病理を抱えている場合，あるいはクライエントがセラピストを自分の味方につけてパートナーを罰してほしいと望んでいるような場合，クライエントの語る心的現実を尊重しているだけでは，クライエント自身が抱えている問題やクライエントがパートナーに与えている否定的な影響を過小評価することになりかねない。つまり，セラピストは夫婦の関係性やそこで起こっている問題を的確に理解することが困難になるため，効果的な援助にはつながりにくい。

(3)　セラピストを巻き込んだ三角関係

　夫婦の問題を個人療法で扱う際に最も注意しなければならないのは，セラピストを巻き込んだ **三角関係**（triangle）という問題である。これは，パートナーに対する否定的な感情を強く訴えるクライエントに対してセラピストが無意識のうちに同一化し，セラピストもクライエントのパートナーに対する否定的感情を強めるという現象である。その結果，クライエントとセラピストの絆は強まり，クライエントは「わかってもらえた」「やはり自分が正しい」「悪いのはパートナーだ」という気持ちを強めるためにパワーアップするが，それによってパートナーとの衝突はかえって激しくなり，場合によっては離婚につながることもある（野末，2007）。

(4)　秘密をめぐる問題

　こうした三角関係の中でも，とりわけ困難なのが秘密の扱いの問題である。個人療法では，クライエントが語ることはセラピストと共有され，基本的に家族といえどもそこに入り込むことは容易ではない。その中で，もしクライエントが浮気をしていること，そしてそれをパートナーは知らないことをセラピストに告白したとしよう。その結果，セラピストとクライエントの間で浮気をめぐる秘密が共有されるのだが，それが持続されると，クライエントとセラピス

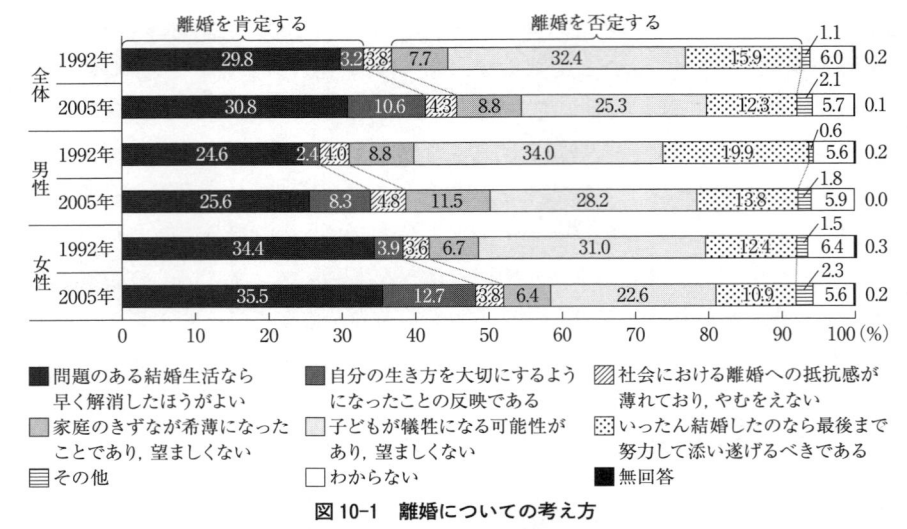

図 10-1 離婚についての考え方

(注)　資料：内閣府「国民生活選好度調査」より厚生労働省政策統括官付政策評価官室作成。
　　　回答者は，2005年調査時は全国の15〜79歳までの男女3670人。1992年調査時は2440人。
　　　「問題のある結婚生活なら早く解消したほうがよい」「自分の生き方を大切にするようになったことの
　　　反映である」「社会における離婚への抵抗感が薄れており，やむをえない」の選択肢は，1992年調査時は
　　　それぞれ「問題のある結婚生活なら早く解消したほうがよく，望ましい」「女性が自分の生き方を大切に
　　　するようになったためであり，望ましい」「離婚を断念せざるをえない社会的圧力が低下している最近の
　　　流れからするとしかたがない」である。
(出所)　厚生労働省，2014。

トの関係はますます強化され，一方でセラピーに参加していないパートナーを
ますます疎外することになりかねない（Imber-Black, 1998）。

第 *4* 節　　離婚という選択

　近年，日本においても離婚は，夫婦の選択肢の1つとして考える人が増加している（図10-1）。離婚はごく一部の人だけに関係のある特殊な問題ではなく，誰にとっても身近な問題になってきたといっても過言ではない。しかし，だからといって離婚に対する人々の偏見がなくなり現実に即した理解が進んだのか，専門家による支援は十分整えられてきているのかというと，必ずしもそうとはいえない。

(1)　離婚に対する態度と偏見

　夫婦家族療法をはじめ，心理臨床の現場においては離婚という問題に直接的間接的に関わらざるをえないことが少なくない。すでに夫婦関係の修復が不可能になっているにもかかわらず，「子どものため」という理由で，あるいは経済的不安や社会的体裁から離婚しない人も少なくない。反対に，すべてをパートナーの問題にし，別の相手となら自分は幸せになれると思っている人もいる。そのような人たちを通して見えてくるのは，「何が何でも離婚はしないほうがよい」といった頑なな考え方や，反対に「うまくいかなければ別れればよい」といった安易な考え方である。

　離婚は，それによって深く傷つく人も少なくないが，一方で，個人にとっても家族にとっても最良の選択となることもありうる。離婚によって深く傷ついた人が時間をかけて回復していくためにも，また離婚するかしないかという意思決定をより現実に根ざしたものにするためにも，離婚に至るプロセスやそこで向き合うべき課題，そして個人への心理的影響について理解することが重要であろう。

(2)　離婚のプロセスと発達課題

　離婚は単なる一時的な出来事ではなく，何年にもわたって取り組むべき長いプロセスである。表 10-1 は，マクゴールドリックとカーター（McGoldrick & Carter, 2016）が離婚のプロセスと発達課題についてまとめたものである。

　個人の心理的レベルでは，結婚生活の中での自分自身の責任を認めること，喪失を受けとめること，さまざまな感情を消化していくことなどが必要とされており，このような作業は苦痛を伴うことは想像に難くない。また，家族の関係レベルでは，単に夫婦としての関係が終わるということではすまされず，双方の拡大家族との関係をどうしていくか，そして何よりも子どもがいる場合，親として協力し続けていくことが求められる。これらの課題に取り組んでいくことは誰にとっても容易なことではないが，離婚を単に人生における失敗体験とせず，成長の機会とし，何よりも子どもを守っていくために，目をそらさないことが求められる。

表 10-1　離婚のプロセス

		移行に不可欠な姿勢	発達的課題
離婚	離婚の決意	夫婦関係の継続が可能になるように問題を解決することができないことを受け入れる	結婚生活の問題における自分自身の責任を認めること
	システムを解消する計画を立てる	システムのすべての人のためになる可能なアレンジをサポートすること	a. 親権・面会・金銭をめぐる問題について協力すること b. 離婚について拡大家族と取り組むこと
	別居	a. 子どもに対して，積極的に協力して親役割を果たし，経済的に支援し続けること b. 配偶者に対する愛着を解消すること	a. 家族の喪失に対する喪の作業 b. 夫婦関係，親子関係，経済的問題の再構造化：別々に暮らすことへの適応 c. 拡大家族との関係の再編成：配偶者の拡大家族との関係を保ち続ける
	離婚	情緒的離婚へのさらなる取り組み：傷つき，怒り，罪悪感などを克服すること	a. 家族の喪失に対する喪の作業：修復の幻想を捨てること b. 結婚に対する希望，夢，期待を取り戻すこと c. 拡大家族との関係を保ち続ける
離婚後の家族	ひとり親家庭（親権をもっている）	経済的な責任をもち続け，元配偶者と親としての関わりを続け，子どもが元配偶者やその家族と関わることを支持すること	a. 元配偶者とその家族との柔軟な面会 b. 自身の経済的な基盤を再構築すること c. 自身の社会的ネットワークを再構築すること
	ひとり親家庭（親権をもたない）	経済的な責任をもち続け，元配偶者と親としての関わりを続け，子どもと元配偶者との関わりを支持すること	a. 子どもの養育を続けるための有効な方法を見つけること b. 元配偶者と子どもに対する経済的な責任をもつこと c. 自身の社会的ネットワークを再構築すること

（出所）　McGoldrick & Carter, 2016 を筆者訳。

(3)　子どもにとっての親の離婚

　子どもがいる夫婦が離婚を考えるとき，最も心配するのは子どもへの影響である。キューン（Kuehn, 2001）は，離婚についての子ども向けの著作の中で，親の離婚を体験した子どもが示す一般的な反応や感情として，戸惑いや恥ずかしさ，罪の意識，怒り，不安や恐怖感，あきらめられない気持ち，抑うつ感，相反する気持ちを指摘している。また，児童精神医学の立場から **ベネデック**

と**ブラウン**（Benedek & Brown, 1995）は，不安，悲嘆，怒り，罪悪感，孤独，疎外感，退行，睡眠障害，マスターベーション，学校での問題行動，身体症状，摂食障害，両親の復縁を夢見る，「親になる子ども」などの問題を指摘している。

　子どもの発達段階や認知発達のレベルなどによってその影響は異なるものの，親の離婚によって多くの子どもは傷つき不安を抱え，時に自分のせいで親は離婚してしまったのではないかという罪悪感を感じる。したがって，上記のような反応が見られることはむしろ正常な反応と見なしたほうがよいかもしれない。むしろ心配なのは，このような反応をまったく示さない子どもである。中でも「親になる子ども」は，子どもが自分自身の悲しみや傷つきを抑圧し，離婚によって傷ついている親を支えようと振る舞うために，親は安心感を得られ気づかないうちに子どもに依存してしまうが，子どもの寂しさや悲しさは見えにくく，孤独感を強めていく可能性がある。

⑷　親が子どもにできること，すべきこと

　離婚によって親自身も深く傷つくが，それでも親として子どもにできること，すべきことはある。キューン（Kuehn, 2001）は，親が子どもに伝えるべきこととして，夫婦間の愛情はなくなっても，子どものことはこれまでと同じように愛していること，離婚は子どものせいではないということ，なぜ両親が離婚するのか，子どもがどこに住むようになるのか，それぞれの親にどれだけ会えるのか，をあげている。

　また，ベネデックとブラウン（Benedek & Brown, 1995）はこれらに加えて，前夫（前妻）とも円満な付き合いを続けるよう子どもに勧め全面的に協力すること，前夫（前妻）とは極力喧嘩しないようにし，それが無理ならばせめて子どもの目の前ではしないようにすること，子どもに関することでは前夫（前妻）と協力すること，子どもが自分をかけがえのない存在だと自覚できるよう力添えをすること，などをあげている。

　このような課題に取り組むことは，どの親にとっても容易なことではない。しかし，子どもが親の離婚を何とか乗り越え，前向きに生きていけるようになるためには是非とも必要なことである。そのためにも，親が身近な人間関係や

専門家によって十分サポートされることが必要である。

　また，両親の離婚を経験した子どもにとって，祖父母の存在は大きなサポートになりうる（Benedek & Brown, 1995）。親に対しては直接自分の気持ちや不安を語れない子どもであっても，時に祖父母に対しては正直に語れることがあり，子どもを支えられるのは親だけではないということも忘れてはならない。

第 5 節　再婚による新たな家族の形成

　アメリカでは，結婚後 15 年以内に 43％が離婚し，離婚した人の 75％は再婚する（McGoldrick & Carter, 2016）。日本では，厚生労働省（2016）によると，2015 年の結婚は 63 万 5156 件で，夫婦ともに初婚だったのは 46 万 4975 件（73.2％）だった一方，夫だけ再婚は 6 万 3588 件（10.0％），妻だけ再婚は 4 万 5268 件（7.1％），夫妻いずれも再婚は 6 万 1325 件（9.7％）だった。つまり，2015 年に結婚した夫婦のうち，両方またはいずれかが再婚だった割合は，結婚全体の 26.8％であり，比較可能な 1952 年以降で最も高かったという。

(1)　再婚家庭の複雑さとあいまいさ

　表 10-2 は，マクゴールドリックとカーターが，**再婚家庭** の形成プロセスと発達課題をまとめたものである。ここで特に注目すべきは，**複雑さ**（complexity）と **あいまいさ**（ambiguity）という言葉であり，再婚家庭の特徴を端的に表している。つまり，再婚に対する 1 人ひとりの心理的反応も家族関係の変化も非常に複雑であり，またどこからどこまでを自分の家族と考えるのか，誰とどのように関わるべきかということについて，これといった明確な答えはないというあいまいさを抱えている。

　このような再婚家庭の複雑さとあいまいさを，家族の構造的変化に着目して例示したのが図 10-2〜図 10-4 である。ここで離婚当時 4 歳だったひとりっ子の A 子（図 10-2）は，3 年後に実母が 12 歳年上の男性と再婚したことで，実父と継父の 2 人の父親をもつことになる（図 10-3）。さらにその 2 年後，実母と継父との間に男児が生まれ，A 子は 9 歳にしてひとりっ子から 2 人きょうだいの長女となっている（図 10-4）。実母にとっては 2 人の子どもと血がつなが

表 10-2 再婚家庭の形成プロセス

段 階	必須の姿勢	発達的な問題
1．新たな関係を築く	最初の結婚生活の喪失から立ち直ること（適切な情緒的離婚）	結婚生活に再びコミットすること，複雑さと曖昧さに対処する準備をして家族を形成すること
2．新たな結婚生活および家族の概念化と計画	再婚に対する自身，新たな配偶者，子どもたちの恐れを受け入れること複雑さと曖昧さに適応するために時間と忍耐が必要であることを受け入れること 1．さまざまな新しい役割 2．境界：空間，時間，メンバーシップ，権威 3．感情的な問題：罪悪感，忠誠心の葛藤，相互性を求めること，未解決な過去の傷つき	a．偽相互性を避けるために，新たな関係の中でオープンであるよう努力すること b．元配偶者と経済的に協力し，子どもに対して両親であり続けるよう計画すること c．子どもの恐れ，忠誠心の葛藤，2つのシステムのメンバーであることに対して，子どもが対処できるよう援助すること d．新たな配偶者や子どもを包含するよう拡大家族との関係を再編成すること e．元配偶者の拡大家族と子どもとのつながりを維持するよう計画すること
3．再婚と家族の再構造化	元配偶者に対する愛着と「完全な」家族という理想に対する最終的な決着：透過的な境界をもつ家族の新たなモデルを受け入れること	a．新たな配偶者 – 継親を包含するように家族境界を再設定すること b．さまざまなシステムが混じり合うように，すべてのサブシステムにおいて関係の再編成と経済面の修正を行うこと c．すべての子どもと親，祖父母，拡大家族との関係を承認すること d．ステップファミリーのまとまりを強めるために，記憶や歴史を共有すること
将来のすべてのライフサイクルの移行における再婚家族の再交渉	変容する再婚家族の進化する関係を受け入れること	それぞれの子どもの卒業，結婚，病気や死による変化 それぞれの配偶者の新たなカップル関係，再婚，転居，病気や死による変化

（出所） McGoldrick & Carter, 2016 を筆者訳。

っているが，A子は継父と血のつながりがなく，弟とは実母の血がつながっている。弟はA子の実母とも継父とも血のつながりがある。実際には，少なくとももう1つ上の世代，すなわち祖父母世代も含めた親族全体の関係が絡んでくるので，家族の関係はさらに複雑に変化する。A子にとって「家族」とは誰

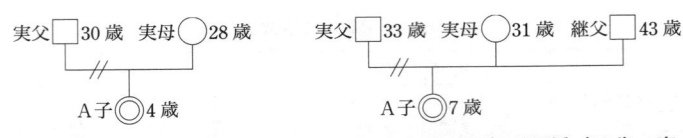

図 10-2　離婚直後（ひとりっ子）　　図 10-3　　3 年後に母親が再婚（33 歳の実父と 43 歳の継父の 2 人の父親）

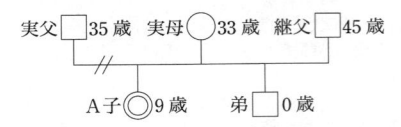

図 10-4　再婚 2 年後に弟が誕生（ひとりっ子から 2 人きょうだいの長女へ）

から誰までのことを意味するのか，その中で自分自身をどのように位置づけていくのか，答えを出すことが容易ではないことは想像に難くない。

(2)　再婚家庭への援助

　再婚家庭においても，子どもの不登校をはじめとする心身の問題，夫婦間の葛藤や親子間の対立などに対して，家族療法が適用されるのはいうまでもないが，ここでは，そうしたセラピーとは異なる援助法について紹介しておきたい。

○ 予防的アプローチ

　欧米では，結婚前のカップルを対象とした **予防的アプローチ** が盛んに行われていることは第 3 章でも述べた通りであるが，再婚前のカップルを対象とした予防的アプローチも行われている。

　PREPARE/ENRICH（Olson, 2000）は，結婚前のカップルから結婚後の夫婦，そして再婚前のカップルや再婚後の夫婦にも実施可能なオンラインチェックリストとそれに基づくカウンセリングプログラムである。再婚した夫婦が直面する課題はさまざまであるが，その中でも最も対処が難しいのが子育ての問題であり，親子関係の問題であろう。再婚家庭に心理的に適応し，これが自分の新しい家族なのだと納得できるまでには数年かかるといわれており，子どもが思春期の場合はさらに長くなるといわれている（McGoldrick & Carter, 2016）。また，再婚後に新たに子どもが誕生する場合もあり，家族関係はより複雑になっていく。そのような過程で夫婦が親密な関係を保ちつつ，親として協力し子

どもを育てていくためにも，再婚前から子育てを含めた結婚生活について話し合っておくのである。

❏ **サポートグループ**

　子どもを伴う再婚の場合，セラピーであれ予防的なアプローチであれ，専門家による援助が重要な役割を果たすことは間違いないが，当事者たちによる相互支援の意義も非常に大きい。**SAJ**（Stepfamily Association of Japan）は，ヴィッシャー夫妻（Visher & Visher, 1982）が立ち上げた **全米ステップファミリー協会**（SAA：Stepfamily Association of America）をモデルとして日本に設立された団体であり，サポート情報の提供，ステップファミリー・サポートグループの運営，**ステップファミリー**（夫婦の一方あるいは双方が，前の配偶者との子どもを連れて再婚したときに誕生する家族）を支援するための子育てオンラインプログラムの提供や社会への提言を積極的に行っている（野沢，2018）。こうした団体による情報提供やサポートは，再婚家庭の中で子どもを育てていく多くの人たちにとって心強い支えになるだけでなく，それぞれの家族が潜在的にもっている問題解決能力を引き出し，自らの力で成長していくことを促進するものである。

【野末武義】

　筆者は，開業心理療法機関において個人・カップル（夫婦）・家族を対象としたセラピーを約 30 年間行ってきたが，年々カップル単位で来談するケースが増えている。それは子どもの問題をめぐって両親として来談するケースだけでなく，カップルとしての問題そのものを主訴として来談するケースが増加している。ひと昔前であれば，夫が来談を拒否するケースが珍しくなかったし，妻の個人療法の中で夫婦の問題を扱うしかないといったケースも少なくなかった。

　近年，夫からの相談申し込みが増加している。全体的に見れば妻からの申し込みは多いものの，夫が自ら問題を感じていたり，何とか妻との関係をよくしたいと思っていたり，あるいは妻から「あなたが問題なんだから，あなたが申し込むべき」と迫られた結果だったり，その理由やプロセスはさまざまであるが，夫からの問い合わせや申し込みがごく普通になってきた。

　また，スクールカウンセラー，教育相談室，医療機関などの心理臨床家から，「最近はこちらから来談を要請しなくても，自発的に来る夫や父親が増えてきたので，夫婦（両親）同席での面接をやらざるをえなくなってきた。でも，どうやってやったらいいかわからない」という声もしばしば耳にする。さらに，共働き家庭の増加に伴い，子どもの問題で困っている親が，仕事を調整して 1 回ごとに父親と母親が交互に来談するというケースも見られるようになってきた。

　このように，時代の変化とともに夫婦（父親・母親）のあり様も急速に変化しつつあり，それは相談場面にも現れる。そのような中で，心理臨床家が旧来の家族観や，夫婦（父親・母親）はこうあるべきというようなステレオタイプにとらわれていると，多様な家族のありようを受け入れられなくなり，より問題を病理化してとらえてしまう危険性がある。また，個人面接や母子並行面接も重要であるが，それだけに縛られていると，夫婦（両親）の関係の問題を扱えなかったり，2 人が潜在的にもっている資源を有効に活用できなかったりする可能性もあり，それが子どもの問題解決をより困難にする場合もある。夫婦関係の問題を扱うことは，心理療法の中でも最も難しいといわれるが，反対にそこがきちんと扱えれば，夫婦のみならず子どもにとっても有益な心理的支援になるはずである。さまざまなオリエンテーションに基づく心理療法家が，これまで以上にカップル・セラピーに関心をもち，ふだんの臨床実践に取り入れていくことが望まれる。

【野末武義】

第11章　子育てをめぐる問題と援助

次世代を誰がどう育てるかという問い

　増え続ける児童虐待・発達障害をもつ子ども，キレやすい子どもが引き起こす事件，そして約12〜13万人にものぼる不登校の子どもたち，いじめ問題など，子どもにまつわる社会問題は絶えない。今日ほど子育てに不安を抱え，自信がもてない親が増えている時代はないのではなかろうか。本章では，さまざまな育児をめぐる問題について考察し，次世代の親支援や子育て支援のあり方について考える。

第1節　育てにくい子どもたち
——子育てをめぐる臨床的問題と援助

　実家から離れて過ごしている若い夫婦。住み慣れない土地で誰の援助もなく子どもを産み，子育てをしている。唯一の頼りは育児書。若い母は，毎日子どもの体重を量りながら，育児書とにらめっこしながら育てている。特に食事に関しては，ミルクを一定量飲まないとそれだけで不安に駆り立てられて，母親は落ち込んだ。しだいに若い母親にとってミルクを与える時間が修羅場と化した。はたから見ている夫も「無理して飲ますな！　お前は神経質過ぎる！」というのが精一杯。しかし，そういうと若い母親はますます苛立ち，ヒステリックに子どもにミルクを飲ませようとする状況が続いた。カウンセラーは，完璧に子育てをしようとする母親を，「一所懸命に育てようとしている熱心な母親」とねぎらい，父親を「とても大事なことを言ってくれている頼りになる父親」として認めることで，夫婦関係を調整した。やがて2人は，カウンセリングを通して自己を見つめる作業をしながら，地域の子育てサークルに通い出した。同じ悩みをもっている親同士での交流の中で，父親も子育てに積極的に参加するようになり，母親もしだいにおおらかに子どもに接することができるようになっていった。

（ある子育て期の「若い夫婦」の事例より）

(1) 家族の歴史から見た今日の子育てのしにくさ

家族というと太古の昔から存在していたように思いがちであるが，現在のような情緒的な家族意識を有する家族の誕生は，そう古くはない。子どもという概念も，フランスの歴史学者のアリエス（P. Ariés）によると17世紀頃に出現したものであるという。親の養育下における子ども期という概念は中世ヨーロッパでは存在せず，7歳頃を過ぎると共同体社会の一員，いわば，小さな大人として扱われてきたのである。現在のような親の庇護の下における子どもという考えは，ヨーロッパにおける産業革命の波とともに出現した近代社会に入ってからであることがわかる。

一方で，日本での家族の歴史を概観してみると，民俗学者の宮田（2007）によると，何度も飢饉に襲われた江戸時代後期には，平均家族3〜4名で，貧農層では，子どもをもたない家族が半数以上占めていたという。また，情緒的なつながりの親子関係ではなく，「家」を軸とした親子の縦の関係が重視され，きょうだい関係は希薄であったという。日本における前近代社会では，養子やもらい子，捨て子を含む非親族を取り込む開放的な家制度が存在していた。つまり，産みの親が育てられない環境におかれると誰かが代わりに育てるというシステムが成立していたのである。というのも子どもは，労働力として重要な役割を果たしてきたという点もさることながら，一方で，日本文化の中に7歳までは神の子として，共同体で養育するという文化が根づいていたことがあげられる。つまり，子どもが無事に育つかどうかわからない時代には，幼い子どもは親に帰属するというよりも，神のもとにいつでも戻りうる可能性があるという考え方があったためである。七五三のお宮参りは子どもの無事な成長を願うとともに，一人前の人格をもつ人として社会に受け入れていくイニシエーション（通過儀礼）であったともいえる。このように前近代社会では，産みの親が子育ての全責任を負うのではなく，地域共同体が責任をもって育てるというシステムが成立していたのである。また，地域における祭りごとや子どもの遊びの伝承などの共同社会は息づいており，家そのものは，地域共同体システムの守りの枠の中で機能してきたのである。つまり，子どもたちは，地域共同体の中で教育されてきたともいえる。例えば，子どもの遊びは，もともと大人の神祭りの儀礼を模倣したものであるという。子どもの「○○ごっこ」遊びは，

大人の行為を模倣したものがそのルーツとされ，模倣，つまり大人の生活を「マネブ」「マナブ」ことで衣・食・住から人生観・世界観を教育されてきたのである（宮田，2007）。

ところが明治期に入り，家制度が政策的に導入されたことにより，非親族による家族が姿を徐々に消え，とりわけ血縁関係による親子の縦軸関係が強調され，戸主に絶対的な権限が与えられたことで，家族の求心性と凝集性が高まることになった（牟田，1997）。そして，明治後期から大正期になると，産業化に伴う西欧的思想の影響を受け，都市化が進み，都市部では，家族の形態が核家族へと変貌を遂げていくことになる。

第二次世界大戦後の家族の変化は，めざましいものがあった。敗戦と GHQ の指導の下に制定された日本国憲法により，明治期以来続いた家制度が実質廃止され，民主主義とともに夫婦と子どもを中心とした家族形態が普及してきたのである。特に，未曾有の高度経済成長は家族の形態変化をもたらした。転勤族の増加，核家族の増加に拍車がかかり，地域共同体の機能が急速な衰えを見せるようになった。地域共同社会の崩壊は，子どもの遊び文化の崩壊と変容をももたらし，各家庭の密室性をさらに高めることになった。地域共同体の守りを失った家族は，限られたリソースの中で子育ての負担感を増大させてきた。また，父親の残業や単身赴任が増えたことで，父親の存在が家庭から希薄なものとなり，その反動として母子関係が濃厚になり，「母原病」という言葉を生み出す社会現象を引き起こした。しかし，これは父親が会社組織という経済社会システムに取り込まれ，家族にコミットする時間や空間さえも侵食されてきた結果，生じてきた現象と見るべきであろう。このような父親不在の家族では，母と子どもの凝集性をさらに高める現象を引き起こし，とりわけ母親の子育ての負担感の増大をもたらすことになった。

また，少子高齢化が世界にも他国に類を見ないほどの未曾有のスピードで進むことにより，個人や家族のライフサイクルに大きな変化をもたらした。それはモデルのない時代を生きることを余儀なくされているともいえる。つい 10 年前にはよしとされてきた生き方モデルが，現在では通用しないという時代に突入し，子育てをするうえで親が抱える困難の 1 つとして重くのしかかってきている。ある意味，現在ほど親が子育てに自信をもちにくい時代はないのでは

なかろうか。家族が本来の意味で子どもにとっての「安全基地」や「安全避難場所」として機能できるように家族をサポートすることは，子どもたちの健全な心と身体の育ちを支えていくために非常に重要である。国際化・多様化・情報化社会がもたらした変化の著しい現在社会に適合した子育て支援のあり方を，知恵を絞り合い，早急に構築していくことが期待されるのである。

(2) さまざまな問題を抱える子どもたち

　最近増加傾向にある「発達障害（詳細は第 12 章）」「キレやすい子ども」「愛着障害」に対する理解は，家族支援をしていくうえでも欠かせない。最近の脳科学研究では，幼児期の不遇な養育環境が視床下部 – 下垂体 – 副腎（HPA）系の心理的脆弱性を惹起することで，成人後に不安，抑うつ，薬物依存などの発病率を高めることが報告されている（文部科学省，2014）。これらの問題への支援がこれまで以上に求められてきているといえよう。

○ キレやすい子どもたち──よい子神話の陰で

　子どもが凶悪犯罪の加害者になるニュースが絶えない昨今，今までよい子で問題を起こさなかった普通の子どもが犯人像として報道されているのをよく耳にするようになった。

　ふだんは問題のない「よい子」といわれてきた子どもたちの間で「キレる」現象が増加しているとの報告もある。こういう問題が生じやすくなった背景を見てみよう。児童期は発達段階的に，現実原則，つまり社会のルールを学び，取り入れようとする時期である。この時期の子どもは背伸びをしてよい子を演じ，大人や親に認めてもらおうとする傾向が顕著になる。ところが，子どもは本来，善悪ない交ぜの存在であるため，よい子の陰で抑圧されている「悪い子」の部分を健康的な形で「昇華（発散）」することが求められる。しかし，現代社会では著しくその機会や場が減少しており，みんなと仲良くすることが強調されるあまり，喧嘩しないことが良し，とされ，喧嘩をしたあとに仲直りをするスキルを学ぶ機会や場が著しく減少しているということも否めない。その結果，大人の目に触れる表の世界ではよい子をふるまいながら，抑圧された怒りやネガティブな感情の発散の場として，大人の目に触れにくい匿名性の高い SNS の中で陰湿ないじめとして現れたり，突然「キレる」という現象を生

み出している可能性も考えられる。また，あふれるばかりの情報化社会によってもたらされた影響も無視はできない。つまり，1つのことを精査し，没頭するよりも多くの情報を「何となく」「瞬時に」把握して取捨選択することに慣れている子どもは，具体的な理由を見ずに，何となくムカつく傾向が確実に強くなってきているともいえる。これに関連して，鈴木ら（2003）が 1950 年代の幼稚園児から小学生 6 年の子どもと 1990 年代の幼稚園から中学生までの子どもを比較したロールシャッハ法の調査の中で，今の子どもたちは初発反応時間が半減し，反応数が減少する一方で，全体反応が増加し，また，純粋人間運動反応が減少する一方で，純粋形態反応の増加が顕著に見られることを明らかにした。このことから，現代の子どもたちは，①刺激に対しての即時的反応が多く，②課題への取り組みの意欲低下，③感情表出の減少，④感受性の低下，⑤対人関係への関心の低下あるいは対人関係の発達の遅れなどが見られることが指摘されている。鈴木は，これらの子どもの示す特徴を，否定的にとらえるのではなく，刺激過剰となった現代に生きるための現代的な適応のあり方としてとらえることの可能性についても言及している。

　また，子どもの遊び文化の変化は，大きく子どもたちの対人関係のもち方を変えている。集団遊びから TV ゲームなどの「個」遊びへの変化，また，塾通いや習いごとが増えたことで，異年齢集団での遊び文化の脆弱化をもたらした。それは，集団遊びを通して，年齢を超えて知恵を伝えていく機会を減らし，遊びを通して自然に学んできた対人関係スキルの習得の機会欠如をもたらした。つまり，昔は，遊びや友達とのふれあいを通して学べたことが，今は，意図的に教育を通して提供していかないと，対人関係やストレスに対するコーピング（対処）・スキルを学ばずに大人になってしまうことにつながる。そのため，例えば「友達のつくり方」「喧嘩したときの仲直りの方法」「自他を尊重したアサーティブなコミュニケーション」，そして「ストレスの発散の方法」などを積極的に子どもたちに学校教育や地域・家庭教育を通して提供していくことが必要な時代に入ったといえよう。

　これらの「キレる子」の増加に伴い，文部科学省の「情動の科学的解明と教育等への応用に関する検討会」において，2005 年 10 月に初めて指針が出され，この分野での専門家の配置や増員が提言されている。さらに 2014 年の提言で

は，脳科学や疫学研究などを専門とする研究者と学校教育者が協働して，子ども
もの情動の安定化とレジリエンスの養成を目標とした教育に取り組むことが必
須であることが指摘されている。今後，研究者と教育者が双方に関係情報や課
題意識を共有できるプラットフォーム（「情動研究・教育センター」〔仮称〕）の
設置が急務であるという提言が出されている（文部科学省，2014）。

○ 愛着障害のある子ども

　ボウルビー（J. Bowlby）は，発達早期における養育者との愛着経験の重要性
を述べている。愛着対象である養育者に肯定的に扱われることで，愛着対象を
よいものと内在化し，そのように扱われる自分自身を愛される価値のあるもの
として自己像を内在化する。ここで形成された「内的作業モデル」がその後の
対人関係に大きく影響を及ぼすと指摘している（Bowlby，1969）。

　これらの愛着関係が十分築けない場合，大脳皮質や大脳辺縁系の脳の発達の
遅れを生じ，心理的にも行動・情緒・思考・対人関係面にさまざまな問題が生
じやすくなることが報告されている。このような症状を呈する子どもを，アメ
リカ精神医学会が発行している『DSM-5 診断・統計マニュアル』では，「反
応性アタッチメント障害／反応性愛着障害（reactive attachment disorder）」とい
う診断名をつけている。その特徴としては，大人の養育者に対して，苦痛なと
きでも，めったにまたは最小限にしか安楽を求めない，あるいは反応しないと
いう行動を示す（日本精神神経学会，2014）。具体的には，愛そうとする人への
抵抗や極度の緊張と警戒，「接近・回避」の矛盾した反応を示したり，愛着の
対象を適切に選択できず，無差別な社交性を示したりすることもある。また，
感情のコントロールがうまくいかず，衝動的な言動や嘘や盗み，時に激しいか
んしゃくを起こしたり，動物虐待をしたり，論理的思考の欠如が生じ，対人関
係がうまく築けないなどの特徴がある。愛着障害の原因としては，養育者側の
問題と子ども側の問題，そして環境要因が絡んでいるとされており，愛着の世
代間伝達に関する研究も昨今，多数進められている。

　発達心理学分野においては，エインズワース（M. D. S. Ainsworth）が開発し
た「ストレンジ・シチュエーション法」を用いて，子どもが養育者と一時的に
分離し，再会させるという手順で，子どもの反応のタイプにより分類する研究
がなされている。これらの研究では，A（回避型），B（安定型），C（アンビバレ

ント型）の3つのタイプに分類して説明してきた。Aタイプの子どもは，分離・再会のときもあまり感情に変化を起こさず，淡々としており，むしろそれを回避する傾向をさす。というのもAタイプの子どもは，「自分は受け容れられない，拒否される存在である」という内的作業モデルを形成しているため，愛着に対して回避的な態度をとることによって自分を守ろうとしているともいえる。Bタイプの子どもは，「自分は他者に受け容れられている」という安定した内的作業モデルを形成しているために，養育者に対して見通しをもつことができ，分離したときには一時的な不安は見せるものの，再会時にはすぐに安定した愛着関係をもつことができる。一方，Cタイプの子どもは，親との分離・再会時にしがみつきながら怒りを表出するなどアンビバレントな感情を表出する。これは，親の養育態度に一貫性がなく，「自分はいつ見捨てられるかもしれない」という内的作業モデルをもっているためといわれている。従来これらの3つのタイプがいわれてきたが，これらに該当しきれない第4のタイプが加えられた。それが「無秩序・無方向型」といわれているDタイプである。これは，養育者が，精神的に不安定で，子どもに対し虐待に近い態度で接している場合などである。遠藤（2007）は，Dタイプの子どもは，「避難する唯一の場所が，恐怖の源でもあるというパラドックスにさらされていることになる」わけで，「このような中で育った子どもは，その後のさまざまな認知・行動上の問題や精神病理を予測することができる」と述べている。また，子どもの発達上，愛着が安定しているかではなく，「発達早期に愛着が組織化されていないこと」が大きく影響することを指摘している。これらの愛着障害は，とりわけ主たる養育者としての母子関係に重点がおかれてきているが，その背景における夫婦関係や家族関係も見逃してはならない。今後のさらなる研究が期待されるところである。

第 2 節　児 童 虐 待

　手塩にかけて育てている子どもが言うことを聞かないのでついカッとなり，「なんでこんなことができないの⁉」とおもわず首を締めてしまった。子どもの顔がみるみるうちに赤くなるのを見て怖くなり，われに返った。このようなこと

をしてしまった自責の念にかられひどく落ち込んでしまった。この母親は母親自身の嫌なところを子どもの中に見てしまいそれが許せなかったと話した。そして，「子どもが言うことを聞かない＝だめな母親」という思いを強くもっていたことが明らかになった。母親自身がその生育歴の中で「自分はだめな子ども」という刷り込みがされており，いつも自信がもてない自分でいたことに気づいた。そこで，カウンセラーは，母親の話を傾聴し，母親自身がまず，自分自身を受けとめる作業を試みた。その結果，子どもに対する苛立ちも徐々に減ってきた。

（ある「普通の」家庭の「普通の」母親の話）

(1) 児童虐待をめぐる今日的状況——子育ての中で起きる児童虐待

　児童虐待は，2000年11月に「児童虐待の防止等に関する法律」（児童虐待防止法）としてようやく法律として明文化された。これによって，家庭内という密室から虐待を受けている子どもたちを法的に救うことができるようになった。厚生労働省統計によると児童相談所における虐待相談対応件数（図11-1）を見ると，2001年度には2万3274件だった相談件数が，年々増加し，2017年度には速報値では13万3778件に達している。虐待の内容別を見ると身体的虐待が24.8％，ネグレクト20％，性的虐待1.2％，心理的虐待54％となっている（表11-1）。近年，虐待相談対応件数は大幅に増加しているが，その内容を見ると特に心理的虐待の割合が急増する傾向を示している。

　また，主たる虐待者は，厚生労働省の調査結果によると2017年度は実母が46.9％，実父が40.7％を占め，実母が減少し実父が増加傾向を示している（前掲図5-4参照）。被虐待児童の年齢では，学齢前の児童（0〜6歳）が6万1096件（約45.7％）を占めており，次に小学生（7〜12歳）が4万4567件（33.3％），中学生（13〜15歳）が1万8677件（14％）と続いている（表11-2）。

(2) 児童虐待とは

　虐待のタイプには，「身体的虐待」「心理的虐待」「性的虐待」「養育のネグレクト（放任）」がある。虐待を受けた子どもたちは，虐待の種類を問わず，不安や怯え，うつ状態などの情緒的・心理的問題を示すことが多く，中には身体に障害が残ったり，死亡に至ることさえもある。また虐待者の多くが実母，実父によってなされている現状を見るにつけ，子どもにとって最初に出会う大人

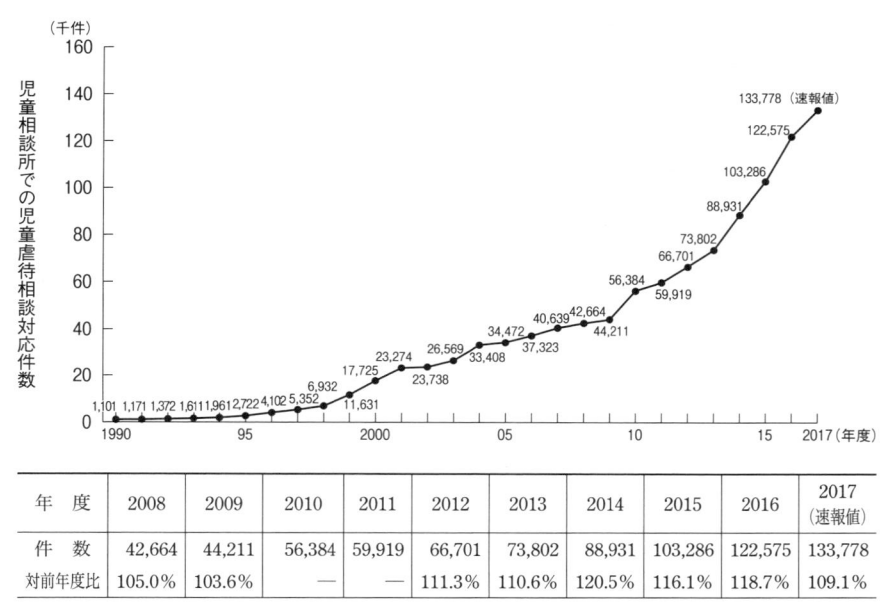

年　　度	2008	2009	2010	2011	2012	2013	2014	2015	2016	2017（速報値）
件　　数	42,664	44,211	56,384	59,919	66,701	73,802	88,931	103,286	122,575	133,778
対前年度比	105.0%	103.6%	—	—	111.3%	110.6%	120.5%	116.1%	118.7%	109.1%

図 11-1　児童相談所での児童虐待相談対応件数とその推移

（注）　2010 年度の件数は，東日本大震災の影響により，福島県を除いて集計した数値。
（出所）　厚生労働省，2018d。

表 11-1　児童相談所における虐待の内容別相談件数の推移

区　　分	総　　数	身体的虐待	ネグレクト	性的虐待	心理的虐待
1997 年度	5,352	2,780(51.9)	1,803(33.7)	311(5.8)	458(8.6)
2002 年度	23,738	10,932(46.1)	8,940(37.7)	820(3.5)	3,046(12.8)
2006 年度	37,323	15,364(41.2)	14,365(38.5)	1,180(3.2)	6,414(17.2)
2011 年度	59,919	21,942(36.6)	18,847(31.5)	1,460(2.4)	17,670(29.5)
2014 年度	88,931	26,181(29.4)	22,455(25.2)	1,520(1.7)	38,775(43.6)
2017 年度	133,778	33,223(24.8)	26,818(20.0)	1,540(1.2)	72,197(54.0)

（注）　2017 年度は速報値。括弧内は%。
（出所）　厚生労働省，2018d。

表 11-2　被虐待者の年齢別対応件数の推移

（単位：件）

	2013 年度	構成割合(%)	2014 年度	構成割合(%)	2015 年度	構成割合(%)	2016 年度	構成割合(%)	2017 年度	構成割合(%)	対前年度 増減数	対前年度 増減率(%)
総　　数	73,802	100.0	88,931	100.0	103,286	100.0	122,575	100.0	133,778	100.0	11,203	9.1
0〜2 歳	13,917	18.9	17,479	19.7	20,324	19.7	23,939	19.5	27,046	20.2	3,107	13.0
3〜6 歳	17,476	23.7	21,186	23.8	23,735	23.0	31.332	25.6	34,050	25.5	2,718	8.7
7〜12 歳	26,049	35.3	30,721	34.5	35,860	34.7	41,719	34.0	44,567	33.3	2,848	6.8
13〜15 歳	10,649	14.4	12,510	14.1	14,807	14.3	17,409	14.2	18.677	14.0	1,268	7.3
16〜18 歳	5,711	7.7	7,035	7.9	8,560	8.3	8,176	6.7	9,438	7.1	1,262	15.4

（出所）　厚生労働省，2018c。

である実の親に受けた虐待が及ぼす子どもへの心理的影響は根深いものとなる。安全基地として機能すべき場や人が，自分自身を脅かすものとなる状況にさらされてきた子どもは，人を信頼すること，ひいては自己存在への肯定感そして他者を信頼することへの困難さを抱え，対人関係に苦慮することは想像するに難くないであろう。特に親密な関係をもつことへの不安感と恐怖心，そして距離のとり方などの困難さを訴えるケースが多く報告されている。

　なお，2005 年施行の改正児童虐待防止法によって，DV（ドメスティック・バイオレンス）の場面を子どもに目撃させることが新たに虐待の中に位置づけられた。**面前 DV** といわれている心理的虐待である。子どもにとっての両親の不和は，大きな心理的負担となる。子どもは両親の不和を，「自分のせい」と思い込みやすいためである。自分のせいで母（父）親が苦しめられていると思い込んでしまった子どもは，えてして自己存在を否定的にとらえがちである。思春期になって問題を抱える子どもの中には，幼い頃，両親の不仲にさらされていた経験のあるケースが少なくない。

(3)　虐待を引き起こす背景

　それでは，なぜ親は子どもを虐待するのであろうか。虐待をしやすい親に関する研究は，さまざまな角度からなされている。その要因となるといわれているものを以下にまとめて述べていきたい。

❍ 経済的問題

　さまざまな調査から，虐待ケースの背景の1つに，家庭の経済的な問題が大きく関わっていることがいわれている。例えば，東京都の『児童相談所白書』（2001年版）によると，実父の有業率は約72％で，都全体の世帯より約14％低い。また，女性も有業率は都全体平均より低いという結果が出ている。また，ひとり親家族の虐待事例が多いことからも経済的問題が大きな要因の1つになっていることがうかがえる。

❍ 親の自尊感情に関する研究から

　黒澤らが保育園児の母親1683名を対象にした研究（黒澤・田上，2005）によると，母親の虐待的育児態度に影響する要因として，母親の「自尊感情の低下」が大きく影響を与えているという結果が導き出された。つまり，自尊感情が低くなればなるほど，育児態度が悪くなり，虐待傾向が高まるということである。また，その自尊感情の低下の要因には，夫や友人などの人間関係が非常に大きく影響を与えていることが明らかになった。これらの結果からも，母親による虐待を防ぐためには，夫や友人・知人との関係を通して，母親の自尊感情を高めるような働きかけが大変重要であることを示唆しているといえる。

❍ コミュニティからの孤立

　地域の中で孤立傾向が強く，育児ストレスを1人で抱え込みやすい。また，自己肯定感の低い親ほど，他者に援助を求めようとする援助要請能力が低く，孤立しやすい傾向がある。

❍ 親の生育歴・世代間連鎖の問題

　親自身の生い立ち（生育歴）が影響する場合も多い。世代を越えた虐待の連鎖が生じやすい。最近の研究では，30％程度との結果も出ているが，筆者の臨床事例では，やはり親自身が生育歴において，親子関係の中での傷つき体験をもち，心理的負担を負ってきた親が多いといえる。

❍ 親自身の問題

　親自身がマタニティ・ブルーや産後うつに罹患している場合や，アルコールなどの依存症や，精神障害などを抱えているにもかかわらず，専門的な治療や援助を受けていない場合などは，虐待する親のハイリスクとなる。最近では，長年の不妊治療を受け念願の子どもを授かった場合に，妊娠することだけが目

標となり，育児まで手が回らなくなり虐待するという新しいタイプの虐待も報告されている（倉石，2006）。

○ 予期しない妊娠と若年妊娠

若年（10代）の妊娠で，予期しない妊娠の場合，未婚であったり，実父が不明であることも多く，誰にも相談できず，出産直後に遺棄したり，養育能力の不足からネグレクトや虐待になるリスクが高い。

○ 夫婦・家族関係

夫婦関係の不和，DV関係が生じている場合などは，子どもは対立した両親の三角関係に取り込まれやすく，心理的なダメージを受けやすい。両親関係の葛藤に巻き込むことは，子どもに大きな心理的なストレスを与え，子ども自身の自己肯定感にも大きく影響する。また，虐待は三者関係の中で発生しやすく，夫婦・内縁関係やきょうだい関係の中でエスカレートしやすいと，倉石（2006）は指摘している。特に，再婚家族では，お互いの連れ子と再統合させようとする期待が高まるため，うまくいかないと虐待に発展しかねない状況に陥りやすくなる。

(4) 虐待を受けやすい子どもの特徴

以下の子どもたちは虐待を受けやすいハイリスク児とされている。周囲の理解と親への配慮が虐待を防止する手立てとなり，保健所や医療機関，相談機関と連携をもちながら地域の中で支えていくことが不可欠であろう。

○「育てにくい子ども」「手のかかる子ども」

育児は，親と子どもの相互関係の中で営まれる。したがって，親の期待に反した反応を子どもがしたり，育てにくい子と判断されると，ついぞんざいな扱いを子どもにしてしまい，その結果，子どもはますます，手のかかる子どもになるという悪循環が生じやすい。これらの子どもの中には発達障害をもっている場合も少なくないが，親がそれを知らずに，厳しいしつけをしたことでその子どもが被虐待児のような症状を呈するケースもある。

○ 未熟児（低体重児）で生まれた子ども

未熟児で生まれると，生まれて間もなく子どもが保育器の中に入れられ，母子が余儀なく離されてしまう。母子分離の状態が長く続くことで，最も大切な

時期に親側に否定的感情が芽生え，愛着関係が築きづらくなる場合がある。また，一方で，誕生して間もなく母親から引き離された子どもは，抱っこしてもらうことに抵抗を示すようになる場合もあるといわれている。よって，入院中に母子関係を十分もち，母子とのふれあいを最大限に保てるような手立てが必要である。

○ 慢性疾患や障害をもつ子ども

　障害をもつ子どもの障害を受容することは，親にとって大変な作業となる。障害への非受容的な態度が，子どもに対して虐待となることがある。長期にわたり，父と母が障害をもつ子どもを受容できるようなサポートが重要になる。

(5)　発見されにくい特殊な虐待

　　ヒラリー・クリントンから献身的な母親として表彰されたキャサリン・ブッシュが児童虐待の容疑で逮捕され，全米中が震撼した。腸の病気を抱える難病と闘う8歳の少女ジェニファーと，けなげな母親として，しばしばメディアに登場していたが，実は，娘の食べ物に毒物を入れたり，無理矢理薬を飲ませたり，バクテリアを点滴のチューブに入れたりしていたことが判明した。少女は200回の入院，40回以上の手術を受けて，腸の一部を摘出されてしまった。

（Marc & Feldman, 1998）

　以下に非常に発見しにくいといわれている虐待について紹介しよう。

○ 乳幼児ゆさぶり症候群（SBS）

　乳幼児ゆさぶり症候群（shaken baby syndrome：SBS）とは，乳幼児期に子どもが泣きやまないことへの苛立ちから，衝動的に激しく揺さぶることで，子どもの脳に深刻なダメージを与え，場合によっては，硬膜下血腫や眼底出血などを引き起こし，死亡させてしまうこともある。これは，頭がい骨の中で軟らかい脳が骨にぶつかるためである。脳に加わる衝撃は重力の10倍になるともいわれ，脳に深刻なダメージを与える。激しく揺さぶりながら，布団や床・壁などに子どもの後頭部を打ちつけたケースはさらに深刻なダメージを受けることになる。外傷は少なく，軽症の場合はぐったりしていて風邪と誤診されることもあるという。

○ 代理ミュンヒハウゼン症候群

　先のアメリカの事例に見られるように自作自演で自ら病気をつくり出して病院を渡り歩く患者のことを「ほらふき男爵」の名にちなんで「ミュンヒハウゼン症候群」という。代理とつくのは，健康なわが子に危害を加え，病気やけがをさせて，献身的に病院めぐりをする親を演じることで医療者はじめ，他人から注目され，よい母親としての同情や賞賛をあびたりする。このような虚偽を繰り返すことで人間関係の操作を行い，自己満足を得るために子どもに危害を加える特殊なタイプの虐待であるといわれている。この虐待は非常に発見されにくく，病気に仕立てあげられた子どもの約25％のきょうだいはすでに病死していると最近の報告ではいわれている（Gregory, 2003）。つまり，すでに犠牲者となっていたと思われるケースが多く，2人目，3人目の子どもも同様の病状を示すことに疑問をもつことで発見されることが多いのである。アメリカでは，「代理ミュンヒハウゼン症候群」の症例が年間600件以上報告されており，その数は近年増加傾向にあるという。

第 *3* 節　　育児不安──なぜ育児不安が増えたのか

　柏木ら（2006）は，母親の育児不安に関する実証的研究より，育児不安に関する2つの要因を明らかにしている。1つの要因は，「母親が仕事をもっている場合よりも無職で主婦のほうが育児不安が強い」という点，2つ目には，「父親，つまり夫の育児参加が低いほうが，育児不安が強い」という結果である。また，父親が育児に参加している母親のほうが育児に対する肯定的感情が高い（柏木・若松, 1994）という結果が報告されている。子どもの心理的問題は，かつて母原病といわれた時代もあったが，家族システムという観点から見ると夫が家庭を妻に任せきりで，育児に参加しない夫の存在が母親の育児不安を促進している事実が浮かび上がってくる。それでも高度経済成長期以前であれば，近隣社会のネットワークに支えられ，母子が孤立した育児をしないですむ環境が存在した。しかし，高度経済成長に伴う大きな社会経済システムの変化は，地域社会を壊し，転勤族や核家族を増やし，親戚などの拡大家族からのサポートを得にくい状況をもたらした。育児不安を抱える親の増加は，社会経済変動

に伴う社会問題を背景に生じてきている現象だということができよう。

　また，一方で女性のアイデンティティの揺らぎも見逃すことができない。これは，明らかに少子高齢社会の進行に伴う女性のライフコースやライフスタイルの変化により生じてきたものであるといえよう。例えば，明治・大正・昭和初期生まれの女性がたどった，結婚生活＝子育て＝生きがいという公式がもはや通用しなくなっている。現在は，50歳までには子育てをある程度終えるライフコースが一般的である。残りの30年間をどのように生きるかという問いに女性たちは，母親だけの役割の人生では生きがいや充足感を見出せなくなっているのである。柏木ら（2006）は「育児不安とは女性のアイデンティティのゆらぎ」であるとも指摘している。

　また，少子化は，同時に育児の高度化をもたらした。育児を理想化し，育児書通りに育てようとする精神的プレッシャーをもつ親も少なくない。最近では，例えば育児書通りに体重や身長が増えない子どもに対し，無理矢理食べさせようとして，食事場面でのトラウマを受けている子どもを少なからず見受けられる。育児のマニュアル化は，親に新たなプレッシャーを与えているといえよう。

第 4 節　親支援や子育て支援
—— 母親がする育児，家族でする育児，社会がする子育て

(1) 社会の守りの中での子育ての必要性

　年々進む少子高齢化傾向は，今後の年金や医療，介護などへの社会保障制度への影響や将来的な経済活動低下も含めて懸念される事態となっており，大きな社会問題となっている。

　1人の女性が生涯に産む平均子ども数である合計特殊出生率は，1947年に4.54だったものが，1975年以降は2.0を割り込んだまま減少傾向がさらに進み，2005年にはついに1.26まで落ち込んでいる。その後，国もその対策に乗り出してきており，2017年は1.43と微増傾向にある（厚生労働省，2018e）。

　このように少子化が進む背景に，まさに現在の子育てのしにくさが反映されているといえよう。社会経済変動に伴う家庭や地域における子育て機能の脆弱化に対応して，子育てをしている家庭を社会全体で支援していくことが，次世代を健やかに育むために必須となろう。日本でも，こうした問題意識から

2003年に「少子化社会対策基本法」「次世代育成支援対策推進法」が成立し，官民一体での子育て支援対策事業が展開されている。少子化社会対策基本法では，「家庭や子育てに夢を持ち，かつ，次代の社会を担う子どもを安心して生み育てることができる環境を整備し，子どもがひとしく心身ともに健やかに育ち，子どもを生み，育てる者が真に誇りと喜びを感じることのできる社会を実現し，少子化の進展に歯止めをかけること」を目的として，総合的な事業計画が進められている。

　また，次世代育成支援対策推進法では，すべての都道府県，市町村に2005年度より，地域における子育て支援事業の行動計画の策定を義務づけた（表11-3）。また，従業員301人以上の事業主にも育児休業や，子どもの看護休暇など子育てを行う労働者等の職業生活と家庭生活の両立支援や，ワークシェアリング，テレワーク（ITを利用した場所・時間にとらわれない働き方）の導入などの働き方の見直しに資する多様な労働条件の整備など事業主行動計画の策定を義務づけた。本法律は10年の時限立法であったが，2014年改正によりさらに10年延長されている。優良な「子育てサポート」企業は，厚生労働大臣の特例認定（通称「**プラチナくるみん**」）を受けることができるようになっている。

　また，2016年には児童福祉法等の一部が改正された。すべての児童が健全に育成され，児童虐待の発生予防から自立支援までの対策強化を図るために児童福祉法の理念が明確化され，母子健康包括支援センターの全国展開や，市町村および児童相談所の体制の強化，里親委託推進などの措置が講じられた（表11-4）。

(2)　親・家族を支援すること

　子どもを守るためには，家族を守る支援が不可欠である。というのも現在の子どもたちの問題は，まさに親たちが抱える子育ての問題ともいえるからである。想像以上に大変な子育てを通して，養育者側の問題と子どものもつ問題が相互に絡み合って表面化してくるためである。よって，子育てにおいて無力感や失敗体験を積み重ねて消耗することが極力ないように，親自身の自尊感情が高められるような支援が必要となるであろう。親を，そして家族を支援していくことは，健全な子育てを支援していくことにつながる。欧米でもさまざまな

表 11-3　次世代育成に関わる町村行動計画および都道府県行動計画

1．地域における子育ての支援
- 児童福祉法に規定する子育て支援事業をはじめとする地域における子育て支援サービスの充実　居宅支援，短期預支援，相談・交流支援，子育支援
- 保育計画等に基づく保育所受け入れ児童数の計画的な拡充等の保育サービスの充実
- 地域における子育て支援のネットワークづくり
- 児童館，公民館等を活用した児童の居場所づくりなど，児童の健全育成の取り組みの推進
- 地域の高齢者が参画して世代間交流の推進，余裕教室や商店街の空き店舗等を活用した子育て支援サービスの推進等

2．母性並びに乳児および幼児等の健康の確保および増進
- 乳幼児健診の場を活用した親への相談指導等の実施，「いいお産」の適切な普及，妊産婦に対する相談支援の充実など，子どもや母親の健康の確保
- 発達段階に応じた食に関する学習の機会や食事づくり等の体験活動を進めるなど，食育の推進
- 性に関する健全な意識の涵養や正しい知識の普及など，思春期保健対策の充実
- 小児医療の充実，小児慢性特定疾患治療研究事業の推進，不妊治療対策の推進

3．子どもの心身の健やかな成長に資する教育環境の整備
- 子どもを産み育てることの意義に関する教育・啓発の推進
- 家庭を築き，子どもを産み育てたい男女の希望の実現に資する地域社会の環境整備の推進
- 中・高校生等が子育ての意義や大切さを理解できるよう，乳幼児とふれあう機会の拡充
- 不安定就労若年者（フリーター）等に対する意識啓発や職業訓練などの実施
- 確かな学力の向上，豊かな心や健やかな体の育成，信頼される学校づくり，幼児教育の充実など，子どもの生きる力の育成に向けた学校の教育環境等の整備
- 発達段階に応じた家庭教育に関する学習機会・情報の提供，子育て経験者等の「子育てサポーター」の養成・配置など，家庭教育への支援の充実
- 自然環境等を活用した子どもの多様な体験活動の機会の充実，地域の教育力の向上
- 子どもを取り巻く有害環境対策の推進

4．子育てを支援する生活環境の整備
- 良質なファミリー向け賃貸住宅の供給支援など，子育てを支援する広くゆとりある住宅の確保
- 公共賃貸住宅等と子育て支援施設の一体的整備など，良好な居住環境の確保
- 子ども等が安全・安心に通行することができる道路交通環境の整備
- 公共施設等における「子育てバリアフリー」の推進
- 子どもが犯罪等の被害に遭わないための安全・安心なまちづくりの推進

5．職業生活と家庭生活との両立の推進
- 多様な働き方の実現，男性を含めた働き方の見直し等を図るための広報・啓発等の推進
- 仕事と子育ての両立支援のための体制の整備，関係法制度等の広報・啓発等の推進

6．子ども等の安全の確保
- 子どもを交通事故から守るための交通安全教育の推進，チャイルドシートの正しい使用の徹底
- 子どもを犯罪等の被害から守るための活動の推進
- 犯罪，いじめ等により被害を受けた子どもの立ち直り支援

7．要保護児童への対応などきめ細かな取り組みの推進
- 児童虐待防止対策の充実
- 母子家庭等の自立支援の推進
- 障害児施策の充実

（出所）厚生労働省，2003 を一部改変。

表 11-4　児童福祉法等の一部を改正する法律（2016 年法律第 63 号）の概要

（2016 年 5 月 27 日成立・6 月 3 日公布）

改正の概要

1．児童福祉法の理念の明確化等
- (1)　児童は，適切な養育を受け，健やかな成長・発達や自立等を保障されること等の権利を有することを明確化する。
- (2)　国・地方公共団体は，保護者を支援するとともに，家庭と同様の環境における児童の養育を推進するものとする。
- (3)　国・都道府県・市町村それぞれの役割・責務を明確化する。
- (4)　親権者は，児童のしつけに際して，監護・教育に必要な範囲を超えて児童を懲戒してはならない旨の明記。

2．児童虐待の発生予防
- (1)　市町村は，妊娠期から子育て期までの切れ目ない支援を行う母子健康包括支援センターの設置に努めるものとする。
- (2)　支援を要する妊婦等を把握した医療機関や学校等は，その旨を市町村に情報提供するよう努めるものとする。
- (3)　国・地方公共団体は，母子保健施策が児童虐待の発生予防・早期発見に資することに留意すべきことを明確化する。

3．児童虐待発生時の迅速・的確な対応
- (1)　市町村は，児童等に対する必要な支援を行うための拠点の整備に努めるものとする。
- (2)　市町村が設置する要保護児童対策地域協議会の調整機関について，専門職を配置するものとする。
- (3)　政令で定める特別区は，児童相談所を設置するものとする。
- (4)　都道府県は，児童相談所に①児童心理司，②医師又は保健師，③指導・教育担当の児童福祉司を置くとともに，弁護士の配置又はこれに準ずる措置を行うものとする。
- (5)　児童相談所等から求められた場合に，医療機関や学校等は，被虐待児童等に関する資料等を提供できるものとする。

4．被虐待児童への自立支援
- (1)　親子関係構築支援について，施設，里親，市町村，児童相談所などの関係機関等が連携して行うべき旨を明確化する。
- (2)　都道府県（児童相談所）の業務として，里親の開拓から児童の自立支援までの一貫した里親支援を位置付ける。
- (3)　養子縁組里親を法定化するとともに，都道府県（児童相談所）の業務として，養子縁組に関する相談・支援を位置付ける。
- (4)　自立援助ホームについて，22 歳の年度末までの間にある大学等就学中の者を対象に追加する。

（検討規定等）
- ・施行後速やかに，要保護児童の保護措置に係る手続における裁判所の関与の在り方，特別養子縁組制度の利用促進の在り方を検討する。
- ・施行後 2 年以内に，児童相談所の業務の在り方，要保護児童の通告の在り方，児童福祉業務の従事者の資質向上の方策を検討する。
- ・施行後 5 年を目途として，中核市・特別区が児童相談所を設置できるよう，その設置に係る支援等の必要な措置を講ずる。

施行期日

2017 年 4 月 1 日（1，2 (3)については公布日，2 (2)，3 (4)(5)，4 (1)については 2016 年 10 月 1 日）

（出所）　厚生労働省資料「『児童福祉法等の一部を改正する法律』の概要」

家庭支援プログラムや予防プログラムが展開されている。特に子育て支援においては，福祉・心理・教育・保健医療など統合的な視点からの支援策が望まれる。

○ 親業トレーニング

アメリカの心理学者ゴードン（T. Gordon）の開発した「親業訓練（parental effectiveness training：PET)」やアドラー派による親支援プログラム "STEP" に代表されるペアレント・トレーニングは，起こりうる具体的な場面を用いたロールプレイや理論を元に段階的プログラムに基づいて実施されている。参加者は，グループで実習が行われるため，親同士が共感し合い，励まし合いながらコミュニケーション技法を学んでいくことができる。PET は，親業訓練協会（本部；東京都渋谷区）がさまざまなトレーニングを開催している。「能動的な聴き方」「対立を解く『勝負なし法』」「私メッセージ」などを段階的に親子関係のコミュニケーションを講義と自習を取り入れて具体的に身につけていくことを目指している。

アメリカでは，その他にも思春期の子どもの家族との絆を強めて子どもの薬物濫用やその他の問題行動を減少させるためアイオワ州立大学で開発された "SFP10-14" や，ワシントン大学のウェブスター-ストラットン（C. H. Webster-Stratton）教授によって開発された子どもたちのコンピテンスを高め，攻撃性や問題行動を予防・治療するための親や教師，子ども向けのトレーニング "BASIC" は，一定の効果を収め，評価を得ている。いずれもマニュアル化されており，実施が比較的容易に行えるものである。その内容は，例えば子どもがルールや約束を破ったときの家族での問題解決方法など親の子ども対する問題解決能力を高め，怒りをコントロールする方法を実践的に学べるプログラムになっている。

○ 虐待児の家庭への再統合プログラム

アメリカのコロラド州にある愛着療法治療・トレーニング研究所（Attachment Treatment & Training Therapy Institute）において，レヴィーと故オーランズ（Levy & Orlans, 1998）は，修復的愛着療法という 2 週間 30 時間の集中プログラムの中で養育者との愛着関係を築き直す治療を開発した。愛着理論やトラウマ治療，家族療法などを統合的に取り入れた心理療法として一定の成果を上

げている。

　アメリカでは，虐待をした親とは，子どもを引き離す傾向が強く，それに代わる養育者，例えば里親や祖父母などの近親者との愛着関係を築き直すことで，虐待事例の子どもの健全な心の成長を支えている。日本の場合は，子どもの意思を尊重するという意味で，受け容れ態勢が十分できていない両親との再統合を試みるケースが多いが，池埜（2006）は，子どもが家に戻りたいという希望を出すのは自己否定感の強い被虐待児の子どもの特徴ととらえ，専門家がその言葉を文字通りに受けて，親元に返そうとすることは，専門家による子どものネグレクトであると警鐘をならしている。被虐待児の家庭への再統合のあり方は，今後とも議論の積み重ねが必要であろう。

○ **発達障害の子どもたちへのプログラム**

　発達障害を抱えた子どもには周囲の理解と特別の支援，そして家族支援が必要不可欠で，早期発見と，専門的療育や教育が大変重要になる。アメリカではすべての子どもたちはさまざまな可能性と個性をもつ存在とし，発達障害をもその子どもの個性の１つとしてとらえることが重要であると述べている。そして，早期に適切な専門的発達支援を受けることが肝要であるとの観点をもち，これらの子どもたちへの教育を早期に提供する取り組みが進んでいる。特にノースカロライナ大学のショプラーら（Schopler et al., 1995）によって開発された自閉症児への TEACCH プログラムは有名である。

【布柴靖枝】

　児童虐待通告件数は増え続け，2017 年度は 13 万 3778 件となっている。そのうち，短期間子どもを預かる一時保護を実施したのは約 16％（2 万 1268 件）で，児童福祉施設などに入所するのは，3.4％（4579 人）に過ぎない。つまり，9 割以上は在宅支援であり，子どもを分離せずにどのように家族を支えられるかが大きな課題となる。

　一方，虐待通告件数の 3.4％に過ぎない，子どもが入所措置となった家族とは，どのような家族であろうか。児童養護施設入所児童の家族状況は，母子家庭が 45％，父子家庭が 14％であるから，単身親家庭が 6 割を占める（厚生労働省，2015b）。単身親家庭の貧困率の高さも指摘されており，養育の担い手の不足に加えて経済的困窮なども重なり，多重な負荷を抱えた家族状況が推察される。余裕のない養育状況では，子どもの発育に必要な関わりが不足したり，本来であれば子どもに向けたくないであろう感情が噴出してしまうことも増える。自分達では止めようもなくなってしまった関係の悪循環をいったん止めるために，分離措置は大きなきっかけとなりうる。親子双方にとって一息つく機会となる場合も多い。人間誰もが，高ストレスの状況下では，ネガティブな感情や態度が出やすくなるものであり，逆に生活状況が安定して余裕が生まれれば，表に出さないですむ顔もある。そこで家族支援は，ソーシャルワークと心理的支援の両輪によって，親がよいパフォーマンスを出せる状況をつくっていくことがひとまずの目標となる。しかし，生活状況が安定しても，養育の場面に限って表に出てきやすい顔もある。親が子ども時代に被った不公平さ，被虐待経験などは，過覚醒や対人関係における不安につながりやすい。カーッとなりやすく子どもを執拗に追い込んでしまったり，子どもの些細な言動が，親である自分に対する悪意や反抗のメッセージと感じられてしまう。こうしたことがよりいっそう養育を難しくしてしまう。このような傷つきへの手当ては，短くない年月の心理援助が必要であり，分離期間にできるとよいことの 1 つである。

　一方，子どもにとっては，親と離れて暮らすことが，そのまま関係性の分離となるわけではない。一時は家族のことを忘れて，自分が育つためにエネルギーを費やすことができるが，やはりふとした拍子に家族のことが浮かぶのだ。実際の養育は，代替養育でも提供できるが，それでもやはり子どもは「家族」を必要としている。一緒に生活していても堅く心を閉ざしている関係もあれば，離れていても心がつながっている関係もある。必ずしも一緒に住み暮らすことではないだろう。家族再統合は，心の中の家族像を育み，家族との心理的つながりを感じられるようになることが目標となるだろう。

【大塚斉】

第12章　発達障害と家族支援

　本章では発達障害児者のライフサイクルを縦糸に，彼らの家族支援を横糸に論じていく。これまで発達障害の家族支援に関しては発達障害児が成人するまでの家族支援，すなわち発達障害児の子育て支援について論じられることが多かった。本章では発達障害児の子育て支援に加えて，発達障害者が成人してから人生の終焉を迎えるまでの人生の後半の課題も取り上げる。発達障害者が家族の支えを離れ，自ら社会に支援や配慮を求めていくための自己理解やセルフアドボカシー，発達障害者が家族をもち子育てする側になった際に体験する困難さ，そして中年期とエンドオブライフ期における発達障害者とその家族の苦悩などの話題を取り上げる。

第 1 節　発達障害の定義

(1)　発達障害とは何か

　発達障害 とは，発達障害者支援法第 2 条によれば「自閉症，アスペルガー症候群その他の広汎性発達障害，学習障害，注意欠陥多動性障害その他これに類する脳機能の障害であってその症状が通常低年齢において発現するものとして政令で定めるもの」と定義されている。発達障害は脳機能の障害であり，育て方が原因で生じるわけではない。また低年齢で発現するが，大人になってから明らかになる場合もあるとされる。法律上はこのように定義されているが，ひとくちに発達障害といっても語の使用者によってそのイメージが異なり他者と正確に概念を共有できるとは限らない。例えば発達と障害という 2 語から知的障害と同義であると誤解されたり，ディスアビリティにばかり目が向けられやすかったりもする。杉山（2011）は認知に高い峰と低い谷の両者をもつという

実体に即して発達凸凹ととらえることを提案している。凸凹のかたちは一様ではないが，凸凹にはいくつかのタイプがあると考えておくと理解しやすい。社会的コミュニケーションの障害とこだわりを特徴とする **自閉スペクトラム症**（ASD），不注意・多動性 – 衝動性を特徴とする **注意欠如多動症**（ADHD），読字の障害・書字表出の障害・算数の障害を特徴とする **限局性学習症**（SLD）が代表的な 3 タイプである。なお，本章では後述する DSM-5 に依拠した診断名を使用する。

(2) 特性の理解と相互作用の視点

　発達凸凹は一般に「**特性**」と呼ばれる。発達障害は他者からどのように困っているかが見えにくい障害であり，支援をするうえではこうした特性を細やかな行動観察や知能／発達検査から見立てることが前提となる。ただし特性の理解は支援における必要条件であるが十分条件ではない。杉山（2011）は「発達障害＝発達凸凹＋適応障害」という公式を提唱しているが，特性の理解だけでなく適応障害への注目も忘れてはならない。発達障害児者は周囲から誤解されることも多く，支援開始時点ではすでに他者との関係がこじれている場合も少なくない。例えばよかれと思った家族や周囲の関わりが逆効果になることで適応障害になることもある。また定型発達児と同様の成長過程を過度に期待することや，足りない部分を無理に補おうとする関わりがエスカレートし虐待につながるケースもある。二次障害をもたらすメカニズムの理解には周囲との相互作用や家族システムの視点が不可欠だといえる。

(3) 障害理解の変遷

　1980 年に提唱された ICIDH（国際障害分類）では障害のある本人の生活のしづらさ，生活のうえでの困難は，障害のある本人の障害が原因で発生すると考えられてきたが，このモデルは環境要因が考慮されていないという指摘があった。それに代わるものとして 2001 年に ICF（国際生活機能分類）が制定され，障害を本人と社会との相互作用としてとらえるモデルが提唱された。こうした変遷をふまえ 2013 年にアメリカ精神医学会作成の『診断と統計のためのマニュアル第 5 版（DSM-5)』が発表され，発達障害のとらえ方も大きく変わるこ

とになった。旧来の DSM-IV から DSM-5 への主要な改訂ポイントは，発達障害が神経発達障害と総称されたこと，ADHD が発達障害に位置づけられたこと，広汎性発達障害の呼称が廃止されすべて ASD に統一されたこと，ASD が重症から軽症までの連続体としてとらえられるようになったこと，ADHD と ASD の併存が認められたことである。ASD の診断基準も整理され，特性に関する基準は「社会的コミュニケーションおよび相互関係における持続的障害」「限定された反復する様式の行動，興味，活動」の 2 領域に集約された。これら特性に関する基準だけでなく DSM には「症状は社会や職業その他の重要な機能に重大な障害を引き起こしている」という基準も含まれているが，これは障害理解にも影響を与えるものでもあった。医学的には診断のための基準に過ぎないが，家族心理学においては大きな意味をもつ。それは特性だけでなく特性による生きにくさに照準を合わせることは，家族心理学の支援論の本流にほかならないからである。さらに日本では 2016 年 4 月に障害者差別解消法が施行されたが，ここでは障害による不当な差別的取扱いの禁止に加えて，社会的障壁を取り除くために **合理的配慮** の提供が求められている。障害のある人の側ではなく，周囲の人々に関する記述が正式に法文に盛り込まれたことは大きな意義がある。

　まとめると障害を個に属するものから個と社会とのあいだにあるものとして，そして当事者の特性だけでなく社会的障壁への着目という価値転換が起こったのである。改めてこうした過程を振り返ってみると，発達障害支援の領域が家族心理学の考え方に接近してきたという印象を覚える。

第 **2** 節　発達障害のライフサイクル
——乳幼児から大学生までの事例より

(1) 発達障害ライフデザイン支援モデル

　十島ら（2008）は発達障害児を含む家族システムの研究に取り組んでいる。ここでは「発達障害」についてのシステム論とナラティヴ・アプローチに基づく先進的な知見が集積されている。これは家族心理学の側から発達障害支援への接近の例といえる。このような家族心理学の側からの接近と，前述した障害理解の一連の変遷過程の結節点に位置する研究の 1 つとして「発達障害ライフ

デザイン支援モデル」(三谷, 2016) が提案された。このモデルは従来の障害理解とは異なり,「障害＝特性×社会的障壁」という障害を特性と社会的障壁の関数としてとらえる視点が盛り込まれている。前提として特性は変わりにくい性質であるので定数（傾き）ととらえ, 社会的障壁は環境により変動するので変数ととらえる。この公式から生活環境が変わって社会的障壁が高まれば特性が障害化すると考えることができる。逆に合理的配慮により社会的障壁がゼロになれば, 特性があったとしても障害はゼロとなり, もはやそれは障害とは呼ばないという障害理解をもたらすものである。さらに本章では同モデルに時間軸を追加し, 環境変化により社会的障壁が変動することをリスクととらえる。成長に伴い期待される役割も変わるため, 社会的障壁の変動リスクに生涯を通じて備える必要があると考える。

　以降は発達障害児者やその家族には各発達段階でどのような社会的障壁の到来のリスクが想定されるのか事例を通して解説する。前半では乳幼児期から大学生まで, 後半では社会人から人生の終焉までを取り上げる。なお, 事例はプライバシーに配慮し, 特定の個人のエピソードではなく, 複数の事例を統合し改変を加えたものである。紹介する事例の障害の程度は家庭生活, 社会生活を送りながらも社会的障壁に伴う生きにくさがあるレベルとした。

(2) 乳 幼 児 期

○ 乳幼児期の発達特性

　乳幼児期からすでに発達障害の初期徴候がみられる。SLD は読字・書字・算数に関連するので徴候に気づくのは学齢期以降になるのが通常であるが, ADHD の多動の症状などは乳幼児期から少しずつ現れ始めるとされる。ASD も初期徴候があることが知られているが, ASD の乳幼児期の状態像として, 抱っこを嫌がるという報告や, おとなしくて寝てばっかりいたという報告があるかと思えば, ずっと抱っこしていなければならなかったという報告もある。一見, ASD の乳幼児期の共通の特徴を抽出することは困難であるかのように思われる。しかしながら永田 (2012) によると 1 歳半検診など早い段階で特徴をとらえることのできる乳幼児期自閉症チェックリスト修正版 (Modified Checklist for Autism in Toddlers) の質問項目を例にあげ, ASD の初期徴候として両極

の状態像を示すことがまさにその特徴であることを指摘している。具体的には感覚過敏あるいは鈍感さ，人への関心の乏しさあるいは不安が強く母親の密着が強いなどの両極性のことである。

○ 発達特性の家族システムへの影響

次にこのような両極の状態像が見られることは，家族システムにどのような影響があるかを考える。第1子を出生したばかりの家族では，一般に家事育児の分担やワークライフバランスを再検討するなど，家族システムの変容が起こる。しかしながら ASD の初期徴候のある乳児の養育では，その特性ゆえに通常起こるべき家族システムの変容が起こりにくい。具体例で考えてみよう。赤ちゃんが抱っこを必要としなかったり，眠ってばかりいるのであれば，ワンオペ育児（ワンオペレーション育児の略であり，母親たちが家事育児への重責や孤独感を抱いている状況を表現した言葉）でも可能である。逆に常に抱っこを欲する赤ちゃんは ASD の一定を好む特性が関連している可能性もあり，これは母親から離れない赤ちゃんを意味する。こちらも **コペアレンティング**（McHall & Lindahl, 2011），すなわち共同育児を妨げるという意味でワンオペ育児を助長してしまう。このような ASD の初期徴候の両極の状態像は，母親1人で育児ができてしまう，あるいは母親1人しか育児に関与できないという状況を作り出し，ワンオペ育児以外の選択肢を遠ざけてしまう。たいていの場合，育てやすい子という認識，あるいは育てにくく母親にしか懐かない子という認識に留まる。しかも乳児期は社会性が問われることは少ないため，問題視されず先送りにされてしまうことになるだろう。

○ 家族システム外からの指摘

第1子出生に伴い夫婦が家事育児を分担するスタイルへと変化すべきところを，ASD の初期徴候がワンオペ育児に拍車をかけ，変わらぬ家族関係のままに次の段階に突入してしまう。ここで家族にとっての青天の霹靂が起こる。乳幼児検診や保育園や幼稚園の先生，あるいは小学校の先生などから，言葉の遅れや1人遊びが多いこと，他児とのトラブルなどの社会性の問題を指摘され，専門家に一度診てもらうようにと予想外の提案を受けるからである。理解ある家族であれば，家族で問題を共有しこの問題を契機として発達障害児のいる家族システムへの移行を検討する。しかしながらこうした指摘を契機に家族の葛

藤が顕在化し，家族の障害受容に支障が出ることも少なくない。否認や反発，さらには発達障害でないことを証明しようと子どもに過度に負担をかけるなどで虐待に及ぶ例もある。このような悲劇を減らすためにも発達障害の初期徴候を的確にとらえ，早期発見・早期療育の体制を整備することは言うまでもない。さらに ASD の初期徴候が，コペアレンティングを妨げてしまうという障壁に対する介入として周産期から共同育児やワークライフバランスに関する夫婦向けの心理教育が求められる。

(3) 義務教育段階
○ 他児との比較によって生じる弊害
　義務教育段階に入ると同年齢の子どもと一緒に過ごす機会が多くなり，他の子どもたちとの比較が起こりやすい。家族の関わりの影響力が大きく，特に注意を要する時期である。SLD 児や ADHD 児に声掛けする場合，例えば「○○さんはこんなにできているのにどうしてあなたはできないの」「どうして普通にできないの」と相対評価で過小評価をするような声掛けが起こりやすい。これは子どものやる気や自尊心を著しく減じてしまう。その結果，子どもたちの多くは無気力に陥ってしまう。もし親が「あなたはそうやって諦めて努力が足りない」とさらに追い打ちをかけるように叱咤激励するならば，もはや子どもは身動きが取れない状態となる。特性ゆえのバリアに阻まれているために人一倍努力しているにもかかわらず，過小評価されてしまったら，諦めたくなるのも当然であるが，それも許されない，どちらに転んでも叱られる，というのが彼らの体験世界なのである。家族が彼らの体験している社会的障壁を無視し，定型発達児であるかのように養育するならば彼らを追い詰めてしまうことなるだろう。

○ 別の仕方を尊重する
　発達障害児の子育てでは，発達障害児の個々の特性を早期に見極めて社会的障壁を取り除き学びやすく暮らしやすく配慮していくことや，個人間比較ではなく個人内比較で関わる姿勢が重要である。さらに発達障害児をよく観察していると，ある能力を獲得できないのではなく「別の仕方」で習得している姿を目にすることがある。数井・遠藤（2007）は，自閉症児は，定型発達児とは異

なる独自の愛着形成プロセスがあることを指摘している。家族という概念の形成に関しても，ある ASD 児は集合写真を撮る際に一緒に映るメンバーが家族というユニークな方法で概念形成している。比喩的にいうと最終目標は「漢字」を覚えるであり「書き順」にまでこだわる必要はないということであり，支援においては柔軟な発想への切り替えが求められる。

○ **家族と学校という 2 つのシステムの障壁の格差を縮小化する**

　義務教育段階の発達障害児は，家族システムと学校システムという 2 つのシステムを行き来するようになるが，これら 2 つのシステムで社会的障壁のレベルが食い違うことのないように調整が必要である。特に家庭では問題なく過ごせているにもかかわらず，学校で問題を起こしているような場合，家庭と学校の連携が重要である。発達障害児にとって合理的配慮がなされ社会的障壁が減じられているフレンドリーな世界と，合理的配慮がなされておらず社会的障壁に阻まれているアウェイの世界という 2 つに世界ができるならば，彼らはより社会的障壁の低い世界に安息を求め不登校やひきこもりに至ることもあるからである。三谷（2019）は「問題がシステムを作る」（Anderson, 1997）という発想によって問題を通して両システムが連携すること，そして「例外の拡張」（De Jong & Berg, 1997）によってすでに取り組まれている合理的配慮をシステム間で共有する取り組みが連携において有益であると指摘している。小学校から中学校，中学校から高等学校への進学時にも社会的障壁が生じやすい。環境が変わることは適応に時間のかかる発達障害児にとってはリスクとなる。社会的障壁の変動を予測して社会的障壁を減じるような予防的な措置を講じておくことが重要である。

⑷　**青 年 期**

○ **高校生の課題──ミスマッチを減らすこと**

　高等学校以降は義務教育段階までとは異なり，進学や就職などに関して自己選択や自己決定ができ，特性と環境とのミスマッチを自ら減らすことが可能である。しかし情報収集が不足するとミスマッチが起こりやすい。立松・三谷（2016）は進学希望の高校が電車通学になるとしたら，実際に通学の練習をしてみることを勧めているが，それは休日ではなく通学通勤時間帯に取り組むべ

きとしている。例えば感覚過敏の特性がある場合，ラッシュ時の情報過多が障壁となる場合もあるからである。本人の特性や環境に関する詳細な情報を本人および家族や学校が事前にどこまで集められるかが鍵となる。

　青年期に入ると社会的障壁に対して他者からの配慮を期待する受動的な態度だけではなく，自らなんとかしようと「個性的な適応努力」（古橋，2016）をする者たちも少なくない。例えば，忘れ物をしないようにとすべての教科書を鞄に詰め込むため大量の荷物をもって通学をしている生徒や，文脈を読むのが苦手という特性を補うべくマナー本を丸暗記する生徒などである。これらはうまく機能する場合もあれば，逆効果になっている場合もあるが，支援においては彼らが自身の生きにくさに自ら取り組もうとしている動機を見逃さず，自立支援に結びつけていくことが有用である。

○ **大学生の課題──学生相談の利用による相談スキルの獲得**

　高校生までと大学生以降の違いは，家族の関与のレベルが変わってくるということである。斎藤ら（2010）は一般に学生相談では本人の希望がない限りは保護者と面接する機会が得られないため詳細な生育歴の聴取ができにくいことを指摘している。そのため「速やかな確定診断を得ることが事実上困難」であり，診断を経てからの支援という過程に障壁が伴う。未診断ではあるがキャンパスライフに生きにくさを感じている学生たちが支援の網からこぼれ落ちてしまわないよう，困難さを抱える学生の支援ニーズを出発点とするという方策をとる必要があるとしている。また発達障害学生にとって重要なことは診断を受け入れるというよりむしろ特性の理解であり，それは具体的には得意，不得意を知ることとしている。学生支援においては不適応や悩みを自身の特性を知る機会ととらえる視点がより重要となってくるのである。

　古橋（2016）は社会人になると確実に誰かに相談しなければならない局面が出てくるため，相談スキルを高めること，相談の仕方を学んでおくことの重要性を指摘している。発達障害者の中にはそもそも相談するという発想に至らない者も少なくない。相談したら解決する，解決に至らずとも気持ちが楽になるといった経験は，社会人になるための備えとしても意義がある。ただ相談機会が得られても得意・不得意に気づく段階でとどまってしまうと，できない自分を過度に意識し，社会参加の妨げとなることもある。ここは一歩踏み込んで自

分にはこのような特性があるが，配慮が得られるならば自分はできるという自尊感情を育む支援が望まれる。さらには自己権利擁護（セルフアドボカシー；本章第3節参照）のスキルの獲得にもつなげる支援が求められる。

(5) 家族の障害受容

　子ども時代の総括として，家族の障害受容の意義と課題を見てみよう。診断名の告知により家族は大きな精神的危機を経験する。と同時に子どもの問題は育て方のせいではなく特性に由来すると知り安堵することもある。障害受容の研究はさまざまになされているが，多くは母親の障害受容という個人内のプロセスの解明に留まっている。ここでは個人の障害受容ではなく家族の障害受容という観点について本モデルを参考に考えてみたい。

　障害受容の初期で家族が注目しやすいのは障壁ではなく特性のほうであり，変わりにくい特性を変えようと試みている段階といえる。つまり家族は変わらずして発達障害児のほうを変えようともがいている段階である。その後は支援者の力も借りながら，特性をありのまま受け容れ，障壁の除去に取り組もうとする段階が訪れる。家族は家族内外の障壁を減じることや合理的配慮を導入するための通訳者としての行動変容が起こる。この段階では特性の理解や障壁の除去を通して子どもなりの成長を実感することも増えてくるが，成長に伴う新たな社会的障壁の到来により障害が顕在化し振り出しに戻ってしまう感覚にも陥る。ほかにも集団場面でのわが子の観察や同世代の親戚たちとの比較などから，途端に自信をなくしてしまうこともある。また障害受容とは核家族や同居家族だけの問題ではない。例えば専門家から直接話が聞けるのはたいてい親世代であるが，それを間接的に聞かざるを得ない祖父母世代の障害受容もより困難な過程であり，その過程が世代間で異なることで二次的に家族システムに混乱を来すこともある。このような危機を乗り越えた先には，今度はどのタイミングで診断名を子どもに告知するかという新たな悩みなども生じ，その次は子どもの障害受容のサポートという課題や，親亡き後を想定した自立支援にも取り組まなければならない。このように家族の障害受容とは，診断周辺の一時的な支援に留まるものではなく，発達段階ごとに個と家族の多方面からの支援が求められる領域なのである。

第 *3* 節　発達障害のライフサイクル
　　　──社会人から人生の終焉までの事例より

(1)　社 会 人

○ 社会人としての新たな障壁

　社会人になると学生時代まではうまくいっていた「個性的な適応努力」が通用しなくなる事態も起こりうる。文脈を読むのが苦手という特性を記憶力という適応努力で補ってきた ASD の学生は，いつしか脅威の記憶力を身に着け，試験前の丸暗記で優秀な成績を修めてきた。大学時代も対人スキルが求められるアルバイトにも取り組んだがマニュアルの丸暗記で乗り切った。しかしながら就職後の業務でも同様の個性的な適応努力を続けてしまい失敗をしてしまう。業務で求められる能力は彼らが得意とする丸暗記ではなく，苦手な交渉力やコミュニケーション能力であったからである。仕事でミスが続き上司からの叱責や顧客からのクレームに遭遇しストレスがたまり離職してしまうという結果となった。このように社会人になると，これまでの人生史において獲得してきた彼らなりの個性的な適応努力を手放さなければならないという危機に直面することがある。さらに ASD の一定を好むという特性が追い打ちをかけ，今までのスタイルを変えるべきところを，逆にそのスタイルに固執することで状況をこじらせることもある。就職して間もない時期のうつ症状や適応障害などの二次障害の背景には，上記のような変化しないことに伴う弊害が影響していることもある。

○ セルフアドボカシーと合理的配慮

　診断名があれば精神障害者手帳を取得し障害者雇用枠での採用が保証され，職場における合理的配慮を申請することができる。このようなサポートの活用は就職や働き続けるための重要な選択肢である。しかしながら一般就労の場合には合理的配慮を申請するやり取り自体に障壁が伴うこともある。学生時代までは親や教師による合理的配慮の助けでうまくやって来られたのであるが，社会人になるとそういうわけにはいかない。合理的配慮を親や教師などのアドボケーターに期待するのではなく，自ら障壁を減じ自己選択の範囲を拡大するための **セルフアドボカシー** というスキルが求められるからである。しかし単に配

慮申請すればよいのではなく伝え方にも注意を要する。たとえば「SLD だから書類の書き損じの失敗を大目に見てほしい」「ASD で雑音が苦手だから 1 人部屋を用意してほしい」などの依存的な要求スタイルでは通用しない。というのは生産性向上が求められる職場では，合理的配慮はコストと見なされるからである。そうではなく「この業務を達成するためには，静かな環境のほうがはかどるので，本日に限りこの部屋を使用してもよろしいでしょうか」など，生産性向上の文脈に沿って能動的に合理的配慮を申請するスキルが求められる。自身の特性を理解したうえで，職場との建設的対話を通して合理的配慮を申請できるスキルの獲得が望まれる。

　社会人以降の家族の支えは限られてくるが，働き続けられるようにサポートし離職を防ぐことが重要である。離職の人生にとってのダメージや不利益は甚大で，復職にも多大なるエネルギーを費やすからである。とりあえず就職すればよいは危険なサインであり（上西，2016），何のために働くのかに立ち返り，働き続けることをゴールと設定し直すことが求められる。

⑵　結婚・子育て期

○ 結婚も別の仕方で

　発達障害者が家族をつくる時期にも障壁が伴う。恋愛結婚が主流の現代において，恋愛を経て結婚という順番で進むのが一般的となっている。他者の気持ちの推測の困難さ，自身の思いを言語化することが苦手であると，恋愛関係に至るまでに多くの障壁が立ちはだかる。恋愛の不確実な状態から結婚までの道筋を作り上げることも難しい。彼らが恋愛を経て結婚しなければならないという思い込みや，結婚への道のりをカップルだけで達成しなければならないと思い込んでいるならば，結婚は遠い未来に感じられるに違いない。しかしながら日本には恋愛の過程を経ずに，媒酌人などの第三者がはじめから婚姻に関与するお見合い結婚という伝統も存在する。ほかにも近年では恋愛結婚の不確実性を補うべく「婚活」という仕組みも主流の選択肢となりつつある。「婚活」は結婚までのプロセスが可視化されていて比較的わかりやすい。お見合いや婚活といった「別の仕方」の選択は，発達障害者にとっては結婚までの道筋をつくるうえで助けの 1 つになるだろう。

❍ 発達障害者の子育て

　発達障害者の家庭の問題は夫婦間で顕在化しやすく，当事者だけでなく配偶者へのサポートの重要性も指摘されている（広沢，2015）。夫婦の特性が似ているためわかり合える相性のよい夫婦も存在するが，そんな夫婦でさえも子育て期になると家庭内でさまざまな問題を来してしまう。非言語情報の読み取りが苦手という ASD の特性は，乳児の子育ての障壁となる。乳児はまだ言語表現ができないので，泣き声や表情などで意思伝達を図ろうとする。その読み取りが困難となると，読み違いが生じやすく双方にとってストレスとなる。そのためベビーサインなどは意思疎通の一助となる。親に感覚過敏の特性があると，たとえわが子であっても身体接触を嫌がることもある。親の特性を理解できない子どもは，自分は親から愛されていないと誤解したまま育つことになる。子どもが幼児期や学齢期になると親の特性が子どもの生活に大きな影響を及ぼしはじめる。ADHD の特性ゆえの忘れ物などは独身時代であれば本人だけの失敗で済むが，子どものお弁当や提出物をもたせるのを忘れるなどしわ寄せは子どもにも及ぶからである。直前の刺激にのみ反応してしまう特性のある親は，指示に一貫性がないので子どもは混乱してしまう。指示通りに従ったにもかかわらず叱られるというやりとりは子どもの心に深刻なダメージを与えてしまう。また低下した親機能を子どもながらに補おうと **親役割代行**（Boszormenyi-Nagy & Spark, 1973）を担う子も現れ始める。

　発達障害者の親と第 1 子の特性が似ている場合には，子どもの特性を理解しやすく葛藤は生じにくい。しかしながら第 2 子以降が定型発達の場合，定型発達児の気持ちへの理解が困難となり，いわゆる社会では普通とされる行動を育てにくいと感じ，問題児とみなすという逆転が起こる例もある。彼らは孤独やストレスを抱えているが，定型発達ゆえに学校から問題とされることもなく，気づいてもらえる機会にも乏しい。このような見逃されがちな発達障害者の親に育てられた子どもの心理的ケアは未整備であり今後の課題といえる。

❍ 核家族システムの限界と見直し

　発達障害児者はこれまで合理的配慮などの周囲の支えにより社会的障壁を乗り越えてきたが，子育て期になると自身への配慮が乏しくなる一方で，子どもへの配慮をしなければならなくなる。そのため社会的障壁は倍増しピークに達

する。子どもへの配慮を怠ってしまったり，親自身への配慮を子どもの側に過度に求めたりするなど，これまでの家族システムを維持したままで乗り切ろうとするならば，虐待に等しい状況を作り出してしまう。核家族での子育てには限界があるといえるだろう。まずは夫婦で話し合い家事育児の分担やワークライフバランスの見直しを図ることが先決である。それでも難しければ拡大家族の支援や心理社会的サポートを受けることも求められる。

(3) 中 年 期

○ 職場での不適応やハラスメント

中年期に入ると仕事やそれ以外の領域での責任が増大してくる。いったん能力が認められると，別の職務の兼務や，職場のマネジメント役を求められることが多いが，ASD 者は同時に複数の職務をこなすことは困難であるし，他人のこころを読みにくい彼らにマネジメント業務は，多大なるストレスをもたらすことが指摘されている（広沢，2015）。特に昇進することで指示を出す側にまわったときに，初めて特性が障害化するケースもあるとの指摘もある（上西，2016）。このように中年期になってから昇進うつなどの不適応から特性に気づく例もある。一方でハラスメントなどの加害行為として周囲がその異変に気づく例もある。例えば指示が適切に出せないことに伴う失敗を回避すべく，部下に仕事を丸投げする，失敗の責任を部下に擦りつける，自分で決められないので誰か代わりに決めてもらうべく無駄な会議を増やすなどである。これは自身の特性を否認し，新たな「個性的な適応努力」で乗り切ろうとあがいている状態であるといえる。中年期の発達障害者は被害者だけでなく加害者にもなりうるリスクにも注意しなければならない。

○ 職場のストレスの家庭への影響

職場で失敗が増え成果を上げられないと自尊心の低下が起こるが，その補償として家族の中で有償労働をしていることに自身の存在価値を見出すようになり，無償労働を脱価値化しようとする力動が生じる。その結果，家事や育児をしないことでまさに自身のパワーを示そうとする歪んだジェンダー観を形成してしまう。「誰のおかげで飯が食えると思っているんだ」という脅しで家族をコントロールできるからである。このように職場でのストレスは配偶者への暴

力などの問題として顕在化することもある。中年期は責任の大きさに比例し問題の深刻度も増してくる。家庭の崩壊や民事刑事事件にまで発展させないためにも，職場や家庭での異変やトラブルを通して自身の障害受容に真正面から向き合う時期なのである。

(4) エンドオブライフ期

最後にエンドオブライフ期を見てみよう。老年期に入ると老化による感覚器や認知機能の衰えにより特性が強化されてしまうこともある。変化が苦手という特性が強まり，家族の意見に耳を貸さずにますます頑固になることや，今まで以上に忘れやすくなるなどである。また高齢になると入院などで生活環境の変化が起こり，障壁が突如として高まることにも留意したい。思い込みの強さやこだわりの強さによって医療スタッフとの関係がこじれてしまうまえに，医療協力を担う家族による特性の通訳が適応の助けとなる。

家族ライフサイクル論によれば，家族の役割や社会的役割を継承していく課題のある時期とされる。継承とは手放すと同時に引継ぐことでもある。ASDの特性として一定を好む性質があるが，それは喪失が苦手であることと表裏でもある。手放せないことに加え，そもそも手放すつもりがなければ引継ぐことに考えが及ばない。極論を言えば大切なことが引き継がれぬままに死を迎えることを意味する。さらに他者の気持ちへの想像に障壁があるならば，遺された家族が遺してほしいものが遺されず，遺されて困るようなものだけが遺っているなどの問題も起こる。結果として遺族に大量の遺品整理のしわ寄せが及ぶこともある。ADHDの不注意の特性もエンドオブライフ期に障壁となることがある。遺される家族のためにと遺言書を残したが，不注意のせいでその書類が無効であることが判明するという残念な例もある。これまで彼らの特性によって苦労してきた家族にとっては，輪をかけて激しい落胆となる。例えば，人生の終い方を支援する「終活」の手引書やエンディングノートなどは，発達障害者にとって亡くなるまでのプロセスを可視化できるため，人生の完結の仕事をするうえでの一助となるだろう。

【三谷聖也】

大学生はさまざまな点で環境の転換点を迎える。決まったカリキュラムをこなす高校と比べ，大学では時間割から人間関係まで自己決定が重視され，自律性が求められる。このような環境の変化に伴い，大学入学後初めて発達障害特性が問題となることがある。障害特性が際立つかそうでないかが環境に依存する，いわゆるグレーゾーンの一群である。

学生が直面する多くの困難の中でも，履修方法や課題の優先順位に関しては，単位取得に直結するため喫緊の問題となる。しかし自らの努力のみで克服することは困難であり，不得手の部分を補完するため何かしらのサポートが必要となる。

障害者差別解消法に基づき，大学では合理的配慮を行うことが定められている。履修登録に関するサポート，資料の事前配布などが例としてあげられる。それらの支援をもらうためには，通常，医師や臨床心理士など専門家による所見を大学側に提出することが求められる。つまり，「合理的配慮」と「所見・診断」はセットとなっているため，学生は，自分の特性を受け入れるか否かの岐路に立たされることとなる。当然，家族も「発達障害だなんて信じられない」「今まで問題なかったのに」など揺れ動く。しかし，実際には，合理的配慮に基づいた具体的な支援の提案は，学生と家族にとって問題解決のための希望となり安心感につながることが多い。支援が適切に行われていくことによって，単位が取れ始め学生の自己評価は回復する。その余裕が学生の自らの特性に関する自己理解を促進することとなる。さらに，家族も学生の頑張りを評価し，サポートを惜しまないというよい循環が生じる。合理的配慮をきっかけとして，学生・家族相方の障害受容がすすむのである。

一方，合理的配慮の実施の際には，大学側との合意形成も重要なテーマとなる。個々の学生にとって，過不足ない支援計画を立てることがカウンセラーには求められる。カウンセラーが学生の代弁者となり過剰な支援を要求する（この場合，学校側から特別扱いだとのクレームが舞い込む），あるいは，大学側の代弁者として過少な支援に留まってしまう（この場合，単位取得が進まず学生にとって不利益となる）などの場合，合理的配慮は機能しなくなってしまう。

学生，家族，大学のそれぞれにとって納得する合理的配慮を実施するために，カウンセラーには高いジョイニングの力が求められる。支援システムの公平性を保つために，本人，家族，大学のそれぞれの立場に十分に共感する「多方向への肩入れ」の技術が必須であると言える。その際，「合理的配慮」は，立場の異なるそれぞれを結びつける接合剤のような役割を果たすこととなる。

【北島歩美】

第13章　家族が経験するストレスと援助

災害・喪失・病気など

　当たり前のことだが，問題を抱えない家族など存在しない。家族生活を
つつがなく送るとは，問題と無関係に生きることではまったくなく，ある
時点で生じた問題がそれなりの時間をかけて収束し，しばらくするとまた
別の問題を迎え入れることにほかならない。家族生活に問題はつきものな
わけだが，本章では，家族が困難を抱えるときを取り上げて論じる。具体
的には，自然災害を経験する，家族メンバーが亡くなる，一過性・慢性の
病気に罹患する，事件や事故に遭遇する等々の状況に焦点をあてて，家族
の経験に思いをはせる。よくいわれるように，危機とは危険をさし，別の
意味では機会にもなる可能性をはらんでいる。少しでも多くの可能性を引
き出すために，当該者や家族，周囲の人にできることは何かを考えてみよ
う。

第 1 節　家族に突然降りかかるストレス

(1)　災害は予告なくやってくるもの

　清水（2006）は，「おとうちゃんが妹を殺した」と震災被災地の避難所で誰
彼なしに話しかける 8 歳の男の子と困り果てた父親の姿を紹介している。妹は，
落ちてきた梁の下敷きになって亡くなっていた。地震が起きた前夜，父親はし
つけのために妹を叱った。泣きべそをかきながら眠りについた妹は，翌朝，父
親がいつものように朝早く市場に仕入れに出かけたあと，巨大地震の犠牲にな
った。たった 1 人の妹をこんなに近くで突然奪い取られた理不尽さを何とか受
けとめるために，上述のようなストーリーを必要としたのだろうと，清水は男
の子の心情を推察している。

　1995 年 1 月 17 日火曜日午前 5 時 46 分，連休明けの日本列島をマグニチ

ュード 7.3 の地震が襲った。淡路島，ならびに阪神間（神戸・芦屋・西宮・宝塚・尼崎・伊丹・豊中・池田など）を中心に莫大な被害をもたらし，とりわけ神戸市街地は一時的な壊滅状態に陥った。**阪神・淡路大震災** である。

　阪神・淡路大震災は大都市を直撃した都市型災害であり，関東大震災以来の最大級の震災となった。死者 6434 人，行方不明者 3 人，負傷者 4 万 3792 人の被害を出した。30 万もの人が避難を余儀なくされ，64 万棟の住宅が全壊もしくは半壊した。道路や鉄道などの輸送路，電気・水道・ガス・電話などのライフラインが広域にわたって寸断された。火災被害も甚大で，地震直後に発生した火災に伴って火災旋風が生じたことが確認されている。上水道の断水と貯水槽を探し出す困難によって消火活動は至難を極め，火災を原因とする罹災世帯は，9000 世帯に及んだ。日本人にとってショックだったことの 1 つは，地震大国日本の建物は大地震に耐える構造をしているといわれていたにもかかわらず，1986 年以前に建てられたビルやマンション，鉄道，高速道路が広範囲にわたって倒壊し，全壊・半壊するのを目の当たりにしたことだろう。安全保障が十分になされていると思っていたが，その多くは事実でなく錯覚だったと気づく契機になった。特殊車両や消防ヘリコプター，ドクターヘリの配備が十分でなかったこともあり，全国から送られた消防部隊が交通渋滞に巻き込まれたために，初期消火・救出活動が大幅に遅れたこと，走行する自動車によって消化ホースが踏まれるなど，過密都市ならではの問題が明らかになった点も大きい。

　震災が人々に，とりわけ被害に遭った人々の心に残した傷について，いくら語っても語り尽くせないものがあるだろう。多くの人々が，大切な家族や友人，思い出の詰まった家屋を失った悲しみや憤りを抱えてきた。神戸の街は急速な復興を遂げたが，人々の喪失感は今なお大きく，**PTSD**（外傷後ストレス障害）と呼ばれる心の問題が広く知られるようになったのも，この震災がきっかけとなっている。

　反面，これほどの大惨事でありながら，地震が冬場の未明の発生であったために犠牲者の人数が抑えられたと多くの研究者・専門家たちが述べているのもまた注目すべきことである。清水（2006）は，3 連休明けの早朝，子どもたちの大多数が家族と一緒にいるという条件の下で大地震を体験したことで，子ど

もたちの不安は相当程度減じられたろうと推測している。災害発生直後から，県内はもとより国内外から，類を見ないほどたくさんの人が **ボランティア** として被災地に入ったことも印象深かった。その数は，1年間で延べ138万人といわれ，これまでボランティアに従事してきた人々とは異なる層が動いて，救助物資の搬出や搬入，配給や給水といった避難所の運営，高齢者の話し相手や子どもの遊び相手になるなど，さまざまな **救助活動** や **支援活動** のニーズに応えた。とりわけ若者たちの活躍はめざましく，それを受けて1995年は **ボランティア元年** と呼ばれている。

　その後も，**地震**（2004年の新潟県中越地震，2016年の熊本地震など），大雨による **土砂災害**（2014年の広島市土砂災害など），**豪雨**（2017年の九州北部豪雨，2018年の西日本豪雨など），台風による **土石流** などの被害（2013年の伊豆大島），**噴火**（2014年の御嶽山噴火），など，日本は数多くの災害に見舞われてきた。とりわけ，2011年3月11日14時46分に発生したマグニチュード9.0の巨大地震による **東日本大震災** は，大地震と直後の10m もの大津波による被害に加えて，東京電力福島原子力発電所の事故によって，未曾有の被害を生み出している。人的被害の人数は更新されているが，死者1万6000人近く，行方不明者2500人以上，負傷者6000人以上，震災関連死と認定された人は3700人以上となっている。住家被害も全壊12万棟以上・半壊28万棟以上である。原子炉3基でメルトダウンが起きた世界最悪級の原発事故は，帰還困難区域を生じさせ，原発事故関係の処理は，増え続ける汚水の処理も含めて，多くの課題を抱えている。避難者は，当初は47万人，8年後の時点でも5万人強となっている。岩手・宮城・福島の自治体のうち10％以上人口が減った自治体は半数に及ぶ。災害公営住宅で誰にも看取られずに孤独死した人は高齢者を中心に2018年だけでも76人で，さまざまな取り組みが行われているとはいえ，高齢者の孤立も課題となっている。このように，住民の日常生活・将来設計や，産業にはもちろん，家族のつながりや地域コミュニティへの影響も甚大である。なお，関東などでも地震・津波の被害や停電などがあり，また，避難先は全国的であった。この大震災のきっかけに，誰でもいつ被災者となるかわからないという感覚から，周りの人とのつながりや関係性について，また，自分の暮らしとエネルギー資源との関係についてなどを見直すということも広く見られている。

また，災害ではないが，2001年のアメリカ同時多発テロなど，世界中で多くのテロ事件がある。日本は比較的安全だと見なされてはいるが，現在は世界のどこでもテロにいつ遭遇するかわからない時代になっているともいえる。

　以下で，不条理に生の営みが断ち切られる喪失について，考えていこう。

(2)　生の営みの連続性が断ち切られる経験

　前項で言及した8歳の兄の例が示すように，子どものみならず私たち大人にも，原因 - 結果で説明できるような単純な図式を当てはめて，自分の人生や世界を理解する傾向がある。よい振る舞いは報われ，悪い行為は罰せられるという因果応報的期待を抱きがちだが，不幸な事態は，しばしばまったくいわれなく，前触れも理由もなく，ある日突然私たちの人生に降りかかる。先に取り上げた阪神・淡路大震災は，日本中の人々にそんな事実を嫌というほど知らしめる事態であった。

　第2章でもふれたことだが，マクゴールドリックら（McGoldrick et al., 2015）は人生行路の途上で遭遇する事件や苦境を水平的ストレッサーと呼んで，個人と家族に降りかかるストレスの一種ととらえた（前掲図2-2参照）。水平的ストレッサーには，誰もが多かれ少なかれ経験する，予測可能なライフサイクルの移行に伴うストレッサーと，予測できず，前もって備えることができないストレッサーがある。個人や家族が抱えるストレスの総量は，この水平的ストレッサーと拡大家族や友人・近隣システムが個人や家族に与えるマイナスの影響を意味する垂直的ストレッサーという2種のストレスの加算によって決まると考えられた。複数の不幸な出来事を，まったく偶然に相次いで，もしくは同時に経験する個人と家族もいれば，幸運にもほとんど経験しない個人と家族もいる。受けたストレスが多大な場合，心身の状態や家族関係に多少の軋みが生じるのは不思議でも何でもない。予測できない水平的ストレッサーには，地震という自然災害以外にも，家族の誰かが亡くなる，自分や家族が **慢性病** に罹患する，障害を抱える，失業や破産をする，戦争や経済不況に巻き込まれる，事故や犯罪被害に遭うなどが考えられる。

　上述の事態に共通するのは，生の営みの連続性が，人為的・自然の力によって当事者の意図を無視して断ち切られることととらえられる。広義の喪失体験

と述べてもよいだろう。喪失が大きく突然であればあるほど，当事者は激しいショックを受ける。反面，慢性病や長く患った末の死など，ゆっくりとじわじわ進む喪失からも，質の異なったダメージを受ける。ボス（Boss, 1999）は，戦争に行ったまま消息不明となりいまだ身柄が判明しない兵士とアルツハイマー病の家族の研究から，「**あいまいな喪失**（ambiguous loss）」という概念を導き出した。戦争・テロや災害での消息不明では，家族の心の中には十分存在するのに，物理的・身体的にその死を確認することができないという点であいまいである。アルツハイマー病などが進んだ認知症では，物理的にはその場にいるのに，家族にとってはもともとのその人が失われたような **心理的不在** が認められるという点であいまいである。家族は，喪失を疑う余地のない事実と受け容れて先へ進もうと促すメンバーと，今なお存在すると期待してその場に踏みとどまるメンバーの2派に分かれて争いがちになる。前者の考えを男性が，後者を女性が代表して，夫婦間の齟齬へと発展する例も少なくない。けれども冷静に考えれば，両者の違いは喪失を受け容れるかそれに抗するかの程度差に過ぎず，いずれも喪失と向かい合うその人なりの試みにほかならない。家族支援が求められる局面である。

さて私たちの人生は，広く喪失体験の連続であるということもできるだろう。さまざまな喪失を享受し，またそれに苦しむことが，すなわち人生行路そのものであるが，第2節では，多くの家族が遭遇する喪失の代表例をいくつか取り上げてみよう。

第 *2* 節　喪失を乗り越える

(1) **大切な人を失うということ**

大切な人の死別によって引き起こされる一連の情緒的反応をグリーフ（grief；悲嘆）という。大切な人をその死によって失うこと，そして自分の死と向き合うことは，人生にとって最大の試練であるだろう。グリーフは，心理療法を創始したフロイト（S. Freud）の時代から，症状や心理的問題を引き起こす原因として臨床活動の中心テーマに据えられてきた。

グリーフ研究においては，長らく **段階理論** が唱えられてきた。中でも有名

なのが 1969 年に『死ぬ瞬間』を著した **キューブラー - ロス**（E. Kübler-Ross）の5 段階理論（Kübler-Ross, 1969）である。キューブラー - ロスは，死を宣告された患者はどんな心的過程をたどって死を迎えるかについて面接調査を行い，死にゆく人々はさまざまな葛藤を経験しながら，彼女が「死の過程」と呼ぶ 5 段階を逐次的にたどると結論した。衝撃的な知らせを認めず遠ざけようとする「否認と孤立」，死にゆくことへの怒りや恨みを経験する「怒り」，神仏や超自然的力に願いを託したり交換条件を出す「取り引き」，諸々の努力にもかかわらず病の悪化を知る「抑うつ」，静かに自分の終焉を見届ける心境になる「受容」の 5 段階である。死にゆく当事者ばかりでなく，遺族の経験にも当てはまると考えられ，「ショックと不信」「激しい悲嘆」「和解」の 3 ステージを唱えるリンデマン（E. Lindemann）の研究とともに，一般に広く知られるようになった。その後も支援にあたって参照するための過程モデルが提示されている。

　段階理論・過程モデルに対しては，グリーフ行為の複雑性を十分にとらえきれていないという批判が聞かれる。グリーフ経験者全員が同一の過程をたどるような，また，たどるのが望ましいという印象を与えかねない，個々人の経験はもっと個別的かつ多様である，必ずしも全員が回復や和解に至るわけでない，段階というより局面ととらえるほうがふさわしいのではないか等々が段階理論に向かう批判の中身である。個別性を重視する後者の意見は，グリーフ行為に標準的パターンを想定し，いつまでたっても悲嘆から立ち直れないなど，そのパターンから大幅にそれた状態や人を異常や病理とみなす姿勢に対する批判へと発展した。社会構成主義の考えに基づいて喪失の 1 つひとつをユニークな体験と位置づけ，喪失体験者本人が自分なりに死を意味づけるために役立つグリーフ理論の構築が目指されるようになった。

　新たに台頭したグリーフ理論は，後述するナラティヴ・アプローチの一種でもある。ニーメヤー（R. Neimeyer）は，新しいグリーフ理論が拠って立つ 6 つの前提をあげている。①死を前にして，私たちの「構成（＝ナラティヴ）」が死を受容するのに有効か無効かの決定を下す場合と，まったく未経験なこととして未消化なままそれを据え置く場合がある，②グリーフは個人的プロセスであって，その人の自己認識から切り離して考えられない，③グリーフ行為は私たちが能動的に何かをすることであり，受動的に私たちの身に何かが起こること

ではない，④グリーフとは，自分の「意味の世界」をとらえ直して新たにその体系を再構成することである，⑤感情には機能があり，「意味の世界」が適正であるかどうかを知らせるシグナルと理解される，⑥私たち自身が喪失の生き残りであり，喪失のたびに自分のアイデンティティと他者のやりとりの中で再構成しながら今に至っている（Neimeyer, 2001, 2006）。グリーフ行為は人々の積極的行動であるという見地から，ニーメヤーはグリーフ・カウンセリングを提唱するとともに，個人の伝記をつくったり，墓碑銘を考える，形見の品々を大切にする，儀式を企画する，故人に宛てて手紙を書くなど，自分で試すことができるエクササイズを紹介している。日本で昔ながらに推奨されてきた故人を偲ぶ一連の儀式が，ここに紹介されたエクササイズと多くの類似性を備えていることに，とりわけ若い人々は驚くのではないか。

なお，社会構成主義とナラティヴ・セラピーの視点をもつヘツキとウィンスレイド（Hedtke & Winslade, 2004, 2016）からも，多くを学ぶことができる。人々の悲嘆に長く影響を及ぼしてきた悲嘆心理学から，社会構成主義への展開を概観し，悲嘆における意味の再構成について提起している。すでに悲嘆に抵抗してきた自身の表現に好奇心を向けることを通じて，悲嘆への自身の反応を，既製の過程モデルによらずに手作りする。それは，故人との関係性を終わらせることではなく，故人との絆・関係性が命を持ち続けるものである。

(2) 身体の病気を抱える患者と家族への心理援助

家族の誰かが身体的健康問題を抱えることも，家族にとっては大きなストレスになる。しかし健康上の問題を抱えた患者とその家族の **ウェルビーイング** が心理援助のねらいとされるようになったのは，実のところごく最近の変化である。

伝統的心理療法観では，人々が問題を抱えたとき，その問題が心理社会的領域に属すものか，それとも身体領域に属すものかを考え，前者を心理療法の対象として，後者は医師や他の医療スタッフが担う問題だと二分して考えることが一般的だった。身体疾患や身体的症状のうち精神的・心理的状態に起因することが明らかである，ある種の胃潰瘍や高血圧，喘息，潰瘍性大腸炎，湿疹などの心身症に，例外的に心理療法の意義が認められていた。

現代では，個人も家族も心理面と身体面の両方から強い影響を受けると考え

られるようになった。当たり前のことではあるが，心理社会的な側面をもたない身体的問題が存在しないように，身体面に影響を与えない心理社会的問題も存在せず，両者は複雑に絡み合い相互に影響を及ぼし合っているという理解を出発点とする。**バイオサイコソーシャルモデル**（BPS モデル；biopsychosocial model；生物・心理・社会的モデル）に則って，身体的な健康問題を抱える個人と家族を対象とする **医療的家族療法**（メディカル・ファミリー・セラピー）と呼ばれるアプローチが，マクダニエルら（McDaniel et al., 1992, 2004, 2013）によって展開されている（渡辺・小森，2014）。

医療的家族療法は，家族療法家と医療スタッフの **協働**（コラボレーション）によって実践される。身体的病気が患者本人の情緒的生活と家族関係のダイナミクスの両面にどんな影響を与えているかを考えてアプローチしていく。医療スタッフが心理面や家族ダイナミクスに関する知識と理解をもつことが必要であるように，家族療法家にも，その病気の進行過程や薬の効用や副作用など，病気について医療的知識と理解をもつことが求められる。具体的には，①患者本人と家族が慢性・急性の病気とその症状にもかかわらず，これまでと変わらない生活を送り続けられるように援助すること，②治療に関する意見の対立や不一致をなるべく減らして医療スタッフとスムーズなコミュニケーションをとれるように働きかけること，③治療できない状態であればそれを受け容れられるように働きかけること，④病気の進展に伴ってライフスタイルを変える勇気と能力を身につけるよう援助することなどが，合同面接のねらいとなる。

ところでドハティ（W. Doherty）らは，医師の家族との関わりを 5 つの次元に分類している（表 13-1）。第 1 次元：家族に最小限の関心をはらうこと，第 2 次元：医学的情報提供と助言をずっと続けていくこと，第 3 次元：感情と支持を提供すること，第 4 次元：システミックなアセスメントに則った介入計画を立てること，第 5 次元：家族療法を行うことであり，各次元のケアを実践するためには，専門家医師がふさわしい知識と技能をもつことが必須である（Doherty & Baird, 1987）。

日本の医療現場に目を向ければ，第 1 次元のケアに終始することがまだまだ多く，この領域における心理援助は始まったばかりと改めて気づく。海外で生まれたアプローチをそのまま導入するのがよいとは決していえないが，喘息・

表 13-1　医師の家族との関わりの 5 つの次元

第 1 次元	家族に最小限の注意を払うこと ベースライン（医学部教育の多くがおそらくこの次元にとどまっている）
第 2 次元	医学的情報提供と助言をずっと続けていくこと 知識 – 医学的知識が中心，医師 – 患者関係の次元があると知っている 医師の個人としての成長：協働的な仕方で患者や家族と関わる率直さ
第 3 次元	感情と支持を提供すること 知識：ノーマルな家族発達とストレスに対する反応について知っている 医師の個人としての成長：患者や家族と関わるときの自分の感情に対する気づき
第 4 次元	システミックなアセスメントに則った介入計画を立てること 知識：家族システムについて知っている 医師の個人としての成長：システムへの自身の関与についての気づき
第 5 次元	家族療法を行うこと 知識：機能不全の家族システムとその特徴的行動パターンについて知っている 医師の個人としての成長：家族の激しい感情に対処することができる能力

（出所）　Doherty & Baird, 1987 より作成。

糖尿病・腎臓病，てんかんなど慢性病の子どもと家族の心理援助，**身体化障害**の患者と家族の問題，不妊治療や生殖医療の問題，末期がんや難病などの**死に至る病**を抱えた患者と家族の援助，HIV 感染やエイズを発症した人と家族などへの援助，肥満や心臓疾患など生活習慣病と呼ばれるものを中心に，ニーズは確実に高まってきている。病をめぐる家族の歴史や多世代的経験，価値観や防衛スタイル，コミュニティや文化がその疾病や症状にいわれなく負わせてきた汚名や不名誉などが複雑に絡み合った関数として，病の経験はとらえられる必要がある。

(3)　レジリエンスを高める

脆弱性や**障害**（deficit）に焦点をあてた個人や家族理解に対して，問題や喪失を抱えてなお生の営みを続ける個人や家族を，**資源**（resource）や**強靭さ**（strength）の視点からとらえる試みも始まっている。そのうちの 1 つが，レジリエンス研究である。

危機や逆境を経験しても，それに耐えてなお立ち直る回復力のことを**レジリエンス**（resilience）という。レジリエンスを対象とする研究は，逆境をものともせず生きる子どもたちや機能不全の家族に育った健康なメンバーたちに目

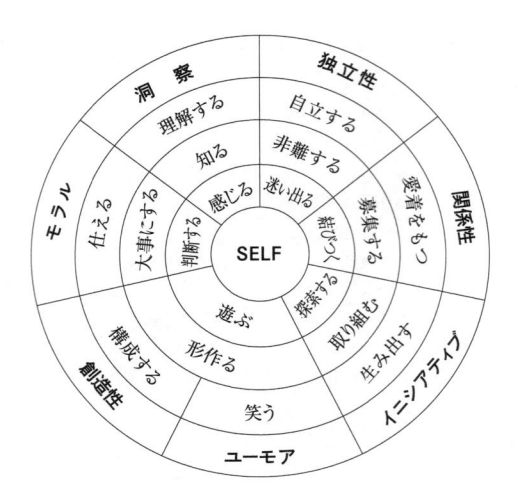

図 13-1　レジリエンスのマンダラ

(注)　レジリエンスを構成する7つの要素がマンダラの形に描かれている。内側の円が子どもの頃の姿，2番目の円が青年期時代，3番目の円が成人の状態を示している。例えば洞察は子ども時代には何かを感じる心として存在し，青年期には知る力となり，大人になると理解する力となり，レジリエンスとして私たちの内側に備えられる。

(出所)　Wolin & Wolin, 1993 より作成。

を向けることから始まった。1955 年，ウェルナー（E. Werner）は，アメリカ・ハワイ州カウアイ島の子どもたちを対象に30 年にわたる縦断的調査研究を行った。その結果，貧困やコミュニティの崩壊，不安定な家庭状況，親の精神的不調にもかかわらず，およそ3分の1の子どもたちがハンディをものともせず，自己信頼に満ちた若者に成長したことが見出された。そしてそのことと，家族以外の頼りになる大人に目をかけられたり深く関わったりすることの関係が示された（Werner & Smith, 1992）。初期には個性やパーソナリティ特性といった個人内資質としてとらえられることの多かったレジリエンスであったが，その関係的側面が注目されるようになった。

　ここから，**家族レジリエンス** という臨床概念がいわれるようになる（Walsh, 2016）。家族レジリエンスは，家族の一員が重い慢性病に罹患したり自然災害や人災に遭って家族がストレスに直面したとき，それらにうまく順応してストレス状況を乗り切る数年にわたる過程を研究対象とする。各家族はユニークなやり方でその時期を乗り越えるが，一連の過程を記述し，本来備わっている回

復力や活力を取り巻く人々との関係を重視した文脈の中で活性化させ，総合的支援の中でレジリエンスを高めることがねらいとなる。

ウォーリン夫妻（Wolin & Wolin, 1993）は，同様の目的で児童虐待の被害者たち25人にインタビュー調査を行った。そこから，人生初期に経験した困難をものともせず立ち上がる能力を備えていく過程が抽出された。早期の深刻なダメージは，もちろん従来盛んにいわれてきたように個々人に傷つきをもたらすが，同時に，なみなみならぬ強靱さと勇気を育む土壌になる。7つのレジリエンスを見出し，どれか1つでも高めることを推奨するねらいから，問題をたくさん抱えた家族の中で生きるサバイバーとカウンセラーのための本を著した。7つのレジリエンスとは，洞察（厳しい問いを向けて正直な答えを得ていこうとする姿勢），独立性（困った両親と自分の間に一線を画す傾向，両親の要求を満足させる一方で情緒的にも物理的にも離れていられること），関係性（家族以外の人との間に築いた親密で満足いく関係，自身の欲求充足と他者に応え共感するバランス取りを促してくれる），イニシアティブ（責任を取り，指導力を発揮し，問題状況の中で自分を試すこと），創造性（当惑や傷つきでいっぱいになったときにも，理や美や目的を追求すること），ユーモア（悲しみの只中でも笑いを見出していくこと），モラル（全人類の幸福を願う鍛えられた善悪の心）の7つである（図 13-1）。

また，ハウザーら（Hauser et al., 2006）は，縦断面接を行い，貧困・虐待などの状況に対して，刻々行われる意味づけ作業としてのパーソナル・ナラティヴから，レジリエンスを描き出した。

第 *3* 節　歴史や意味を重視する家族療法

本章の最後に，ドハティとベアード（Doherty & Baird, 1987）が提起した視点（表 13-1）に述べたように，専門家は，どこまでの支援を提供するかをシステミックに見立てつつ，個々具体的な家族支援を展開する。これらの問題に特に役立つ家族療法理論としては，**多世代家族療法** と **ナラティヴ・アプローチ** をあげることができる。本節ではまとめの意味も込め，2種類のアプローチについて解説することに残りのスペースをあてよう。

(1) 多世代家族療法

多世代家族療法は，個人や家族を，歴史的文脈という大海の中に浮かぶ小船としてとらえる。今この場で起きていることは，こまごました事件や出来事の集積のうえに生じた1つの事態であり，家族が重ねてきた経験に影響されたことであると同時に，この後に続く家族の日常に影響を与え返すものである。自信や誇りをもつために役立つ肯定的経験ならそれを積み，否定的連鎖は，気がついた時点で断ち切ることが大切な仕事となる。

多世代家族療法の発展を担った代表的人物には，**自然システム理論** を創始したボーエン（M. Bowen）や **文脈療法の祖** であるボスゾルメニイ－ナージ（I. Boszormeyni-Nagy）らがいる。彼らは，生まれ育った家族の価値観やものの考え方，行動規範からそれなりに独立し（自己分化し），習慣や忠誠心から源家族の問題を繰り返さずにいられる家族を健康な家族だと想定した。反面，問題を抱えた家族は，無自覚に源家族を苦しめた関係パターンを繰り返したり，子どもとしての忠誠心から暗黙の制約を受けたり，複数の忠誠心間の葛藤を抱えたりするため，各自の意思を生かして自由に振る舞うことができない。合同面接や個別面接の中で **ジェノグラム**（第2章も参照）を作成したり，家族の経験を共有することで個人や家族に及ぶマイナスの影響を自覚して，そこから解き放たれることを目指している。

さて，本章で取り上げた災害経験や死別体験，病の経験は，多くの家族にとって特に忘れられない出来事である。感情が揺さぶられる経験であるため，滅多に語られず，話し合うことができない家族の秘密となっている場合も少なくない。これらの家族遺産や秘密が引き起こす肯定的・否定的影響の両方について丁寧に話し合い，共有していくことが望ましい。

(2) ナラティヴ・アプローチ

ナラティヴ という言葉は，1990年代に入って初めて家族療法の中で用いられるようになった。実のところ難解な概念で，しばしば「物語」と訳され理解されてきたが，ポストモダニズムの潮流に促されるような形で，しだいに家族療法にとどまらない心理療法ワールドにおける新たな心理援助パラダイムとして，ナラティヴ・アプローチが知られるようになった。

ナラティヴ・アプローチは，私たち人間は解釈する生き物であるという理解を出発点としている。つまり私たちは，生の営みの中で何らかの枠組みを使って自分の経験を積極的に解釈し意味づけているのであって，生じる事態にただ受身的に流されているのではない。私たちの経験に意味を与えるこの枠組み自体が，私たちが自分の人生について抱いている **セルフ・ナラティヴ** であり，生きられた経験をどのように語るかを決定するのもこのナラティヴにほかならない。健康な状態では，私たちのナラティヴは1人ひとりがますます自分らしくなるため，また自分の **エンパワメント** に役立つ方向で力を貸してくれるが，不健康な状態では，個人を落とし入れ，新たなナラティヴを創造するのとは程遠い状態へと私たちを誘う。そしてより豊かな現実から，問題まみれのドミナント・ストーリー（支配的な言説）に適う側面だけを引き出して人生を構成していってしまう。ただし人生は，本来もっとずっと可能性に満ちたもので，ドミナント・ストーリーに見合わない例外がすでにいくつも生じているはずである。専門家の仕事は，無知の知という姿勢からただ知りたいことを好奇心のまま尋ねることを繰り返し，また問題を外在化することを通して，いつもはすぐに忘れられ追いやられてしまう例外を記述することである。そうすることでオルタナティヴなストーリーへと書き換え（再著述し），それを分厚くすることが，ナラティヴ・アプローチの目指すところである。

　ナラティヴ・アプローチの主要な理論的・実践的流れは，ホワイト（M. White）やエプストン（D. Epston）に加えて，グーリシャン（H. Goolishian），アンダーソン（H. Anderson），また，アンデルセン（T. Andersen）らが作ってきた（Malinen et al., 2012）。ショッキングな出来事に遭遇したとき，また取り組めど取り組めど家族の問題が尽きないとき，それらに押し潰されるのでなく新たな意味を見出すために，ナラティヴという視点は欠くことができない。

【中釜洋子・無藤清子】

　人々は病気やけが，かけがえのない人との離別や死別，自然災害，事件や事故などの深刻な危機を経験したとき，大きな混乱と動揺を経験しうる。そして，その影響は個人だけに留まらず，家族全体にも及ぶ。

　ウォルシュ（F. Walsh）は，家族療法的な視点から，家族自体も肯定的な資源としてとらえた家族レジリエンス理論を提唱している。すなわち，保護的な家族要因は個人要因と関連しあいながら危機からの回復に大きく寄与するとともに，家族自体も機能的なシステムとして発達しうるとし，個人，家族，環境要因の相互作用としてレジリエンスをとらえている。また，レジリエンスとは，リスクの大きい環境や機能不全家族を生き延びた人々だけが有する特性ではなく，すべての家族が潜在的に有しており，家族介入によって強化されうるととらえ，その鍵となるプロセスとして，①信念システム，②組織的パターン，③コミュニケーションと問題解決の3分類9要因からなる家族レジリエンス要因を掲げている（Walsh, 2016）。

　ただし，これらの家族レジリエンス要因がすべてそろえば，家族はどんな危機的状況もすんなりと乗り越えられるというわけではない。同じ危機を経験していても，家族メンバーそれぞれによってそのとらえ方や回復のペースは異なるほか，家族によっておかれている状況や抱えている問題はさまざまであるため，回復のプロセスは異なる。したがって，家族レジリエンスを理解するうえでは，それぞれの家族がもつ独自性や家族メンバーの個別性，時期によって変化しうる家族レジリエンス要因のバランスを適切に見立てていくことが求められる。

　また，家族が差し迫る危機から回復したり，慢性的なストレスを切り抜けるための能力が高まるにつれ，将来出会う困難により効果的に対処できるようになったりと，家族自体も絶えず変化と成長を繰り返す。したがって，レジリエントであるということは，必ずしも最初から打たれ強く，理想的な家族である必要はない。大切なことは，危機に直面した際，「よく奮闘する（struggle well）」ことであるとウォルシュはいう。家族がもつ潜在力を信じ，その生涯を通してレジリエンスを育むプロセスこそが重要といえるだろう。

【大山寧寧】

第14章　家族の中のコミュニケーション
コミュニケーション学派の視点

　私たちは，生きていくうえでコミュニケーションをしないことは不可能である。たとえ会話をしなくても会話をしないというコミュニケーションをとっていることになるからである。家族療法家たちは家族で繰り広げられる言語・非言語コミュニケーションにいち早く注目し，家庭内コミュニケーションに変化を起こすことで症状をもっている人（IP）の問題を解決するという介入方法を生み出してきた。本章では，家族療法のコミュニケーション学派の理論を中心に紹介するとともにDV（ドメスティック・バイオレンス）関係やアサーティブなコミュニケーションのあり方についても紹介する。

第 1 節　コミュニケーション学派

　家族療法におけるコミュニケーション学派は，アメリカ・カリフォルニア州のパロアルト市の閑静な住宅街の中にあるMRI（Mental Research Institute）で1950年代に萌芽した。ベイトソン（G. Bateson），ヘイリー（J. Haley），ウィークランド（J. Weakland），ジャクソン（D. Jackson），サティア（V. Satir），ワッツラウィック（P. Watzlawick）と数々の大御所（Big Giants）を輩出した。彼らはパロアルト・グループといわれ，家族療法の基礎をなす理論を数々生み出し，今なお，多大な影響を与えて今日に至っている。

(1)　コミュニケーションの5つの公理

　まず，MRIのワッツラウィック（Watzlawick et al., 1967）らによって発表された「人間コミュニケーションの語用論（Pragmatics of Human Communication）」

で述べられている **コミュニケーションの公理** を紹介しよう。これらの公理の
ベースに，ベイトソンがなした研究の功績が大きい。

○ **人は，コミュニケーションをしないことは不可能である**

　コミュニケーションとは，情報のやりとりである。そのやりとりには，言語
のみならず，非言語的側面が含まれる。MRI は，特に非言語的側面のコミュ
ニケーションに注目し，数々の基礎研究をなしてきた。私たちは，言葉にして
語らなくても，態度や身振り手振り，表情，そして行動から何らかの情報を相
手に発信していることになる。例えば，「ひきこもり」で家族と会話もせず，
自室から出てこない場合も，非言語的行動で，パワフルなメッセージを発信し
ているといえよう。つまり，非言語的情報や IP の症状もコミュニケーション
に入るという見方である。

○ **コミュニケーションには，「情報」と「その情報に関する情報」が含まれる**

　ベイトソンは，コミュニケーションによって運ばれるメッセージは，「内容
レベル」と「関係レベル」を表す両側面をもち，後者は，前者を規定する機能
をもつと述べている。そして後者を **メタ・コミュニケーション** と呼んだ。つま
り，「内容情報に関する情報」といえる。

　例えば，不登校気味の子どもが，クラスの中で苦痛な表情をして，「頭が痛
くなった」といった場合を考えてみよう。内容レベルでは，頭痛という「身体
レベルでの痛み」の情報を伝えてきているが，一方メタ・レベルでは，「学校
は嫌だ，先生，早く僕を家に帰して，そうじゃないともっと頭が痛くなるかも
しれない」というメッセージをも伝えてきているともいえる。この後者のメ
タ・コミュニケーションは，言語化された内容とは異なる非言語コミュニケー
ションであることが多い。人間関係の葛藤は，メタ・コミュニケーションの問
題による場合が多いと遊佐（1984）は指摘している。コミュニケーションとは，
このように 2 面性をもっている。メタ・コミュニケーションの読み取りを間違
うと，人間関係がギクシャクしたり，誤解が生じることがある。一般に「場の
雰囲気を読み取ること」や「行間を読み取ること」が不得手とされる発達障害
の子どもたちは，特にメタ・コミュニケーションの読み取りの障害によって対
人関係にトラブルが生じやすい。

○ 人間関係は，コミュニケーションのパンクチュエーションによって規定される

コミュニケーションのやりとりの中で，どこにパンクチュエーション（句読点，区切り）をつけるかによってそれぞれの受け取り方が変わってくる。例えば，子どもに対して，「口うるさい母親」と「何も言わない父親」の場合，母親の立場に立てば「父親が何も子どもに注意してくれないから，仕方なく私が口うるさく子どもに注意している」と説明するかもしれないし，一方で，父親に聞けば「母親が口うるさいから，自分まで言いたくないから静観しているのだ」という説明がなされるかもしれない。それぞれに原因を相手におき，つまり，パンクチュエーションの仕方が異なることにより，見方や受け取り方も当然変わってくるのである。このようにパンクチュエーションの仕方によって，見えてくるものも異なり，説明の言葉も変わってくるのである。

○ コミュニケーションには，デジタルモードとアナログモードがある

気持ちや情緒的なものを表した関係性を表すのを **アナログコミュニケーション** といい，事柄の言語内容そのものを表すものを **デジタルコミュニケーション** という。前者は，非言語で表現されることが多く，あいまいで比喩的であるのに対し，後者は，文字通りの内容を伝えるもので受け手にはわかりやすく，受け手と送り手の情報が一致しやすい。しかし，アナログコミュニケーションでは，さまざまな解釈が受け手側で可能なため，送り手と受け手の情報の一致は難しくなる（遊佐，1984）。日本の夫婦の場合，アナログモード（気持ちのレベルで情緒的に関わる）のコミュニケーションを求める妻がデジタルモード，つまり，文字通りにしか受け取らない夫に不満をもっている構図がよく見受けられる（佐藤，1999）。コミュニケーションには，常にアナログとデジタルの2種類の情報が含まれており，それぞれを読み間違えると，人間関係に齟齬が生じやすくなるといわれている。

【「アナログモード」の妻と「デジタルモード」の夫の会話】
　妻：隣の奥さん，今度，結婚10周年記念で，ご夫婦で海外旅行に行くらしいわよ。（＊私たちもどこかへ行きたいわ）
　夫：そう。どこに行くの？
　妻：ハワイですって。
　夫：ハワイね。何日間？

妻：それは知らないわ。

夫：そう。……（沈黙）

妻：……（沈黙）

（会話が途絶える）

　夫は，妻の会話の文字通りの言語情報に反応し，妻は言外に込められた気持ち（＊）を察してほしいと期待しているが，すれ違いが起きており，妻としては，最終的に夫に対して話しても無駄だったという気持ちになっている可能性が高い。

　【アナログ的な夫婦の会話】

妻：隣の奥さん，今度，結婚10周年記念で，ご夫婦で海外旅行に行くらしいわよ。

夫：そう，そういえば，うちももうすぐ結婚10周年だね。

妻：そうねー。隣のお家は，ハワイに行くらしいわよ。

夫：ハワイならうちも行けそうだな。お前にもいろいろ苦労かけてるからなー。俺たちもどこかに行くのもいいかもなあ。

妻：私たちも結婚して10年も経つのねー，いろいろあったけど何とか乗り越えてやってきたわよねー。

夫：そうだなー……。

（会話が続く）

　この例の場合は，お互いが言葉の背後の思いを受け取り会話が成立していることが見てとれる。

○ 対称性のコミュニケーションと相補性のコミュニケーションがある

　対称性（symmetrical）のコミュニケーションとは，相手より優位に立とうとするコミュニケーション・パターンである。お互いがお互いの優位に立とうとすればするほど対称性のエスカレーションが起こり，エンドレスの競争関係に陥り，お互いが疲弊して，関係に亀裂が生じやすくなる。

　相補性（complementary）のコミュニケーションとは，お互いが補完し合う関係にあるコミュニケーションである。例えば「権威的な夫」に，「従順な妻」の場合や「寡黙な兄」に「おしゃべりな弟」などがあげられる。しかし，相補的な関係が固定化されたものになると，「固い（rigid）相補性」となり，危機

的な状況や，変化に柔軟に対応できずに問題が生じる場合がある。

二者関係における理想的なコミュニケーションでは，対称性と相補性のコミュニケーションがバランスよく行われることが望ましいとされている。

(2) ダブルバインド（二重拘束）仮説

ダブルバインド（二重拘束）仮説 は，ベイトソンのグループによって統合失調症患者とその家族研究の中から発表された理論である。ベイトソンらのグループは，入院中の患者の会話の言語的内容と家族の中のコミュニケーションの分析を試み，1956 年にダブルバインド（二重拘束）仮説（double bind hypothesis）として世の中に発表した。

ダブルバインドとは，矛盾したメッセージを同時に送るコミュニケーションのことである。例えば，非言語レベル，つまり，表情や行動では拒否的な態度をとりつつ，言語では「抱っこしてあげるからこっちにいらっしゃい！」と親が子どもに言った場合，子どもは，言葉と，非言語情報のギャップに混乱が生じる。結果，抱っこしてもらわない選択をすると，親に「せっかく抱っこしてあげると言っているのに来ないなんて，なんてかわいげのない子でしょう！」と言われてしまう可能性が高く，逆に言葉通りの指示に従って，親に抱っこしてもらったとしても，心から安心して親の胸に飛び込めない心境になるであろう。要は，ダブルバインドをかけられた子どもは，どちらをとっても嫌な思いを体験し，負けのポジションに追い込まれてしまうことになる。これが，繰り返しなされている場合をダブルバインドのコミュニケーションという。子どもは，ダブルバインドをかけられると，しだいにどっちにころんでも結果は負けのポジションになることがわかってくると，「どうせだめだ」と「あきらめ」，「無気力」になり，やがては心理的に「ひきこもって」しまうことになる。

【ダブルバインドのコミュニケーションの例】
（その１）子と親の会話
子：自分はだめだ。
親：そんなことないでしょ，自信をもって堂々としなさい！
子：いや，そんなことできないよ。自信なんかもてないよ！
親：何ぐずぐず言っているのよ。しっかりしなさい！

子：できないよ……。

親：本当にだめな子ね，情けない。もう勝手にしなさい！

子：（ますます自信をなくし）自分はやっぱりだめだ……。

　親は，子どもに「しっかりしなさい」という言語メッセージを送りながら，メタレベルでは，「お前はしっかりできないだめな子どもである」ということを伝えている。また，「勝手にしなさい」という言語メッセージも，文字通り子どもが勝手にすると，ますます親を怒らせてしまう強烈なダブルバインド・メッセージとなっている。

　それでは，実際に，ダブルバインドのコミュニケーションにカウンセラーが介入するときの例を下記に提示してみる。

（その2）ダブルバインドのコミュニケーション・パターンを抜け出すための介入例

子：自分はだめだ。

親：そんなことないでしょ，自信をもって堂々としなさい！

子：いや，そんなことできないよ。自信なんかもてないよ！

カウンセラー：おー，「自信なんてもてないよ！」と自信をもってよく言えたね。お母さん，このように息子さんが自信をもって「自信がないよ！」と自己主張できることこそが，お母さんが願う自信がついている証拠ですね。

親：はあ，そういえばそうですね（笑）。

(3)　解決しようとする試みが問題を維持させる──コミュニケーションの悪循環

　家族の中で問題が生じた場合，本人や家族は何とかその問題を解決しようと努力する，それを **解決努力** という。しかし，とても皮肉な話であるが，その解決努力が **偽解決**（pseudo-solution）となり，問題を維持させてしまうという悪循環に陥ることがまま起こる（図14-1）。コミュケーション学派の家族療法家たちは，いち早くこれらの家庭内のパラドキシカルなコミュニケーションの側面を見出し，問題を維持している悪循環の輪を見つけ出し，そこに変化を起こすことで問題や症状を取り除くという方法を編み出した。

○ 偽解決例1：うつ患者を励まそうとする試み

　うつの患者に早く治ってもらいたいと思い，「早くよくなるよう頑張ってね」

図14-1 偽解決の悪循環

と言葉をかける。するとうつ患者のあせりを増長させ，かえってうつをひどくしてしまう。

【解決策例】 「無理せず，あせらずに」というメッセージを送る。

○ **偽解決例 2：朝，起きられず遅刻をしそうになる息子を起こそうとする母の試み**

朝，なかなか起きられないため，いつも遅刻がちな息子。何とか，母親は息子に遅刻しないように朝起こそうとする。しかし，起こそうとすればするほど，ますます息子は母親に反抗して起きなくなり遅刻する。

【解決策例】 カウンセラーは，母親にうまくいかないことは手放す勇気をもち，対応を変えることを推奨するかもしれない。例えば，カウンセラーは母親に以下のように告げるかもしれない。

> カウンセラー：お母さんは，十分に自己主張できる子どもさんを育てましたね。立派です。遅刻してもお母さんの責任ではありませんよ。息子さんは，自分の行動は自分で責任をとることを学ぶ時期がやってきたのですね。ぜひとも応援してあげましょう。本当はお母さんどのような朝の過ごし方をしたいのですか？
>
> 母：息子を起こさないで，ゆったりした気分で，モーニングティーでも飲みながら朝刊を読みたいです。
>
> カウンセラー：それは，優雅でいいですね。ぜひとも，明日からやってみませんか？

というように「母が起こそうとすると子どもの反抗をまねく」という悪循環のループから抜け出すことを手伝うことが可能となる。

○ **偽解決例 3：自発性のない子どもに「自発的にやりなさい」とメッセージを送る**

「自発的に自分できちんと片づけをしなさい」と親が子どもに言う場合，親は，子どもの自発性をデジタル言語では伝えながら，一方で親の命令を聞きなさいという矛盾したメッセージを子どもに送っていることになる。自発を押し

付けていながら，一方で，私の命令に従いなさいという矛盾したコミュニケーションである。このようなコミュニケーションを繰り返すと子どもは，言われれば言われるほど，自発性のない子どもになっていくという，矛盾を抱えることになる。

【解決策例】　子どもが自発的に片づけている場面（例外）を見つけ出し，それをほめたり，あるいは，なぜその例外が起こったのかを分析してもらう。これは，ド・シェーザー（S. de Shazer）が打ち出した解決志向アプローチの例外探し（後述）の介入法の1つである。

(4) 解決を構築するアプローチ——解決志向アプローチ

解決志向アプローチとはMRIのコミュニケーション学派の影響を受けて，ド・シェーザー，とその妻，キム－バーグ（I. KimBerg）によって提唱されたアプローチである。「問題」に焦点をあてるのではなく，「解決の構築」に焦点をあてて介入するため，解決志向アプローチ（Solution Focused Approach）といわれている。ド・シェーザーは，「人は問題を解決する技法をもっている。その能力と解決のためのリソース（資源）を引き出すサポートをすれば問題は解決する」と述べている。比較的短期で問題を解決できるアプローチであるため，教育や医療，看護などの忙しい現場で，限られた時間の中で用いても効果を上げられるアプローチとして注目されている（布柴，2005）。小さな解決が大きな解決を導くという考えをもとに，小さな変化を促す介入方法が多く取り入れられている。

例えば，解決を構築するための質問には次のようなものがある。

○ 例 外 探 し

例外とは，すでに起こっている解決の一部であるといえる。問題が起こっていない（例外）時に，何が起こっているのかを情報を得て，それを行うことを勧める。つまり，すでに起こっている解決策を意識的に“Do More”を促進することで，例外的に起こっている良循環を促し，解決を確実なものにしていく方法である。

○ ミラクル・クエスチョン

ミラクル・クエスチョンとは例外を探す方法であると同時に，問題解決後の

姿をイメージすることで目標設定にもなる質問技法である。その質問の方法は，以下の通りである。

「今夜，眠っている間に奇跡が起こって，今の問題がすべて解決したとします。次の日に目が覚めたら奇跡が起こったことはどのようにしてわかりますか？　どんなことが違っていますか？」「その変化に誰がどのようなことから気づくでしょう？」などと質問することで問題解決後のイメージを引き出し，解決を構築していく質問法である。

○ **スケーリング・クエスチョン**

気持ちや状態を数字で表してもらうと，より明確にクライエントの状態を把握しやすく，具体的な目標設定や問題解決のためのリソースを引き出しやすくなる。下記はその例である。

> カウンセラー：一番苦しかったときを10として，0が問題ない状態だとすると，今はどのくらいですか？
> クライエント：6です。
> カウンセラー：ということは最大に苦しかったときよりも苦しさが4も下がったのですね。どうすることで4も下げることができたのでしょうか？
> クライエント：母に言いたいことがだいぶ言えるようになったのかもしれません。
> カウンセラー：なるほど。あなたにとってお母さんに言いたいことが言えることがとても重要なことなのですね。
> クライエント：はい。そうです。今まで遠慮して伝えたいことが伝えられなかったから……。

○ **コーピング・クエスチョン**

コーピング・クエスチョンとはうまくいったことに対し，「どうして，こんなに苦しい中，やってこられたのですか？」「どうして，こんなに大変なことをやりとげられたのでしょう？　その力はどこから出てきたのですか？」と質問することにより，すでにクライエント自身が行っている解決策やリソースを引き出す質問技法である。クライエントをエンパワーすることにもつながる解決志向の質問技法である。

(5) 家族神話──語られない家族ルール

家族は，知らずしらずのうちに身につけた暗黙のルールに従って生活している。ルールをいかに決めるかという暗黙のルールも存在するといわれている（Heley, 1976）。中でも，強力に家族のコミュニケーションを拘束している暗黙のルールのことを「家族神話（family myth）」という。さらに詳しく定義するならば，家族神話とは「家族が世代を越えて共通にもつ物語であり，家族の中で暗黙のうちに信じられ，支持されている精神的機制をさし，暗黙のルールとして家族員の個々人に内面化され，行動やパターン・価値観を規制する力をもつ信念」といえよう。人は神話なしに生きていくことはできないとユング（C. G. Jung）は言っている。一方で，硬直化した家族神話は，家族員に病や症状をもたらすことがある。

例えば，父親に暴力をふるわれている母の姿を見て育った子どもには，母は父に虐げられ，自己犠牲をはらって生きてきたかわいそうな人と映るかもしれない。「お前が生まれたから離婚せずに耐えているのよ」というメッセージを受けて育った子どもは，自分が生まれたことへの存在の揺らぎ，そして罪悪感の中で，母親を幸せにするために自己犠牲を学んでいく。母を守る人生が自分の人生となり，やがては，成人しても健康な女性を愛せなくなってくる。そこに母のように「自分の幸せを追求することが禁じられるという家族神話」を子どもは，引き継いでいくことになるかもしれない。このように家族神話は，家族関係の中で，個々人に内在化された家族イメージでもあり，育ちの中で内面化され，世代間を越えて家族に綿々と無意識的に不文律として受け継がれていく。したがって，そのクライエントの生育歴の中から家族神話を理解することでクライエントの生き方を予見することもある程度可能になる。また，自らの硬直化した家族神話に気づき，そこから解放されたクライエントは，より高次の「自分の神話」（河合，2001）をもつことが可能になるのである。

ここで事例を紹介しよう。子どもの不登校のことで相談に来た夫婦がいた。この夫婦は，会話に緊張状態が持ち込まれると直面化を回避する傾向があった。そのため，夫婦間の会話は表面的で希薄なもので，子どもが問題行動を起こしたときのみ，かろうじて夫婦の会話が保たれるという状況であった。つまり，両親間の葛藤回避のために，子どもを巻き込んだ迂回連合が生じていた。会話

を回避する夫に妻は苛立ちをもっていたがそれを言語化することはなかった。

ところが，カウンセリングを通して，夫婦がそれぞれ硬直化した家族神話をもっていることがしだいに明らかになってきた。つまり，夫のほうは，幼い頃，両親が毎日のように口論しており，挙句の果てに離婚した源家族の親の姿を見て育ったため，「話し合い＝口論＝離婚」という体験を内面化し，「話し合いをするとろくなことにならない」という家族神話をもっていたため，妻との本音の会話を恐れて避けてきたことに気づいた。話し合いを回避することは，夫にとっては，「口論＝離婚」を避けるための夫なりの家族の守り方であったのだということがしだいに明らかになってきた。一方で，妻側は，源家族の母親が父親に口答えせずにひたすら耐えてきた姿を見て育ったために，「妻は夫に口答えをしてはならない」という家族神話をもっていた。夫婦がそれぞれの源家族から引き継いだ家族神話に気づき，言語化することができたことで，この夫婦は，家族神話から解放された。やがて，夫婦間で本心を語り合うことの大切さを見出したこの夫婦は，会話が増え，夫婦が一致して，子どもと関わることで，子どもの不登校を克服することができるようになっていった。そして，それだけでなく，子どもの問題に取り組むうちに，自らの生き方を問い直すことができ，より自由に生きることができるようになり，そのことを子どもに感謝すると話すようになった。

このようにカウンセリング場面では，子どもの問題を通して，親自身が成長していく姿によく出会う。つまり，硬直化した家族神話を乗り越えることは，家族を越えて自己確立への作業ともなり，とりもなおさず親自身が成長をしていくプロセスにつながることであると筆者は考えている。

第 2 節　DV とコミュニケーション・パターン

(1) DV とは

DV（ドメスティック・バイオレンス）は，今日，深刻な世界共通の社会問題の１つにあげられている。宗教や教育レベル，民族，地域性に関係なく起こっていることが，数々の調査から明らかになっている（Pagelow, 1984）。そして最近では，配偶者に限らず，元配偶者，交際相手など親密なパートナー間で起こ

る暴力を IPV（intimate partner violence）とも呼び（Stewart et al., 2013），海外ではほぼ DV と同義語として用いられている。

2018 年に発表された内閣府男女共同参画局の「男女間における暴力に関する調査」によると，女性の約 3 人に 1 人，男性の約 5 人に 1 人は配偶者から被害を受けたことがあり，女性の約 7 名に 1 人は何度も受けているという回答が出ている。また，女性の約 5 人に 1 人，男性の約 9 人に 1 人が，交際相手から被害を受けたことがあると回答している。配偶者間暴力の内訳を見るとこれまでに殴る・蹴る・物を投げつける・突き飛ばすといった身体的暴行を受けたことがあると答えた女性は全体の 28.3%，男性は 17.6% に上っている。また，人格を否定される暴言や交友関係の監視などの心理的攻撃を受けた人は，女性14.3%，男性 8.2%，性的な関係を強要されたり，避妊に協力してもらえないなどがあった女性は 11.1%，男性 2.4%，そして生活費を渡さない，貯金を勝手に使われる，外で働くことを妨害されるなどの経済的圧迫を受けている女性は 10%，男性は 5.3% に上っている。DV が私たちの生活の身近な問題として起こっていることが統計調査からも見てとれる。

DV は，殴る・蹴るなどの「身体的暴力」のみならず，何でも従わせようとしたり，侮辱したりなど深く人格を傷つける「心理的暴力」，性的な関係の強要・避妊に協力しない・中絶の強要などの「性的暴力」，生活費を渡さない・家計を厳しくチェックする・金銭の制限等の「経済的暴力」，そして，子どもの前で暴力をふるい，子どもに DV を目撃させる「面前 DV」という子どもを巻き込んだ暴力がある。暴力は，周期的に反復して起こりやすく，被害者は，「私のせい」という自責の念や，「この人は私が必要」と思いこむことで暴力をふるうパートナーに取り込まれ，DV 関係から逃げられなくなる構図があるといわれている。

(2)　配偶者からの暴力の防止及び被害者の保護等に関する法律について

2001 年より配偶者からの暴力の防止及び被害者の保護等に関する法律（以下，配偶者暴力防止法）が施行され，DV が，犯罪行為であることが法的に認められた。その後，何度か法改正がなされており，適応が拡大されており，離婚後・婚姻解消後や，生活の本拠をともにする交際をする関係にある相手からの

暴力についても対象に追加されている。この法律で，都道府県に配偶者暴力相談支援センターの設置が義務づけられ，一時保護施設への入所，民間シェルターの委託設置，DVを目撃した場合の通報の努力義務が明文化された。

　また，重大な危害が加えられる可能性がある場合は，「保護命令」が出せるようになった。保護命令には，①6ヵ月の「接近禁止命令」，②被害者宅から加害者を2ヵ月間退去させる「退去命令」，③6ヵ月間の「被害者の子又は親族等への接近禁止命令」，④6ヵ月間の「電話等禁止命令」がある。なお，この保護命令に違反した場合は，1年以下の懲役，または100万円以下の罰金が科せられる。申立ては，地方裁判所が管轄になる。

(3)　DV被害者の心理的特徴

　DVの相談は，最初からDVとわかって来る相談者は少ない。むしろ，相談に来たとしても来談主訴は，子どもの問題であったり，心身症的な訴えであったりすることのほうが多い。よく話を聴いていくうちに実は，背後でDVが家庭内で起こっていることが判明することがある。調査結果によると，配偶者からの被害について，どこにも相談しなかった人は，女性58.9%，男性39.1%に上っており，「恥ずかしくて誰にも言えなかった」「自分さえ我慢すれば，なんとかこのままやっていけると思ったから」「そのことについて思い出したくなかった」「相談するほどのことではないと思ったから」「相談しても無駄だと思ったから」などという理由で相談に行っていないという結果が出ている（内閣府男女共同参画局，2018a）。このようにDVは，外部からは見えにくい家庭という密室で発生しているケースが多いことがわかる。

　それは，なぜかを考えるときにDV被害者の心理的特徴とコミュニケーション・パターンが見えてくる。

　長期間にわたるDVにより，自己イメージや認知に歪みが生じ，また，トラウマを反復的に受けることでPTSD（外傷後ストレス障害）の症状が慢性的に出現してきているケースも少なくない。感情鈍磨・感覚の麻痺，記憶力や集中力の欠如，自責の念，暴力をふるう相手に対してすら「ふだんはいい夫（妻）」とかばうように，一種，洗脳された関係に陥るために，DV関係から抜け出せなくなっている現状がある。そのため，シェルターに一時保護しても加害者で

あるパートナーのもとに戻ってしまうケースも少なくない。また，被害者の中には，幼い頃，親から虐待を受けており，無力感（helpless）をもって育ってきた生育歴をもっている場合もある。

バタード・ウーマン症候群（BWS：buttered women syndrome）とは，ウォーカー（Walker, 1979, 1984）によってつけられた名称である。被害を受けたことによる高い不安症状とトラウマによって引き起こされる回避行動を特徴としている。特に，報復に対する恐れ，DVの過小視，否認，抑圧，解離，自責，恥，不信感，認知的混乱，認知の歪み，DVを認めることで自分自身のコントロールを失うことへの恐れなどが生じやすい。

被害者の援助に際し，これらの心理的特徴は，被害を受け続けてきたがゆえに生じていることをよく理解して援助することが大切である。さもないと加害者のもとに帰ろうとする被害者を支援者が責めてしまい，支援者が第2の加害者に転じてしまいかねない。

被害者自身の安全を確保したうえで，被害者が自分の感情や意思を取り戻し，認知の歪みや自己イメージの修正をしていく中で，自分自身の決定に自信をもち，行動できるような自己効力感を回復させるサポートを根気強く行っていくことが，最も大切な被害者への心理的援助になるといえよう。

(4) DV加害者——被害者間のコミュニケーションの悪循環

加害者は，被害者を自分の所有物として支配することで，自分自身のパワーとコントロール感を確認しているといわれている。これは，配偶者のみならず，子どもに対しても同様の傾向を示すことが多い。配偶者に暴力を加えている加害者の約60％は，その子どもにも虐待をしているという報告もあることからも明らかである（Walker, 1994）。

加害者は，配偶者に対して性的な嫉妬が強く，疑い深いのも特徴である。例えば加害者の夫は，妻の持ち物をチェックしたり，執拗な質問攻めにして不貞行為の証拠を探し出そうとして躍起になる。そして，妻に対し，不貞を働いたのではないかと詰問し，妻が「ない」と答えると，うそをついていると責め，夫からの詰問を何とか止めようと，妻が仕方なく「はい」と答えると，それに対し，さらに厳しく詰問するというダブルバインドに追いやるコミュニケーシ

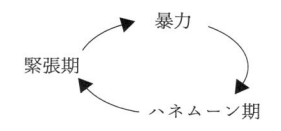

図 14-2　暴力のサイクル

ョン・パターンが繰り返される。やがて，妻は，夫の執拗な嫉妬心を起こさせまいと，しだいに外に出ずに，友人や知人・近隣の人との関係を絶ち，家にひきこもるようになる。こうしてしだいに妻を社会から孤立させ，夫自身に絶対的に依存・服従させることに成功するのである。加害者は，外では，社会的に認められる仕事や活動をしているケースも多く，誰にも信じてもらえないという不信感からも妻はますますひきこもり，DV関係が強化されるという悪循環が生じている（Herman, 1992）。

(5)　DV 関係の暴力のサイクル

　DV は長期にわたって，図 14-2 の暴力のサイクルのパターンを反復的に繰り返しているといわれている。それぞれの時期を概観してみよう。

○ 緊 張 期

　この時期に加害者の気分を損ねないように被害者は，加害者の要求をすべて受けとめ，何とか暴力が起こらないようにコントロールをしようとする。なぜならば，被害者は，暴力が起こるのは自分が行った言動が原因であるという誤った信念をもっているからである。

○ 暴　　力

　この時期に加害者の緊張が解放される。この時期はほとんどの被害者がその暴力が収まるまで，無抵抗でいることが多い。

○ ハネムーン期

　暴力のあとは，ハネムーン期が訪れる。加害者から「二度と暴力をふるわない」という謝罪が行われ，被害者がやさしく取り扱われる時期である。この時期に暴力の代価としての愛情表現が均衡を保っていると安定するが，それは長続きせず，しばらくするとその均衡が崩れ，再び緊張が高まり，暴力へと移行していく。

⑹ ジェンダーの魔法が解けるとき――アサーティブな関係を目指して

　川喜田（2005）は，カップルがいったん夫婦という関係になると「ジェンダーという魔法」にかけられてしまう女性が多く，固定化した性役割にとらわれることでDV関係に陥ってしまう事例が多いと指摘している。筆者も同感で，被害者の妻を援助する過程で，妻自身が「妻は夫に従うべき」というジェンダーのとらわれから抜け出し，今まで口答えをしなかった夫に「これ以上，やめて！」と言えた途端に暴力をふるい続けてきた夫が反転して弱気になり，夫婦の力関係が逆転する事例に出会うことも少なくない。これは，夫婦の固い相補的関係（夫は主，妻は従）に，対称的なコミュニケーションがとれたことにより，夫婦の関係性に変化が生じたといえる。

　相補性の関係と対称性の関係のバランスがとれたとき，夫婦関係は柔軟になり，安定したものとなろう。固定化したジェンダー観は，柔軟な夫婦関係の変容を妨げ，ストレスや社会の変化に弱い夫婦関係をもたらすことがある（布柴，2006）。そういった意味でジェンダーも社会が生み出した神話ともいえよう。社会は生き物である，時々刻々と変化する。固定化した性役割に従った生き方ではなく，夫婦がそれぞれ1人の人間として向き合い，その中でパートナーシップを育み，素直な感情表現や自尊心を取り戻せたときにこそ，自他尊重のアサーティブな関係を築くことができるのではなかろうか。その道は，そうたやすくはない。「私は〇〇と思う。あなたは××と思うのね」というコミュニケーションの積み重ねを通して，真摯に向き合った夫婦でないと獲得できない関係かもしれない。「ジェンダーの魔法」が解け，固定的なジェンダー観や神話から解放された夫婦は，お互いが肩の力を抜き，自然体のコミュニケーションの中で本来の自分を取り戻し，夫婦間の親密性を取り戻している。それが家族内システムの柔軟性をもたらし，家族員それぞれの自他尊重のアサーティブなコミュニケーションと関係性をもたらすといえよう。

【布柴靖枝】

　怒りは，誰しもがもつ健康な感情の1つといわれている。しかし，怒りの感情は，その表現の方法を間違えると，人間関係を悪化させ，自身のメンタルヘルスの不調をも招いてしまう最も取り扱いが難しい感情でもある。特に，夫婦間や親子間で生じる怒りの感情の取り扱いは親密な関係を築いていくうえで大きな課題となる。どの家族もが多かれ少なかれ直面するこの課題に対して，それぞれが健全な自己愛を育みつつ，健やかな夫婦，親子関係を築いていくために，「アンガー・マネージメント」や自他尊重の姿勢でのぞむ「アサーティブなコミュニケーション」を身につけておくことは大いに役立つ。

　論理療法の創設者エリス（A. Ellis）は，怒りの感情が起こりやすくなる背景に「自分は正しい，相手は自分の思うとおりにすべき」という「非合理的なビリーフ（思いこみ）」があることを指摘した。特に夫婦関係や親子関係は，相手への期待とコントロール欲求が強くなりやすいために，「～べき思考」がさらに強くなる傾向がある。そういうときは「～べき」というビリーフを「～であることに越したことはない」と書き換え，それができなくても「自分はダメではない」「相手には相手の事情がある」とビリーフを変えられるとネガティブな感情から解放されると述べている。そもそも怒りは二次感情といわれており，その下にある自身の一次感情（傷つき，強い不安，悲しみなど）を言語化できると相手に気持ちが伝わりやすい。その際，「あなたが」が主語になる言い方ではなく，「私が主語になる言い方（I-Statement）」を心がけることが肝要である。そして，平木（1993）が紹介しているアサーション・トレーニングの問題解決のDESC法を用いるとよい。相手のどのような行動が，自分にどのような影響を与えるのかという事実を客観的に述べ（D），自分がどのような感情なるのかを伝え（E），こうしてくれると助かるという提案をし（S），相手の意見を聞き，解決策を選択する（C）表現方法である。特に怒りの感情をもったときにDESC法は，自他尊重の姿勢で相手を傷つけずに，自分の気持ちを率直に，具体的に伝えられるため，対話を通した関係の深化に効果的である。平木（2015）は，さらにDESC法にL（Listen）をつけ加えた。それは相手の気持ちや言い分に耳を傾けることである。相手を理解する姿勢は，人間尊重の基本である。この姿勢で臨むと，厄介とも思われていた怒りの感情は，お互いを深く理解し合う契機ともなり，創造的変容をもたらすギフトとなるであろう。

【布柴靖枝】

第15章　女性と家族

誰がどのようにケアを担うのか

　人をケアすること，つまり，他の人の気持ちや状態に気づいて気遣うこと・世話をすることは，互いにすこやかで安心・安全な生活を送るために大切と考えられている。その機能を，家族の中で誰がどのように担うのかをめぐって，どの家族にも暗黙の，あるいは共有されたルールや価値観がある。そして，どの家族も独自だとはいえ，その時代や社会文化の価値観の影響も受けている。そのことを考慮に入れて，本章では，女性に期待されることの多い他者へのケア（配慮・世話）を軸にして，女性に期待されるケア役割が女性の人生や家族関係にどのような影響を及ぼしうるかについて考える。また，心理療法では，セラピスト自身もジェンダーなどの社会文化的文脈に埋め込まれているため，その文脈にセンシティブな視点での心理療法についてもふれる。

第 1 節　女性への家庭内ケア役割期待と家族

　人が安心して生き生きした人生を送るためには他の人から理解され尊重されることが不可欠である。そのため，他者へのケアは，人のもつ大切な機能と考えられている。家庭は親密性を体験する大切な場なので，家庭内ケア役割は，女性に，特に母親のほうに，より強く期待されてきた。では，実態調査や家族心理学的知見から，生涯を通じた女性へのケア役割期待が，どのように現れているかを見てみよう。

(1)　子どもへのケア──女性のライフコース選択における調整
　女性のライフコース選択には，結婚や出産が大きく関わってきた。特に子どものケアはその選択に影響を与えているといえる。女性のケア役割への社会文

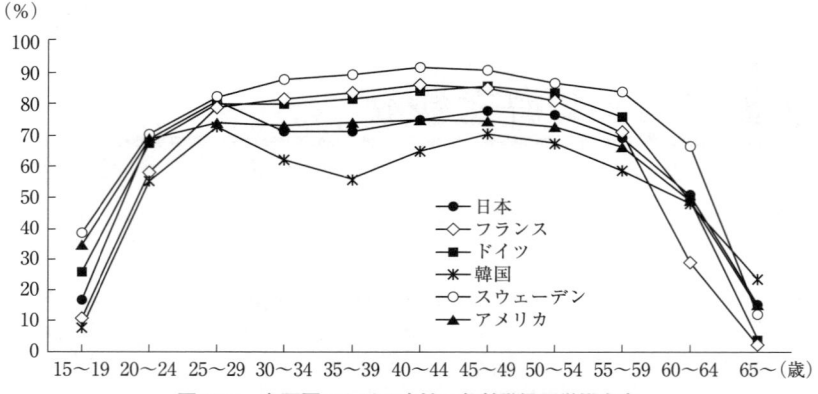

図 15-1　主要国における女性の年齢階級別労働力率

(注)　日本は総務省「労働力調査（基本集計）」（平成 27 年），その他の国は ILO "ILOSTAT" より作成。
　　　労働力率は，「労働力人口（就業者＋完全失業者）」／「15 歳以上人口」×100。
　　　日本，フランス，韓国およびアメリカは 2015 年値，その他の国は 2014 年値。
　　　アメリカの 15～19 歳の値は，16～19 歳の値。
(出所)　内閣府男女共同参画局，2016。

化的期待の代表格は，何といっても **三歳児神話** である。三歳児神話とは，「人間の発達にとって乳幼児期の体験は決定的なので，産みの母親は愛情をもって乳幼児の育児に専念すべきである。もしそうしないと子どもの発達に悪い影響を与える」という信念である。この信念が，女性の職経歴選択・ライフコース選択を規定している現状が，さまざまなデータや調査から見てとれる。

○ **育児に差し支えない働き方への志向性**

　女性の働き方の傾向をデータから見てみると，年齢階級別労働力率は 35～39 歳代を谷とする緩い M 字型カーブを描いており（図 15-1），結婚や出産を機にいったん労働市場から離脱するのが日本（韓国はいっそう）の女性の典型的な就労パターンである。末子が 6 歳未満での就業率も欧米諸国に比べて低い（内閣府，2016；厚生労働省雇用均等・児童家庭局，2016）。M 字の底は時代とともに上昇しており，有職女性が第 1 子出産前後に就業を継続する割合は 53.1％で半数を上回ったとはいえ，第 1 子出産前後の女性のうち 62.1％が無職であるという現実もある（内閣府男女共同参画局，2018b）。

　現代日本の結婚と出産について調査した第 15 回出生動向基本調査によると（国立社会保障・人口問題基本調査，2017），未婚女性の理想とするライフコース

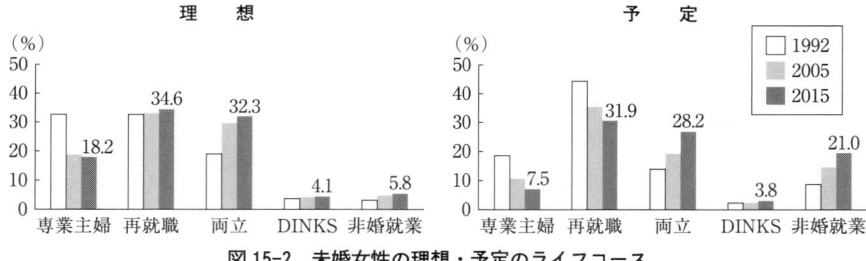

図 15-2　未婚女性の理想・予定のライフコース

(注)　「専業主婦」＝結婚して子どもをもち，結婚あるいは出産の機会に退職し，その後は仕事をもたない。
　　　「再就職」＝結婚して子どもをもつが，結婚あるいは出産を機会にいったん退職し，子育て後に再び仕事をもつ。
　　　「両立」＝結婚して子どもをもつが，仕事も一生続ける。
　　　「DINKS」＝結婚するが子どもをもたず，仕事を一生続ける。
　　　「非婚就業」＝結婚せず，仕事を一生続ける。
(出所)　国立社会保障・人口問題研究所，2017。

では，「再就職（結婚し子どもをもつが，結婚あるいは出産を機会にいったん退職し，後に再び仕事をもつ）」34.6％，「両立（結婚し子どもをもつが，仕事も一生続ける）」32.3％，「専業主婦」が18.2％の順で多い（図15-2）。2015年の調査を，1992年，2005年の同じ調査と比較すると，未婚女性が理想とするライフコース（理想ライフコース）は，専業主婦コースが1992年に比べると減少しているが，2005年と2015年は大きな変化がない。また，再就職コースと両立コースは増加傾向である。ただし，実際になりそうだと考えるライフコース（予定ライフコース）では，専業主婦コースは減少傾向で，7.5％となった。また，これにかわって両立コースおよび非婚就業コースの増加傾向が続いており，非婚就業コースは21.0％と2割を上回った。また再就職コースは減少傾向ではあるが31.9％であり全体の3割に上り，最も高い割合となっている。2015年の調査では，理想と予定では開きがでてきているが，理想を見れば，半数以上が子育て期には仕事をしないことを希望しており，育児に差し支えない働き方への志向性は続いているといえよう。

○「母として」「自分として」のせめぎ合い

前述の第15回出生動向基本調査（国立社会保障・人口問題研究所，2017）において，18〜34歳の結婚していない女性2570名の回答によれば，「結婚しても，人生には結婚相手や家族とは別の自分だけの目標をもつべき」に賛成88.4％，

反対 9.8％，「結婚したら，家庭のためには自分の個性や生き方を半分犠牲にするのは当然だ」に賛成 47.2％，反対 51.0％で，妻は自分個人の目標を大切と考えているようである。しかし，自分個人の目標を大切と考えるのは条件付きである傾向もあり，「少なくとも子どもが小さいうちは，母親は仕事をもたず家にいるのが望ましい」が賛成 73.0％，反対 25.3％である。しかし，4 〜 6 歳（就学前）の幼児をもつ 1086 名の女性へのインターネット調査（ベネッセ教育研究開発センター，2018）において自分の気持ちに近い項目を選択してもらった結果では，「子どもが 3 歳くらいまでは母親がいつも一緒にいたほうがいい」が 59.3％，「子どものためには，自分が我慢するのはしかたない」が 42.7％である一方で，「母親がいつも一緒にいなくても，愛をもって育てればいい」が 40.7％，「子育ても大事だが，自分の生き方も大切にしたい」が 57.3％であり，子どもをもっている女性での回答からは意識の変化が見られる。第 15 回出生動向基本調査においても，結婚相手の条件として考慮・重視する割合を見ると，「人柄」98.0％，「家事・育児の能力」96.0％，「経済力」93.3％，「仕事への理解」93.2％の順に多く（国立社会保障・人口問題基本調査，2017），仕事への希求も垣間見られる。実際，平山・柏木（2009）によれば，夫が，伝統的な母親役割観や性別役割観に反対する態度をもち，なによりも妻自身にとって働くことがよいと見なす態度をもっていることが，育児期女性の就労継続を可能にする重要な条件の 1 つであると報告されており，妻自身の考えのみではなく夫の考え方がライフコースの選択には大きく関わるといえるだろう。

(2) 成人した子どもや，配偶者，親へのケア──ケア役割の遷延

　子どもへのケアは，乳幼児期・児童期・思春期などで終わるのだろうか。子どもが成人してからも親のケア役割が続く場合が珍しくない。例えば，日本では親と同居する成人単身者は，青年期の遷延や，非正規雇用の増加などから安定した仕事に就けず経済的自立が困難な事情からか，1990 年代から増加の一途をたどり，2010 年に急増し，2016 年には 35〜44 歳人口では 288 万人で 16.3％となっている（総務省統計局，2016）。結婚持続期間が 10〜19 年の場合，子育ての手助けを母親（子の祖母）から受けた夫婦の割合は，就業継続型では 68.2％であり，就業継続型でない場合（再就職型と専業主婦型）は 48.2％となっ

ている（国立社会保障・人口問題研究所，2015a）。子育てが終わり，子どもが成人し家庭をもっても，ケア役割が継続していることが少なくないといえる。そして，親（や配偶者・自分）が老年期を迎え，女性の身の周りにケアを必要とする人が出てくると，男性介護者も増加してきたものの，介護者には女性が多い現状にある（第8章参照）。女性のライフサイクルで見ると，人生後半で子ども世代・孫世代のケアや高齢者介護を担って，ケア役割を果たす期間が長く続く傾向が見られる。

(3) 家庭内ケア役割の不均衡と夫婦関係

家事労働，育児，家庭運営，健康な配偶者へのケアなどは，日常生活がスムーズに進むために不可欠でありながら目に見えにくい家庭内無償労働である。生計維持のためにはダブルインカムが必要ともいわれる現代でも，男性が養い，女性は細やかに配慮するという性役割観がもととなり，夫が家庭外での有償労働を担い，妻が家庭内無償労働を担うのを当然・自然と見なす性別役割分業観がある。

○ 妊娠・出産期に訪れる夫婦関係の不均衡

妊娠・出産期は男女の生活スタイルが顕著に異なる時期であり，ここで夫婦間に不均衡が生じる場合がある。妊婦は，つわりなどの体調の変化のみならず，ホルモンバランスの急激な変化により精神的に不安定になるなどの経験することも少なくない（北村，2007）。このようなときに女性は，家事や子育て，仕事とのバランスをどのように取るかが大きな課題であり，不安を感じることもある。

第1子出産前後における夫婦関係の変化についての縦断的調査（杉・香取，2017）では，妻の夫への愛情と夫婦間のコミュニケーションは産後2カ月に有意に低下すること，また産後2カ月の夫婦関係に影響を与える要因は夫の育児家事参加，育児家事分担の不公平感であることが明らかになっている。また，産後2～3カ月の母親の精神的健康とパートナーのソーシャルサポートの関連を検討した結果，サポートに対する夫婦の相互評価がともに高い場合に母親の精神的健康が高いという報告（高木，2015）や，産後1カ月までの母親の児への愛着には，妊娠判明時の夫の喜びの態度，夫の妊娠時の協力などが関連して

いるという報告（高橋・玉腰，2011）があり，妊娠・出産期は互いに協力していくことが大切であることが示されている。

○ 不妊と夫婦関係

　妊娠・出産に関わる夫婦の不均衡は多岐にわたる。不妊もその1つである。日本では，実際に不妊の検査や治療を受けたことがある（または現在受けている）夫婦は多い（第4章・図4-3参照）。治療には高額な費用と精神的，肉体的，時間など労力的な負担が伴う。そして，不妊の原因は男性側にある場合，女性側にある場合，不明な場合があり，その割合はそれぞれ同程度であるにもかかわらず，治療の対象になるのは主に女性である場合が多い。年齢が上がるに従い，治療の成功率は低くなり，長い時間とお金をかけても妊娠や出産に至るとは限らない。そのような中で，夫婦間に不和が生まれたり，反対に，夫婦の絆が深まったりと，さまざまな変化が起こる。不妊症看護認定看護師の濱田（2017）によれば，「不妊治療は女性の生理周期に合わせて治療日程を立てるので，女性中心の治療となる。妻が『私ばかりが大変』と治療による負担の違いを訴え，治療に消極的な夫の態度に苛立ちを感じるケースも多い」という。そのため，「妻が『自分1人だけでなく，夫婦で不妊治療をしている』と実感できるように支援する」とし，産後と同様に夫婦の関係性が重要であると思われる。

○ 育児・家事時間の男女差

　全国の10歳以上の世帯員約20万人に実施された社会生活基本調査によると，家事関連時間（家事，介護・看護，育児，買い物）が男性49分，女性4時間55分で大きな差を示している。さらに6歳未満の子どもがいる家庭では，家事関連時間は男性が1時間23分，女性は7時間34分とさらに差が開く（総務省統計局，2016）。国際社会調査プログラム（ISSP）の2012年の調査に参加した33ヵ国中，18歳未満の子どもがいる男性の家事・家族ケア分担率の割合で，日本は最下位である（ISSP, 2016）。久保（2017）の共働き夫婦の家事・育児分担の実態についての調査においても，夫と妻の家事育児の頻度は妻に大きく偏っている（図15-3）。しかし，2013年に実施された全国家庭動向調査によれば，夫の帰宅時間別に見ると，帰宅時間が遅いほど，家事育児の分担が少なく（国立社会保障・人口問題研究所，2015a），夫自身が心身の健康を害しかねないよう

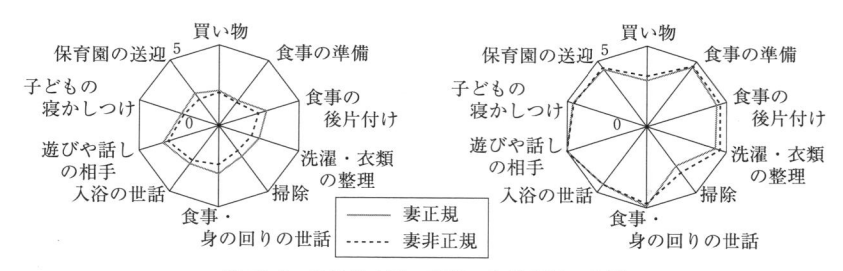

図 15-3　共働き夫婦の家事・育児分担の実態

（出所）　久保，2017。

な働き方を強いられていることも考えられる。夫の家事に対する妻の期待について，「期待する」は 31.4％，「期待しない」が 68.6％であり（国立社会保障・人口問題研究所，2015a），意識としてもあきらめとも考えられるような数値となっている。しかし，妻の家庭責任意識の強さが，夫の育児・家事参加を少なくしているという報告もあり（中川，2010），夫の育児・家事参加の促進のためには，社会的に構築された妻の家庭責任意識の変容も必要だろう。

　近年，自身の希望にかかわらず，経済状態から共働きを選択せざるをえない状況が増加している。「イクメン」がもてはやされるように，特に若い世代では夫婦ともに，仕事も家庭もを実践することも多くなった。30 代男性では，平日の子どもの世話の行為者率が 2005 年は 14％であったが 2015 年は 21％である。高い数字ではないが，平日，1 日に 10 時間以上働く男性が半数近いような状況でも，育児に関わろうとする若い父親の姿がうかがえる（渡辺，2016）。また，「共働きならば家事育児を平等に分担すべき」と思う夫の場合は，家事・育児のすべての項目で積極的に関わっているという報告（久保，2017）もあり，共働きという条件付きではあるが，夫のジェンダー意識が変化しつつあることがうかがえる。

○ ケアの非衡平性が妻の心と夫婦関係に与える影響

　非衡平性を我慢し，自分の側で調整してケア役割を維持するのは，女性の心に望ましくない影響を与えている。夫婦関係の満足度は夫婦ともに第 1 子が小学生の時期から低くなり，ライフステージ全体を通して夫に比べて妻のほうが

低いという報告（狩野，2019）や，子育て期に妻は夫婦関係満足度を著しく低下させるが，夫は漸減傾向であるという報告（伊藤，2015）がある。さらに，中年期においても，男女共通して「家事分担は妻の比重が大きい」ととらえており，情緒的サポートは女性より男性のほうが好ましく現状をとらえ，夫婦関係満足感は女性のほうが低い（藪垣ら，2015）。非衡平性は夫婦関係に悪影響を与えていくと考えられる（総合的展望は柏木・平木，2014 を参照）。

⑷ ケアの責任とは

　では，なぜ女性はケアを自分がしたい／すべきと思うのだろうか。乳幼児育児期に職業をもつか迷ったり，老親を施設に預けるのをためらったりするのは，自分のあり方が身近な人の日々の幸福（や健やかな発達）を左右するという感覚からであろう。これは，**ケアの責任**（最も親密で私的な単位である家庭・家族を「維持し養育し世話する」という責任）といわれる（Fine & Carney, 2001）。本人がケア役割を担うことを選択し，意義を感じ楽しんでいるとしても，この責任がもっぱら女性に委ねられ，女性の人生上の選択の幅を狭めて，メンタルヘルスに影響している現状には注目したい。他の人をケアすることによって，自分が他の人の日々の平穏・幸福・成長などに役立っていると感じ，自尊感情が高まる。しかし，他の選択肢が事実上存在しにくい状況であるために，自分がやりくりしてケア役割を担うしかなく，自分の欲求を無理に抑えざるをえない状態が長く続くと，自分が感じていること・考えていることを認めて自分を大切な存在と感じるという経験が損なわれたり，怒りをくすぶらせたりする。これを，その女性自身の気持ちのやりくりという個人的な問題にしてしまわないようにしたい。視野を広げて，夫婦・家族としてどう取り組むのか，また，社会文化の影響も含めて考えていこう。

第 2 節　家族心理学・家族臨床心理学からの問い直し

　では，前節で見てきたケア役割をめぐる問題について，家族心理学・家族臨床心理学からは，どのようなことがわかっているのかを見ていこう。

(1) 三歳児神話の問い直し

前述の三歳児神話は，発達心理学の **内的作業モデル**（internal working model）仮説と関連している（数井，2002）。愛着対象との間で，応答可能性と利用可能性のある相互作用が日常的に繰り返されれば，その安定的で安心できる対象関係から，子どもは「応答されうる自分」という表象モデル（自分が求めれば周囲・世界は応えてくれるという感覚）をもつようになる。この愛着対象をもっぱら生物学的母親と想定し，母親からの分離体験が累積するほど不安定などになると見なしたのが初期形成論であるが，母親との関係性が直線的に子どもの発達や病理に影響するわけではないことは，多くの研究から実証されている（Schaffer, 1990；日本での 11 年間の縦断研究の菅原，2003；高橋，2019）。ちなみに，『厚生白書』（厚生労働省，1998）は，「三歳児神話には少なくとも合理的な根拠は認められない」としている。つまり，生母が育児に専念しなければならないということに合理的根拠はない。では，私たちは子どもたちに何を保証したらよいのだろうか。アメリカの国立小児保健・人間発達研究所（NICHD）が，保育と子どもの発達との関係を明らかにするため，全米から 1300 人ほどの新生児を選んで実施した縦断的調査によれば，母親の養育だけを受けていた子どもたちの発達は，母親以外の人による保育も受けた子どもたちの発達と違いはなかったことを実証している（NICHD, 2005）。また，数井（2002；数井・遠藤，2005）は，保育所養育に関する長期縦断的研究を展望して次のように提言した。愛着対象者は実母でなくてよい。ほぼ決まった数の大人（親と保育者など）が継続的に関わり，子どもに対して応答的に関わる確率がある程度高い関係性，つまり，ある者が不安定でも他の安定した愛着がそれを補償する **愛着のネットワーク** があれば，子どもは安心し，情緒社会性の発達を支えられる。逆にいえば，もし母子関係が 1 対 1 の閉鎖的関係であるならば，常時一緒にいる母親の状態が子どもに大きく影響しやすく，かえってリスクが高いため，複数の大人が保育にあたることがより安全だということになる。

このようにして三歳児神話から離脱すると，私たちは，自分がとらえている「現実」が，社会文化的に規定され構築されてきた物の見方で成り立っていることに気づく。これは **社会構成主義** の見方として知られている。このような気づきが起こると，それまで絶対的真実と思っていたこと（例えば，三歳児神

話）による束縛や罪悪感から自由になり，家族やその他との関係性や自分の人生を見直しやすいかもしれない。

(2) 多重役割葛藤の問い直し

ケア役割と自分であること・自己実現との葛藤は，**多重役割葛藤** というテーマで研究されてきた。多重役割の影響としては，ネガティブなものとポジティブなものがある。**ネガティブ・スピルオーバー** とは，担っている複数の役割の間で，ネガティブな影響が及ぶことである。例えば，エネルギーと時間に限界があるために，負担感・不安などが増加して，思うように役割を果たせなくなり，全体的な満足感，幸福感が低下してしまうなどである。果たすべき役割の数の多さや重さばかりでなく，他者のケアに専念することを周囲から期待されているのに，それと拮抗する自分自身の希望に沿った生き方をしたい場合のように，その生き方への躊躇・罪悪感・ストレスを覚え，周囲との軋轢があることもある（育児と仕事との葛藤は，原，2017；Sloughter, 2015）。

これまでの研究では，多重役割をもつことが幸福感にポジティブな影響をもたらすという報告（平山・柏木，2005）や，反対に，子育て期の場合は夫婦ともに抑うつが高まる，ストレスが高いなどのネガティブな影響をもたらすという報告（佐藤，2015）があり，結果は一貫していない。そして，多重役割葛藤には，夫婦の関係性や夫あるいは妻の意識や価値観，育児・家事分担のあり方が重要に関わるようである。例えば，原（2018）では，乳幼児をもちフルタイムで共働きの女性は，家族が心理的な安定基盤となり，その中で得られるサポートから生じたワーク・ファミリー・エンリッチメント（仕事と家庭の相互充実）を媒介して仕事上のパフォーマンスと満足感が向上していた。また，石（2015）によれば，父親の平等的なジェンダー観は，フルタイムで働く母親が認識する仕事から家庭へのネガティブ・スピルオーバーを減らし，育児不安を低め，精神的健康を高める間接効果があった。共働き家庭が多くなった現代において，葛藤を感じるのは，母親ばかりではない。澤田（2018）では，乳幼児がいる父親の主観的幸福感と関連する要因について概観したところ，夫婦で子育てについて相互理解が図られており，遊びを通した関与が多いことが，夫婦関係満足度とともに主観的幸福感と関連していた。なお，大野（2016）は，男

性の中にも多様化が生じていて，ジェンダー規範に拘束されない男性が現れて
いるのではないかという疑問を検討するために，保育園・幼稚園の保護者を対
象に実施した質問紙調査のデータを分析した。男性の生活スタイルを分類する
指標として，「仕事」「家庭」「自分個人のための活動」のそれぞれに対して，
現実にどのくらいのエネルギーを投入しているかを尋ね，クラスター分析を用
いて検討した結果，①主に，仕事と個人的活動にエネルギーを投入している
「仕事＋余暇型」，②仕事へのエネルギー配分が高い「仕事中心型」，③仕事と
家庭に同等のエネルギーを注いでいる「仕事＝家庭型」に分類された。すなわ
ち，男性は多様化しており，葛藤は男性の中でもスタイルによって異なるだろ
う。

　このように多重役割葛藤は，さまざまな要因が関わり，心理的にポジティブ
にもネガティブにもなりうるものである。中でも夫婦がコミュニケーションを
とることの重要性はいくつもの研究で指摘されている（柏木・平木，2014；宇
都宮・神谷，2016）。夫婦間のコミュニケーションは，さまざまな場面・トピッ
クで行われる。ライフコースの選択（仕事を続けるか，育休をとるか・誰がとる
か），日々の家事・育児の分担，子どもや他の家族の病気などの緊急事態に誰
が当初の対応を考え・手配し・行動するか，子どもの入学などの移行期や受験
期など不安定な時期に子どもにどのように関わるか，夫婦どちらかの転勤にど
う対応するかなど，家族にとって話し合いが必要な局面は限りない。このよう
な葛藤状況は困った事態というわけではない。何らかの決断や解決のために，
夫婦や家族が互いの考えや大切にしたいことを伝えるのは，家族・家庭という
ものに求めているものを互いに理解し合う機会ともなる。それが，夫婦の関係
を築き，その後の家族関係・家庭生活の質をも決めていくだろう。例えば，共
働き夫婦の育児についてみてみよう。育児において連携・調整過程で話し合い
が行われている（青木，2009）。女性が家庭内ケア役割を一手に引き受けてしま
うのではなく，夫婦で多重役割を生きることには，葛藤もあるとはいえ，家庭
の中での夫の役割の広がりや生活能力の向上，夫婦間のコミュニケーションの
深まりと夫婦関係，子どもへの関わり方，その後の家族関係などによい影響を
与えると考えられる。

(3) 社会文化経済的背景・ラージャーシステムを視野に入れる

「ケアの責任」の感覚や伝統的性役割観という妻の価値観や，仕事の忙しさや職場状況から家庭に力を注げないでいる夫の生活スタイルなどを，個人的な要因・状況としてだけ見るのではなく，妻と夫それぞれの家族観・育児観とその相互作用，そして，背景としての社会文化，経済，歴史などまで含めてとらえることが大切である。

三歳児神話・母性神話自体，家庭を守る女性の役割の強調が必要とされた社会文化的背景の中で出てきた比較的新しいものであり，性別役割分業という労働のあり方を支える思想であった。高度成長期には，がむしゃらに働く夫を支えるものとして，家庭内の性別役割分業が必要とされた。多くの企業は雇用者と家族に対して，終身雇用制・年功序列賃金体系・企業内福祉によって将来の豊かな生活を保障していた。現代では，家族の役割関係について，男性単独稼働モデルから共働きモデルへという，脱性別役割分業の家族モデルへの移行が指摘されている（小笠原，2018）。男性の雇用者のうち非正規雇用の割合が21％台で推移している現代（厚生労働省，2017c）では，非正規雇用の多さなどで，賃金面から男性単独稼働モデルに基づく性別役割分業が成り立たなくなりつつある。かといって，過重な労働時間という点で改善が見られているわけではない。他方，女性の非正規雇用は55％と半数を上回り，世界経済フォーラム（WEF）による男女格差の度合いを示す「グローバル・ジェンダー・ギャップ指数（GGGI）」（2018年版）は，調査対象となった149ヵ国のうち，日本は110位であった。日本の職業分布，管理職割合，賃金格差など，男女の格差は非常に大きいと言わざるをえない。女性の貧困は以前からあった問題であり（阿部，2011；鹿嶋，2019），子育て期だけではなく，介護を担ってきた高齢女性が経済的な弱者になる可能性も高い。高齢の親の介護をめぐる拡大家族のやりとりでは，誰が介護の労力とマネジメント役割を担うかという問題の背後に，誰がどのように介護の経済を担うか，将来的に誰が遺産をどのように受け継ぐかなどの，あからさまには語られにくい問題がある。これらが家族関係の歴史（代々ケアを誰がどのように担ってきた家族文化か，など）や，源家族の情動を伴った関係性（誰が一番母親にかわいがられた，など）と絡み合って，家族・拡大家族の現在の関係性を形づくっている。

女性の家族体験を考えるときには，女性や家族の個人の内面の問題としてだけではなく，夫婦・家族の構造，拡大家族を含めた関係性の力動に加えて，女性や家族がおかれた社会文化的文脈と時代による家族の変容を絡めたい。社会文化・歴史・経済・法制度・福祉施策などの **ラージャーシステム** を視野に入れて考えることで，私たちは目の前の家族の関係性をいっそう理解できるだろう。

第 *3* 節　社会文化の文脈にセンシティブな研究と心理療法

　心理療法のセラピストや心理学の研究者は，自分の価値観に左右されずに価値中立的であろうとするために，かえって，研究方法や心理臨床実践に埋め込まれているジェンダー・バイアスを維持・加担してしまうことがある。ジェンダーに敏感な視点が必要であることが，さまざまな点から指摘されてきた（日本家族心理学会，2000；平木，2005；青野・湯川，2006；森永，2017）。マクゴールドリックら（McGoldrick et al., 2015）は，人間の発達についての「自律と自己決定の神話」（他者から独立して自律的であることが望ましい発達・成熟の姿であると考えること）を見直して，他者との基本的相互依存を認め，そのためのスキルを獲得することが成長・成熟だと主張した。カプランら（Caplan & Caplan, 2009）は性差やジェンダーに関わる科学的研究について批判的に読み解くことの重要性を指摘している。例えば，子どもの情緒的問題に関して行われる「母親非難」に対して，主に次のようなことを特に配慮する必要があると述べている。①完璧な母親という神話（よき母親の指標は「完璧な」子どもである，など）に基づく主張に対して慎重にかつ疑いをもって考えること。②問題の原因として可能性のある，個人的なものと社会的・政治的・経済的なものの両方について，あらゆる可能性を考慮すること。③育児の責任を過度に母親に押しつけることによって，母親，父親，子どもにどのようなダメージが降りかかっているのかを検討すること。自分が価値中立的であることができると考えるよりは，どのような価値観によって自分が考え評価し行動しているのについて，よく意識し，自身のバイアスについて判断できることが大切である。

(1) 多様な家族のあり方や文脈をふまえる

ここまでは，主に結婚した異性愛夫婦とその実子（および夫婦の血縁の親世代）という家族を中心に取り上げてきた。しかし実は，世帯構造では単独世帯，夫婦のみの世帯，ひとり親と子どもの世帯（シングル・マザーなど）など，また，精子や卵子の提供を受けた子どももつ夫婦，里親里子の家族，再婚によって子どもとともに新たに家族となった家族（ステップファミリー），単身赴任や出稼ぎなどで離ればなれに暮らしている家族，多様なセクシュアリティの家族，などさまざまな家族の形がある。また，形に限らず，その関係性や家族メンバーが共有している家族のルールなど，家族のあり方は実に多様である。他方，家族というものについて，社会的にドミナントな家族像・家族観がある。つまり，広く共有されたイメージとしての「普通の家族」像や「よい家族」観から，誰もが知らず知らずのうちに影響を受けている。例えば，不妊治療を受けていた人が妊娠し出産したとき，周囲はこれで問題が解決したと感じるのではないだろうか。子どもを欲しいという切実な願いがかなっても，不妊の時期に周囲との間で体験したさまざまなズレは，出産したから癒されるとは限らない。そのような周囲との隔絶した感覚について，私たちは当事者の語りから学ぶことができる（松島，2003）。「女は子どもを産んでこそ一人前だ」という神話（大日向，1992）にとらわれている限り，本人は悪意がないつもりであったとしても，祝福さえも当事者を傷つける言動ともなりうる。要するに，実にさまざまなあり方・価値観・状況の個人・家族がいるということを当たり前の感覚としてふまえること，本人が語ること・語らないことを通じて理解しようと努めること，自分の見方・考え方を見直す目をもつことが，特に家族心理学の領域の心理臨床・研究の基本と思われる。

(2) 社会文化的文脈を視野に入れた心理療法

ジェンダーをはじめとする社会文化的価値観に敏感な心理療法は **ジェンダー・センシティブ・サイコセラピー** と呼ばれる（中村，2005）。セラピスト自身が，セラピストは価値中立的ではいられないことを銘記し，ジェンダーに関連した自分のスキーマが活性化したときにそのことに気づくようでありたい。自分のジェンダー観などが，どのようにセラピーの目標や，セラピストの発言・

刻々の働きかけ，セラピーの過程などに反映しているかにセンシティブであり，ジェンダー公正な視点をもつことが重要である。

　なお，社会文化的文脈として，心理療法観もあげることができる。それぞれのセラピストが心理療法という仕事にかける想いはさまざまであろうが，そもそもセラピストというものは，価値的に中立な世界を実現しようとしているのではなく，何らかの形で，クライエント（つまり，あらゆる人）にとっての望ましい世界が実現されるよう関わろうとしているのではないだろうか。専門性という点で，心理臨床では必然的に「力関係（power relations）」が生じる。心理療法に来談するとき，人は自分では気づいていないことを気づかせてもらえることを期待するだろう。他方セラピストは相談を生業としており，来談者のために専門的な知識と技能を提供する。つまり，両者には，専門的な知識などにおいて歴然とした差がある。そこに，心理療法における力関係のそもそもの起源がある。その力とは，どのように発揮されるのか。クライエントの問題を読みとり，よりよい方向へと方向づけるといった力であろう。その場合の「よい方向」とは，セラピストの側の理解や判断に基づくもので，それ（見立てや有効な介入ができること）こそが専門性だという考え方もあるだろう。しかし，カウンセラーの理解や判断は，客観的で中立的な真実というようなものではないのである。そのカウンセラーが拠って立つ理論的枠組みや，価値観（人間の成長・成熟，望ましい人間関係，家族，女性・男性などについての見方）や心理療法観（心理療法とは何を実現しようとしているのか）が，セラピーの目標に影響し，それは，クライエントとの刻々のやりとりに反映し，クライエントにも伝わる。カウンセラーが権威ある力ある存在であるならば，その見方がクライエントの進む方向に対して力をもちうる。例えば，システム論的観点に立つセラピストは，システムを構成する要素として家族メンバーを価値中立的にとらえて働きかけようとして，かえって，ジェンダーなどの社会文化的文脈の中で生起している関係性を見過ごしてしまい，それを維持するような機能を果たしてしまうことがある（第1章でも言及）。その場合，「無知の姿勢（not-knowing）」といわれる見方（アンダーソンら，2013）にある「クライエントこそ専門家」（クライエントこそ自分自身のことを一番よく知っている）というクライエント自身がもつ力が十分には生かされないことになってしまう。このような力関係に

ついて，どのように取り組むことができるだろうか。

　この問題への取り組み方としては，まずは，自分の価値観の影響に自覚的であり続けること。これは，ロジャーズ（C. Rogers）の PCA（person-centered approach）においても実現しうる。また，セラピーの場の構造を変えて，その場で行っている対話自体についても検討する双方向的な対話を行って，両者が協働する場にすることは，どのような立場に立つセラピストも行える。なお，流布している言説（例えば，三歳児神話など）にも，専門家言説（何が問題であるかを同定して，解決の方向性を示す言説など）にも，それを取り込んだ人の感情・思考・行動を方向づけて制約する力がある。言葉には新しい文脈・新しい現実をつくりだす力があるのである。ナラティヴ・セラピー／ナラティヴ・プラクティス（White, 1997, 2007）は，そのような，社会的文脈や言葉のもつ機能への理解に立って，セラピーにおける力関係の問題に取り組んでいる（無藤，2015）。ナラティヴ・プラクティスでの来談者と相談を受けた者との協働（協働研究：co-research）などに，その解決が見られる。ここでは，自分の人生を認証する聴衆の存在を通じて，自分の人生についてのオルタナティブ・ストーリーがいっそう分厚くなる。また，問題となっているテーマが共通の他の人にとっても利用可能な知識・スキルが集積されたりもする。このような実践では専門家としての立場・あり方に転回が起こっているのである。

　実は，力関係の問題にどう取り組むかというところにこそ，このような社会文化的文脈にセンシティブな専門性の発揮がある。特に，本章で取り上げた女性などジェンダーおよび家族と関わる心理臨床では，家庭内ケア役割をめぐって，どのような価値観が，どのような機能をもち，実際にどのような関係性を生じているのか，それには，どのような社会文化的背景があるのかについて意識し続けること，そして，それをクライエントとセラピストの両者の協働に生かすことが大切であると考えられる。

【無藤清子・神前裕子】

　国連加盟国 193 カ国における地道な政府間交渉と市民社会や企業，関係機関など
の膨大な意見聴取を経て，2015 年の国連総会において「2030 アジェンダ・持続可
能な開発目標（Sustainable Development Goals：SDGs）」が全会一致で採択された。
「持続可能な（サステイナブル）」という言葉は，未来の子どもたちに環境問題など
の借金を残すことなく現在社会の発展を図っていく意味が含まれている。「2030 ア
ジェンダ・SDGs」は，2030 年までに 17 のゴールと 169 のターゲットを達成し，
「誰一人取り残さない社会」をつくるという壮大な目標である。さまざまな価値観，
教育，宗教，民族もつ 193 カ国の人々が議論に議論を重ねて生み出した知恵の結集
ともいえ，人類が現段階で達しうる最大の知恵と理想の世界を提示した目標になっ
ている（詳細：https://www.unic.or.jp/files/sdg_logo_ja_2.pdf）。

　なお，これらの目標は，相互連関的に達成していく目標となっており，1 つの目
標を達成するために他の目標も同時に達成する必要が出てくる。例えば目標 5 の
「ジェンダー平等」の目標を達成するためには，目標 4「質も高い教育をみんなに」
の達成抜きには進められない。また目標 4 を達成するためには，目標 1「貧困をな
くそう」という目標や，目標 3「すべての人に健康と福祉を」，目標 10「人や国の
不平等をなくそう」，目標 16「公正と平和をすべての人に」という目標達成が必要
となる。このようにどの目標も相互に深く関与し合う関係にある。これらの目標は，
発展途上国，先進諸国という線引きもなく共通する目標と掲げられたことも大きな
意味をもつ。これらの 17 の目標のうち，どの目標の達成を抜きにしても世界の平
和は構築，維持できない。また，逆にこれらの問題に取り組んでいくことが人々の
個々の生活と尊厳を守り，ひいては平和を構築，維持していくことに貢献していく
ということを意味している。

　家族支援，心理支援も SDGs の目標 3 を中心に大きく貢献するものであり，それ
は他の目標達成につながっていることを忘れてはならない。SDGs という人類が生
み出した最大の知恵を，私たち 1 人ひとりが日々の中で実践し，目標を達成のため
に努力をしていく義務があるという自覚をもつことが必要であろう。

【布柴靖枝】

第16章 男性と家族

父親と夫をどう理解し援助するのか

　日本においても，諸外国と同様に長年にわたって「男は仕事，女は家庭」という価値観が一般的であった。しかし，男女共同参画社会や「イクメン」という言葉に象徴されるように，女性が家庭から出て社会で働くことの意義が見直されるようになったことと並行して，男性が家庭の中で果たす役割や男性と家族との関係の問題も注目されるようになってきた。

　本章では，まず男性が父親としてあるいは夫として家族とどのように関わってきたのか，そこにどのような傾向や問題が指摘されてきたのかを振り返ってみる。そして，DV（ドメスティック・バイオレンス）を取り上げ，男らしさをめぐる問題について考える。さらに，一般的には企業人のメンタルヘルスの問題として取り上げられることの多いうつ病と自殺の問題を，ここでは男らしさをめぐる葛藤という側面からとらえ直し，表面的にはまったく異なる問題に見える DV との共通点について考える。最後に，父親として夫として心理療法に登場してくる男性を，どのように理解し関わることがより効果的な援助につながるのかという問題について取り上げる。

第 1 節　家族の中の男性

(1) 男は仕事，女は家庭？──男性の意識と行動はどう変化したか

　第5章でも触れたように，日本の男性は，世界的に見て家事や子育てに関わる時間が少なく，仕事中心の生活を送っているということが長らく指摘されてきた（図 5-1）。

　また，6歳未満の子どもをもつ夫婦の育児・家事関連時間の推移を見ると，妻は 1996 年の 458 分から 2016 年の 454 分とほぼ横ばいなのに対して，夫は 1996 年の 38 分から 2016 年の 83 分と 2 倍以上に増加してはいるものの，妻の

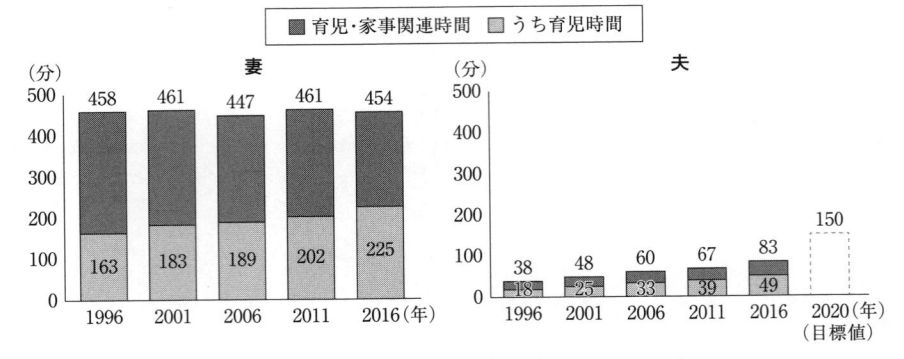

図16-1　6歳未満の子どもをもつ夫婦の育児・家事関連時間の推移

(注)　総務省「社会生活基本調査」より作成。
　　　育児・家事関連時間（太字の値）は，「家事」「介護・看護」「育児」「買い物」の合計（週全体平均）。
　　　数値は夫婦と子どもの世帯における時間。
(出所)　内閣府男女共同参画局，2017。

約5分の1にとどまっている（図16-1）。このように，父親としての男性の育児・家事行動は徐々に変化は見られるものの，母親としてのそれと比較すると，まだまだ十分であるとは言いがたく，男性自身のさらなる変化が求められるのはもちろんのこと，男性が家事・育児により積極的に取り組めるような社会づくりが求められる。

(2)　父親の子育て参加が母親と子どもに及ぼす影響

　父親が子育てに積極的に関与しないこと，言い換えれば，家庭における父親不在の問題は，心理臨床の世界では，日本に家族療法が導入された1980年代からすでに注目されていた。とりわけ，子どもが成長して思春期にさしかかると，母親1人で対処するのが難しくなり，父親と母親が協力して子どもに向き合うことが重要だと考えられてきた。そして，子どもが不登校や家庭内暴力あるいは摂食障害などの臨床的問題を呈したとき，父親が治療に参加するかどうかが，その問題解決を大きく左右することが指摘され，いかにして父親を家族療法に導入するかが大きな課題となった。このことは，家族療法発祥の地であるアメリカでも，1970年代から取り上げられていた（国谷，1985）。

　父親が子育てに関わることの重要性は，発達心理学や臨床心理学における実

証的な研究でも明らかにされてきた。父親の関わりによって母親の育児に対する肯定的な感情が高まること（柏木・若松, 1994），あるいは **育児不安** や **育児ストレス** の軽減につながる（牧野・中西, 1985）だけでなく，虐待不安や虐待的行為の軽減にも関係していること（中谷ら, 2007）が明らかにされている。

(3) 妻にとっての夫

父親が子育てに関わることの意義については，子どもの発達への肯定的な影響や父親自身の人格的成長との関連でも検討されてきた（柏木, 1993）が，今日最も注目されているのは，前述したように，妻である母親の子育てのあり方や夫婦関係への影響であろう。

大日向（1999）は，子育て中の妻が夫に求めることとして，①時には子育ての愚痴を聞いてほしい，②たまには「1日中世話で大変だったね」といたわってほしい，③今日あったことを互いに話し合う時間がほしい，ということを指摘している。すなわち，父親に求められているのは，子育ての何をどれだけ分担するかということにとどまらず，子育てそのものについて母親である妻とコミュニケーションを図ることであり，妻を支えることによって夫婦の親密性をいかに高めるかということである。

また，夫婦関係に対する満足度に関しては，第5章でも述べたように，さまざまな調査結果から，夫よりも妻の満足度のほうが低いという傾向が見られる。さらに，2017年度の全家庭裁判所で扱った離婚申立件数（表16-1）を見ると，夫からの申立が611件に対して妻からの申立が1459件であり，妻からの申立が全体の約70.5%を占めており，夫よりも妻のほうが夫婦関係に不満を抱いていることを裏付けるものとなっている。

(4) 母子関係と子どもの発達への影響

このように夫婦の関係やコミュニケーションに問題が見られるとき，しばしば見られる現象が子どもを巻き込んだ **三角関係**（triangle）という問題である。一般的には，母親が子どもの養育を主にしているために2人が密着し，父親は仕事に没入し家族とは遊離した関係となることが多い。そして，時にはたとえ子どもがまだ幼児であっても母親の葛藤や不安を感じ取り，父親の代わりに母

表 16-1　家庭裁判所での離婚申立件数

申 立 人	夫	妻
総　　数	611	1,459
性格が合わない	386	660
異 性 関 係	97	261
暴力を振るう	89	448
酒を飲み過ぎる	28	133
性的不調和	60	119
浪 費 す る	73	83
病　　気	15	16
精神的に虐待する	96	328
家庭を捨てて省みない	51	117
家族親族と折り合いが悪い	46	77
同居に応じない	59	48
生活費を渡さない	18	421
そ の 他	109	143
不　　詳	25	69

（注）　申立ての動機は，申立人の言う動機のうち主なものを 3 個まであげる
　　　　方法で調査重複集計した。
（出所）　裁判所司法統計「家事 平成 29 年度 32 婚姻関係事件数《渉外》申
　　　　立ての動機別申立人別 全家庭裁判所」より。

親を情緒的に支える **親役割代行** という問題も生じる。母親は無意識のうちに子どもに依存し，親子の立場が逆転していることには気づきにくく，後に子どもが不登校や摂食障害といった心身の問題を呈することにつながっていくことがある。したがって，このような子どもの臨床的問題を解決するためには，母親だけでなく父親も含めた家族システム全体の変化が求められる。

　また，仕事中心で不在がちな夫に自分の気持ちをわかってもらえないと嘆く妻が，息子には強くたくましくという伝統的な **男らしさ** を期待し，息子のアイデンティティ確立を困難にするといった問題も生じる（野末，2006）。さらに，そうした両親の葛藤に満ちた夫婦関係を見てきた子どもは，自身が結婚してパートナーとの関係を育むうえで，否定的な影響を受けることも指摘されている（McGoldrick, 2016）。

　このように，父親の家庭における心理的不在は，夫婦関係のみならず，一見

すると良好に見える母子関係にも否定的な影響を及ぼし，子どものアイデンティティ確立や将来の家族形成にも影を落としかねない。しかし，だからといってあたかも父親が犯人であるかのように批判していても，肯定的な変化は望めない。後述するように，彼らをどう理解し援助したらよいかを真剣に考える必要がある。

第 *2* 節　　家族の中の男性と男らしさをめぐる問題

このように，家族における父親としてあるいは夫としての男性の課題について，各方面からの問題提起が盛んにされてきたが，その中で最も大きな問題といえるのが DV であろう。また，現代の男性が抱えるメンタルヘルス上の深刻な問題として自殺があげられる。ここでは，DV と自殺というまったく異なる問題を，男らしさの問題という観点から考えてみる。

(1)　DV——暴力の根底にある弱さと傷つきやすさ

夫から妻への暴力は，重大な社会問題の 1 つであり，まだまだ十分とはいえないものの法的整備も進められ，被害者支援も全国各地に急速に広がっている。さらに近年では，加害者への治療教育も徐々に試みられるようになっている（中村，2001）。

夫が妻になぜ暴力をふるうのかという要因については，**パワー**（**権力**）と **コントロール**（**支配**）（Pence & Paymar, 1993）という視点が最もよく知られている。このパワーとコントロールの問題は，男らしさの問題と見なすこともできる。そして，妻への暴力は，男らしさをめぐる深刻な病理を抱えている男性の問題だともいえる。

個人の精神病理という観点から見ると，暴力をふるう男性は，決して健康的で強い自我をもっているわけではない。DV 加害者の男性の中には，**境界性パーソナリティ障害** や **自己愛パーソナリティ障害** あるいは **反社会性パーソナリティ障害** に該当する人が少なからず存在する。こうした **パーソナリティ障害** の中核的問題として，自分にとっての愛着対象から見捨てられるのではないかという極度の不安や，愛着対象のささいな言動によって憤怒を覚えるほどの **断片化**

（fragmentation）しやすい自己，といった重篤な自己愛の病理が考えられる。

　つまり，彼らはその暴力行為とは裏腹に，心理的にはきわめて傷つきやすく脆弱なのである。そして，傷ついた自己を防衛するために暴力を振るう（Wexler, 2006）。もちろん，だからといって彼らに同情したり優しく接する必要があるということではない。むしろ，意識的にも無意識的にも「強くあらねばならない」と男らしさにとらわれている彼らが，自分自身の弱さや傷つきやすさに向き合い認めることは，おそらく自己崩壊といってよいほどの破局的な不安と混乱をもたらすものであろう。しかし，そうした破局的な不安と混乱に直面しなければ，自分がいかに妻を傷つけてきたかということを情緒的レベルで理解することはできないだろうし，再発を防ぐことは困難であろう。

(2)　男性のうつ病と自殺——助けを求められずに1人で抱え込んでしまう男性

　第7章でも述べたように，1998年以降，自殺者数が年間3万人を越える状態が続いていたが，2012年以降は2万人代になり，2018年には2万840人まで減少している。しかし，男女を比較してみると，2018年において男性は女性の2.2倍の多さである。日本における自殺研究の第一人者である高橋祥友は，自殺における性差の問題に着目し（高橋，2006），自殺と最も関連が深い精神疾患である **うつ病** の **有病率** は，むしろ女性のほうが高いことを指摘している。こうした差が生じる仮説として，①衝動性をコントロールする能力は女性のほうが優れていること，②自殺を図るときに，男性はより危険な手段を取る傾向が強いこと，③「強くなければならない」「他人に弱味を見せてはならない」といった社会的制約が男性では強過ぎて，問題を抱えたときに誰かに相談するといった態度を取れない，という3点をあげており，精神科受診に対する抵抗感も一般的に男性のほうが強いと指摘している。また，ブルックス（Brooks, 1998）は，男性は心理療法に対して嫌悪感を抱く傾向があると指摘している。

　このように男性が専門家に相談しない傾向があるということ自体も問題であるが，それに加えて，男性は女性ほど自分の健康状態に対して配慮しないということも指摘されている（Brooks, 1998）。つまり，男性は自分の心身の状態が危険であってもそれに気づきにくく，そのために適切な対処をしないばかりか，家族や職場など身近にいる人もその変調には気づきにくいため，いつの間にか

問題を1人で抱え込んでしまうということが起こりうるのである。さらに，男性の場合は抑うつ症状が前面に出るうつ病らしいうつだけでなく，うつ病らしくない男性型うつがあることが指摘されている（Wexler, 2006）。つまり，他者への敵意，アルコールや薬物の乱用，セックスへの依存などの問題によってうつの問題が隠れている場合があり，周りからもうつの問題が気づかれにくい。

(3) DVと自殺，その共通点

このように見てみると，DVと自殺とでは，怒りや攻撃性がパートナーに向くのか自分自身に向くのかという違いはあるものの，衝動性のコントロールの問題を抱えていること，また，男らしさに対する硬直した価値観をもっているために，自分の弱さや傷つきやすさに対して適切に対処できないことは共通しているといえる。高橋（2006）は，「自殺のキーワードは『孤立』である。困ったときには，誰かに助けを求めても構わない，むしろ，それが適切な対応なのだという点を強調したい」と述べているが，DV加害者がパートナーに暴力をふるいその関係にしがみついているのは，内的な孤立感に対する誤った防衛であるということもできるだろう。

このように，DV加害者にも自殺者にも，その問題の根底には「強くあらねばならない」「弱みを見せてはならない」という男らしさへのとらわれがある。したがって，彼らが弱さや傷つきやすさを抱えた自分をありのままに受容していくことが最も重要である。また，男らしさへのとらわれは，時に妻によって維持強化されている場合もある。夫が弱音を吐いたり傷つきを見せたりしたときに，妻が「男らしくない」「頼りにならない」「情けない」と評価することで，夫の孤立感をますます強めいてしまうということも起こる。したがって，男性のみならず女性も，そして社会全体が，男性の弱さや傷つきやすさに対して理解し受容し，男らしさへのとらわれから自由になれるよう理解し援助していくことが必要であろう。

(4) 職場がもつパワーと，そこで働くパワーレスな男性

さて，DV加害男性のパワーとコントロールの問題についてふれたが，DVに限らずたとえ家庭ではパワーをもっている男性であっても，職場においては

しばしばパワーレスな状況におかれている。そのことを最もよく表しているのが，**過労死** の問題である。過労死について鈴木・柏木（2006）は，「職業的達成のみを志向した男性の悲劇であり発達不全である」としている。個人を自己完結的で環境との相互影響関係をもたない **閉鎖システム** としてとらえれば，確かにこのような理解も可能であろう。しかし，はたして本当にそうであろうか。あるいは，過労死＝家庭を顧みない企業戦士なのだろうか。

ボーエン（M. Bowen）の **家族システム理論** では，たとえ，本来の個人の自己分化度が高く心理的に健康だったとしても，その人を取り巻く環境からのストレスが極度に強かったり，環境そのものが重篤な問題を抱えている場合（例えば，家族システムや職場システム，学校システムなど），個人が何らかの症状や問題行動を呈することは十分ありうると考えられている。つまり，個人に何らかの問題や症状が現れたとき，個人を環境との相互影響関係を営む **開放システム** として理解し援助することが重要である。

職場の中には，効率と業績のみを重視し，社員の心身の健康などまったく考慮せず，**ワーク・ライフ・バランス** を考慮しないところもいまだに少なからず存在する。筆者は，職場から社員のメンタルヘルス研修を依頼されることがあるが，社員1人ひとりを人間として大切にしようという目的意識がある職場はまだまだ少なく，社員がメンタルヘルスの問題を抱えると業績に悪影響が及ぶからという，職場にとっての損得勘定が根底にある場合が少なくない。そうした業績至上主義の体質や，社員同士の人間関係を軽視し，互いに支え合うようなシステムを構築していないという組織としての問題を問わずに，亡くなったその人個人の自己発達の問題としてしまうことは，たとえていうならば，いじめによって自殺した子どもの自己責任を追及し，加害者や教師をはじめとした学校システム全体の問題を不問に付すことに等しいのではないか。

まるで職場と結婚しているようだと揶揄され，家族の中で父親としてあるいは夫としての適切な役割を担うことのできない男性が，仕事と家庭のバランスを見つめ直し家族との絆を取り戻すためには，個人単位あるいは家族単位の努力では限界がある。男性のワーク・ライフ・バランスを社会全体として推進していくためにも，職場における男性のパワーレスな立場を理解し，職場システムそのものを改善していくことが，今後はますます重要になるであろう。

第 *3* 節　父親・夫であることをめぐる葛藤と不安

　約40年ほど前から心理学においても父親が研究対象とされるようになり，そしてここ十数年で夫に対する関心も高まり，多くの研究がなされてきている。しかし，父親や夫としての葛藤や不安に焦点をあてたものは，まだまだ少ないというのが現状である。これは，夫婦関係や子育てに関する女性の葛藤や不安に関する研究が，膨大な数に上ることと非常に対照的である。

(1)　子育てにおける男性の恐れと思い込み

　アメリカの家族療法家タッフェル（Taffel, 1994）は，男性が子育てに関わることを妨げる心理を **恐れ**（fear）と **思い込み・信念**（belief）のレベルから明らかにしている。恐れの例としては，「自分が子どもの面倒を見たら，何かとんでもないことが起こるのではないか」「子育てが上手にできるようにはならないのではないか」「子どもに対して怒りをコントロールできず，子どもを傷つけてしまうのではないか」「子育てに一所懸命関わったら，仕事に支障を来すのではないか」などがあげられる。思い込み・信念の例としては，「子どもが健康に成長するためには，父親よりも母親に愛着をもつことが必要である」「子どもは社会に出ていくために，厳しい父親を必要としている」「女性は，男性よりも生まれつき養育的だ」「女性の人生が家庭や家族を中心に回っていたとしても，自分にとっては仕事のほうが重要だ」などがあげられる。このような恐れや思い込み・信念は，おそらく日本の父親たちにも共通していえることであろう。

　このような恐れや思い込み・信念に対して，これまでは主として女性から意識レベルの説得が行われてきたであろう。つまり，こうした考え方がいかに間違ったものであるかが主張され，父親たちが変化するべきであることが強調されてきた。確かに，多くの父親たちがもっと子育てに関わることが，子どもや妻のためだけでなくその男性自身のためにも重要であることは間違いない。しかし，恐れであれ思い込み・信念であれ，実はその男性自身の子ども時代の家族体験，とりわけ父親との関係が大きな影響を及ぼしているのであり，そこを

理解し修正していかないと，態度の変容には結びつきにくいであろう。

(2) 男性の子ども時代の影響

　男性の中には，子ども時代に父親との関係が疎遠で非常に寂しい思いをした人や，母親に家事も育児も任せっきりであった父親を見て，「自分は妻や子どもをもっと大切にしよう」と思える人も少なからずいるであろう。しかし，仮に自分自身の父親との関係を否定的にとらえていたとしても，自分が夫となり父親となったときに，いつの間にか自分の父親と同じ問題を抱えてしまい，妻や子どもに適切に関わることができないということはしばしば見られる。こうした背景には，**攻撃者への同一化**（identification with the aggressor；自分を攻撃した対象に同一化して内在化し，自分自身も攻撃者となること）や**見えない忠誠心**（invisible loyalty；第 2 章参照）といった無意識のメカニズムが働いており，本人の努力だけではなかなか修正することは困難である。

　こうした問題を抱えた男性がセラピーに来た場合，安易に問題点を指摘したり，子育てに積極的でないことを批判したりしても，よい結果は生まない。むしろ，安心して過去を振り返ることが可能になるようなセラピストとの信頼関係に基づくサポートが重要となる（野末，2002）。そして，子ども時代の寂しさや悲しさ，父親を求めていた気持ちや怒りを再体験することで，妻や子どもが自分を必要としていることを受け容れ，父親として夫としての新たな役割行動を獲得できるように変化していく（Carter, 1993）。

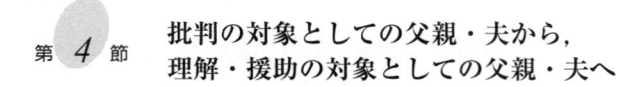

第 **4** 節　批判の対象としての父親・夫から，
　　　　　理解・援助の対象としての父親・夫へ

　1999 年に当時の厚生省（現厚生労働省）は，「育児をしない男を，父とは呼ばない」というキャッチフレーズで育児キャンペーンを展開した。しかし，こうした批判によって，どれほどの男性が育児に積極的に取り組もうという気持ちになったのか，はなはだ疑問である。すでに見たように，家庭における父親不在や DV など，男性が抱えている問題とその家族への影響は深刻である。しかし，だからこそそうした男性が変化するためには，何よりもまず男性を理解することが重要であり，男性にとっての必要な援助を提供することであろう。

(1) 心理療法を受けるということが意味するもの，その男女の違い

心理療法は，心身の問題や人間関係の問題を解決することを目的とする援助関係である。しかし，このことは一般的に男性と女性とではまったく異なる意味をもつ。男性が心理療法を受けるということ，あるいは他者に援助を求めることは，「強くあらねばならない」という伝統的な男性規範に反することであり，ふだんは否認している自分自身の弱さに向き合いそれを他者にさらけ出すという，恥の体験を意味する（Wexler, 2006）。ウォーデンとウォーデン（Worden & Worden, 1998）は，男性クライエントが男性セラピストに対しても女性セラピストに対しても，相談をするという依存的立場に立つことに抵抗を示し，セラピストと競争関係になる傾向があることを指摘している。筆者のこれまでの臨床実践において，初回面接から涙を流す女性クライエントは珍しくないが，男性クライエントは非常に少ない。

このように考えると，一般的に男性が自らセラピストに援助を求めることは，女性よりもはるかに抵抗感が強く，それゆえに適切な理解と十分な配慮に基づく関わりが必要となるといえるだろう。

(2) 夫婦・家族療法（心理療法）において夫・父親にどのように関わるか

男性が心理療法に登場するとき，とりわけ男性本人の悩みというよりも夫婦関係や子どもに関する問題が主訴となる夫婦・家族療法の場合，男性のセラピーへの抵抗を弱め信頼関係を築くために，いくつか工夫しなければいけないポイントがある。

○ 仕事についてふれること

まず，問題とは関係がなくても，仕事のことを話題にすることは非常に重要である。男性の中には，セラピストと初めて会ったときに，名刺を交換しようとする人もいる。また，家族に関することは日頃は妻任せなためにセラピストに話せることが少なく，仕事のことが唯一の話題ということも珍しくない。セラピストが仕事に対して関心を示し，日頃の労をねぎらったり，忙しい中時間を割いてセラピーに参加したことを積極的に評価するなどして，日頃の男性のありようをまず受容することがジョイニング（第9章参照）となり，セラピーへの抵抗感を弱め問題解決への動機づけを高めることにつながる。

◯ 夫・父親の力を貸してもらうという姿勢

また，妻の言い分とは異なり，「うちには問題はない」とか「セラピーは必要ない」と語る夫は少なくないが，これを問題解決に対して消極的と決めつけないことも大切である。夫婦・家族療法は妻の申し込みによってスタートすることが多いこともあり，夫はセラピーによって自分が責められるのではないかと防衛的に構えて来談することが少なくないので，セラピストが夫に力を貸してほしいという姿勢で臨み，決して上下関係でもなければ非難することを目的としているわけではないことを，体験的に実感してもらう必要がある。

◯ 言語化を強要せず，セラピストがアシストする

多くの父親・夫は，家族と接する時間が少ないだけでなく，自分の思っていることや気持ちをふだんから率直に話している人は非常に少ないようである。それゆえに，妻も子どもも，彼が何を考え，どのような気持ちを抱いているのかをまったく理解できないばかりか，「何も考えていない人」「感情のない冷たい人」と大きく誤解していることも少なくないし，時には発達障害を疑う妻も珍しくない。しかし，セラピストが性急に言語化を求めるのではなく，受容的・共感的な態度で臨みながら，夫として父親としての思いや気持ちを代弁し引き出すことで，しだいに自発的な発言が増えていく。

◯ 感情表現を急がない

また，一般的に心理療法では感情の表出が重要視されているが，男性は女性ほど感情を表出しないし，むしろ自分自身の感情にふれられることに対して強く抵抗することもあるし，そもそも自分自身の感情に気づくことが容易ではない。このような傾向は，**規範的な男性の失感情症**（normative male alexithymia）（Levant, 1998）と呼ばれている。そのような場合，感情面よりもまず認知面に働きかけるということも有効な場合がある。

◯ 妻や子どもの様子をまず観察してもらう

夫婦・家族療法において，夫が妻の気持ちを理解できないことや父親としての子どもへの接し方について，妻から不満が語られることは少なくない。しかし，だからといって，夫が妻や子どもの気持ちを共感的に理解し，どのように妻や子どもに関わったほうがよいのかをセッションで取り上げることは，慎重に進めていく必要がある。まず，夫には妻や子どもの様子をじっくり観察して

もらうことが有効に働くことが少なくない。日常的な観察をしていくことで関心が強くなり，しだいに妻や子どものことを理解できるようになり，適切な関わりも少しずつできるようになっていく。

(3) セラピストの性別が夫・父親への理解と援助に及ぼす影響

中釜（2003b）は，心理臨床学研究に掲載された事例論文を分析し，子どもの心理治療に父親を導入することに関して，男性セラピストよりも女性セラピストのほうが消極的であることを指摘した。もしこれが一般的な傾向であるとすると，果たしてそれは夫や父親だけでなく，妻や母親や子どもにとってよいことなのであろうか。

第7回臨床心理士動向調査（2016）によれば，調査に回答した1万321人中女性は8020人で77.7％であった（臨床心理士自体の数は，2019年4月1日現在で3万5912人である）。また，2018年に実施された第1回公認心理師試験合格者2万8574名のうち，女性は2万1340人で74.7％を占めている（厚生労働省，2019a）。おそらくこの男女比の偏りは，今後も大きく変化することは非常に難しいであろう。であればなおさらのこと，妻や母親や子どもたちに対してより効果的な心理的援助を提供するためにも，夫や父親に対する理解を深めより積極的に関わっていく必要があるのではないだろうか。

＊

これからの社会において，男性が夫あるいは父親として家庭で果たす役割への期待は，ますます大きくなっていくであろう。そうした期待に応えられるような男性が増えるために，セラピストも研究者も，もっと男性の「声」や「葛藤」や「傷つき」や「弱さ」に耳を傾ける必要があるのではないだろうか。

【野末武義】

　ある県の管理職を中心としたメンタルヘルス研修で，アサーションの話を2時間ほどしたときのことである。映画館のような階段状になったホールに，200人ほどの参加者があり，その約8割が男性であった。話を始めてすぐに気づいたのは，その男性の多くが腕組みをしており，眉間にしわを寄せながら話を聴いているということであった。そして，女性は時々笑顔を見せたり声を出して笑っている人が多いのに対して，表情を変えない男性が多く，話の内容に関心をもっているようには見えなかった。

　しかし，終了後のアンケートを見ると，「とてもよかった」という評定が8割以上で，男性参加者の中にも「もっと詳しく知りたい」とか「ロールプレイもやってみたい」という記述がいくつかあった。こうしたアンケート結果と講演中の男性参加者の態度のギャップをどのように理解したらよいか，初めは戸惑った。しかし，そもそも少なからずの男性は，女性のようには自分の心の中にあることを周りにわかりやすく表出するものではないと考えてみて，初めて納得できた。そして，このようなわかりにくさは，心理療法の中でも日常生活の中でも起こっていると考えたほうがよいだろうと思った。

　カップル・セラピーや家族療法に来る夫や父親たちは，妻に言われて渋々来談する人が少なくない。そして，「別に自分は何も問題だと思っていない」や「専門家の助けを求めるほど家族がうまくいっていないとは思わない」「自分は相談に通う気はない」といった否定的な発言をすることも珍しくない。このような態度は，「防衛的である」とか「抵抗を示している」という見方も成り立つ。しかし，心理臨床家がそのような見方をすると，何とかしてそのような態度を変えさせようとしたり敵対的になってしまい，結果的に彼らの来談意欲をそぐことになりかねない。

　このようなとき，「防衛」や「抵抗」ではなく，「葛藤している」と見るほうがより援助的な関わりの可能性が開けてくる。来談することに否定的な思いをもっていたとしても，それは100％ではなく，70％かもしれないし99％かもしれない。どちらの場合でも，可能性は残されている。心の底では，ほんの少しだけ心配していたり不安を感じたりしていても，自分自身ではそのことに気づいていなかったり，気づいていても自らそれにふれることは容易ではない。心理臨床家がこころの専門家であるならば，そうした男性の微妙な心理にも配慮し，彼らの心配や不安を共有したいものである。

【野末武義】

引用・参考文献

阿部彩（2011）「貧困と社会的排除——ジェンダーの視点からみた実態」『承認と包摂へ——労働と生活の保障』岩波書店

会田薫子（2011）『延命医療と臨床現場——人工呼吸医と胃ろうの医療倫理学』東京大学出版会

会田薫子（2017）「意思決定を支援する——共同決定とACP」清水哲郎・会田薫子編『医療・介護のための死生学入門』東京大学出版会

American Psychiatric Association（2013）*Diagnostic and Statistical Manual of Mental Disorders*, 5th ed. American Psychiatric Association.（髙橋三郎・大野裕監訳〔2014〕『DSM-5 精神疾患の診断・統計マニュアル』医学書院）

Anderson, H.（1997）Conversation, Language, and possibilities: A postmodern approach to therapy. Basic Books（野村直樹・青木義子・吉川悟訳〔2011〕『会話・言語・そして可能性——コラボレイティブとは？セラピーとは？』金剛出版）

アンダーソン，H.・グーリシャン，H.・野村直樹（著・訳）（2013）『協働するナラティヴ——グーリシャンとアンダーソンによる論文「言語システムとしてのヒューマンシステム」』遠見書房

青木聡子（2009）「幼児をもつ共働き夫婦の育児における協同とそれにかかわる要因——育児の計画における連携・調整と育児行動の分担に着目して」『発達心理学研究』20, 382-392.

青野篤子・湯川隆子編（2006）『フェミニスト心理学をめざして——日本心理学会シンポジウムの成果と課題』かもがわ出版

アリエス, F.／杉山光信・杉山恵美子訳（1980）『〈子供〉の誕生——アンシャン・レジーム期の子供と家族生活』みすず書房

Barker, P.（1986）*Basic Family Therapy*, 2nd ed. Blackwell Scientific.（中村伸一・信国恵子監訳／甲斐隆・川並かおる・中村伸一・信国恵子・張田真美〔1993〕『家族療法の基礎』金剛出版）

Bateson, G.（1972）*Steps to an Ecology of Mind: Collected Essays in Anthropology, Psychiatry, Evolution and Epistemology*. Chandler Publishers.（佐藤良明訳〔2000〕『精神の生態学』〔改訂第2版〕, 新思索社）

Becvar, D. S. & Becvar, R. J.（2003）*Family Therapy: A Systemic Integration*, 5th ed. Allyn & Bacon.

Belsky, J. & Kelly, J.（1994）*The Transition to Parenthood: How a First Child Changes a Marriage: Why Some Couples Grow Closer and Others Apart: Based on a Landmark Study*. Delacorte Press.（安次嶺桂子訳〔1995〕『子供をもつと夫婦に何が起こるか』

　　草思社）

Benedek, E. P. & Brown, C. F.（1995）*How to Help Your Child Overcome Your Divorce.* American Psychiatric Press.（高田裕子訳〔1999〕『離婚しても子どもを幸せにする方法』日本評論社）

ベネッセ教育研究開発センター（2018）「幼児期の家庭教育国際調査」『速報版レポート』

Benson, S.（2000）*Person-Centred Care: Creative Approaches to Individualised Care for People with Dementia,* Hawker.（稲谷ふみ枝・石﨑淳一監訳〔2007〕『パーソンセンタード・ケア――認知症・個別ケアの創造的アプローチ』〔改訂版，初版〔2005〕〕クリエイツかもがわ）

Berger, R. & Hannah, M. T.（Eds.）（1999）*Preventive Approaches in Couples Therapy.* Brunner/Mazel.

Bertalanffy, L. von（1968）*General Systems Theory: Foundations, Development, Applications.* George Braziller.（長野敬・太田邦昌訳〔1973〕『一般システム理論――その基礎・発展・応用』みすず書房）

Bogo, M.（2004）Empowering the spousal pelationship to suppot childreaning. *Japanese Association of Family Psycholoty,* 18, 73-84.

Boss, P.（1999）*Ambiguous Loss: Learning to Live with Unresolved Grief.* Harvard University Press.（南山浩二訳〔2005〕『「さよなら」のない別れ　別れのない「さよなら」――あいまいな喪失』学文社）

Boszormenyi-Nagy, I. & Spark, G.（1973）*Invisible Loyalties: Reciprocity in Intergenerational Family Therapy.* Harper & Row.

Bowen, M.（1978）*Family Therapy in Clinical Practice.* Jason Aronson.

Bowlby, J.（1969, 1971）*Attachment and Loss. 1. Attachment., 2. Separation: Anxiety and Anger.* Basic Book.（黒田実郎ら訳〔1976, 1977〕『母子関係の理論』1・2，岩崎学術出版社）

Breitbart, W.S., Poppito, S.R.（2015）*Individual meaning-centered psychotherapy for patients with advanced cancer: A treatment manual.* Oxford University Press.（大西秀樹監訳／藤澤大介・石田真弓訳〔2017〕『ミーニング・センタード・サイコセラピー　がん患者のための個人精神療法――人生の意味に焦点を当てた精神療法』河出書房新社）

Brooks, G. R.（1998）*A New Psychotherapy for Traditional Men.* Jossey-Bass.

Caplan, P. J. & Caplan, J. B.（2009）*Thinking Critically about Research on Sex and Gender,* 3rd ed. Psychology Press（森永康子訳〔2010〕『認知や行動に性差はあるのか――科学的研究を批判的に読み解く』北大路書房）

Carr, A.（2000）*Family Therapy: Concepts, Process and Practice.* John Wiley & Sons.

Carter, B.（1993）*Clinical Dilemmas in Marriage: The Search for Equal Partnership.* Guilford Press.

Carter, B. & McGoldrick, M.（Eds.）（1999）*The Expanded Family Life Cycle: Individual,*

Family, and Social Perspective, 3rd ed. Allyn & Bacon.

Carter, E. A. & McGoldrick, M.（Eds.）（1980）*The Family Life Cycle: A Framework for Family Therapy*. Gardner.

Chochinov, H. M.（2002）Dignity-conserving care: A new model for palliative care: Helping the patient feel valued. *Journal of the American Medical Association*, 287, 2253-2260.

Chochinov, H. M.（2012）*Dignity Therapy: Final Words for Final Days*. Oxford University Press.（小森康永・奥野光訳〔2013〕『ディグニティセラピー──最後の言葉，最後の日々』北大路書房）

Colman, A. M.（2001）*Dictionary of Psychology*. Oxford University Press.（藤永保・仲真紀子監修／岡ノ谷一夫ら編〔2004〕『心理学辞典』丸善。藤永保・仲真紀子監修／岡ノ谷一夫ら編〔2005〕『心理学辞典 普及版』丸善。）

Crane, D. R.（1996）*Fundamentals of Marital Therapy*. Brunner/Mazel.

De Jong, P. & Berg, I. K.（1997）*Interviewing for Solutions*. Brooks/Cole（桐田弘江・住谷裕子・玉真慎子訳〔2016〕『解決のための面接技法──ソリューション・フォーカストアプローチの手引き』〔第4版〕金剛出版

Dell, P（1985）. Understanding Bateson and Maturana: Toward a biological foundation for the social sciences. *Journal of Marital and Family Therapy*. 11, 1-20.

Diamond, G.（2005）Attachment-based family therapy for depressed and anxious adolescents. In Lebow, J.（Ed）. *Handbook of Clinical Family Therapy*. John Wiley & Sons.

Doherty, W. J. & Baird, M. A.（Eds.）（1987）*Family-centered Medical Care: A Clinical Casebook*. Guilford.

土井隆義（2008）『友だち地獄──「空気を読む」世代のサバイバル』筑摩書房

Duhl, B. S.（1983）*From the Inside Out and Other Metaphors: Creative and Integrative Approaches to Training in Systems Thinking*. Brunner/Mazel.

遠藤利彦（2007）「愛着理論の現在──無秩序・無方向型愛着を中心に」宮本忠雄監修『子育てとこころ──養育と愛着』日本評論社

Erikson, E. H.（1950）*Childhood and Society*. Norton.（仁科弥生訳〔1977〕『幼児期と社会』みすず書房）

Erikson, E. H.（1968）*Identity: Youth and Crisis*. Norton.

Erikson, E. H.（1982）*The Life Cycle Completed*. W. W. Norton.（村瀬孝雄・近藤邦夫訳〔1989〕『ライフサイクル，その完結』みすず書房）

Farrington, D. P. & Ttofi, M. M.（2009）School-based programs to reduce bullying and victimization. *Campbell Systematic Reviews*, 6.

Feil, N. & De Klerk-Rubin, V.（2012）*The Validation Breakthrough: Simple Techniques for Communicating with People with Alzheimer's and Other Dementias*, 3rd ed. Health Professions Press.（高橋誠一・篠崎人理監訳／飛松美紀訳〔2014〕『バリデーショ

ン・ブレイクスルー——認知症ケアの画期的メソッド』［増補新訳版］全国コミュニティライフサポートセンター）

Feldman, S. S. & Gehring, T. M.（1988）Changing perceptions of family cohesion and power across adolescence. *Child Development*, 59, 1034-1045.

Fine, M. & Carney, S.（2001）Women, gender, and the law: Toward a feminist rethinking of responsibility. In Unger, R. K.（Ed.）*Handbook of the Psychology of Women and Gender*. John Wiley & Sons.（森永康子・青野篤子・福富護監訳／日本心理学会ジェンダー研究会訳〔2004〕『女性とジェンダーの心理学ハンドブック』北大路書房）

Framo, J. L.（1976）Family of origin as a therapeutic resource for adults in marital and family therapy: You can and should go home again. *Family Process*, 15, 193-210.

Framo, J. L.（1992）*Family-of-origin Therapy: An Intergenerational Approach*. Brunner / Mazel.

Frank, A. W.（1995）*The Wounded Storyteller: Body, Illness, and Ethics*. The University of Chicago Press.（鈴木智之訳〔2002〕『傷ついた物語の語り手——身体・病い・倫理』ゆみる出版）

藤井東治（1996）「『望まない妊娠の結果生まれた児』への虐待をめぐる問題——児童虐待に関する調査と考察」『家族心理学研究』10, 105-117.

藤田博康（2015）「個人面接で夫婦の話を聞くとき」『個と家族を支える心理臨床実践 I ——個人療法に生かす家族面接』金子書房

福士千恵子（2000）「多様な働き方，生き方とジェンダー」藤田達雄・土肥伊都子編『女と男のシャドウ・ワーク』ナカニシヤ出版

Fulmer, R.（1999）Becoming an adult: Leaving home and staying connected. In Carter, B. & McGoldrick, M.（Eds.）*The Expanded Family Life Cycle: Individual, Family, and Social Perspectives*, 3rd ed. Allyn & Bacon.

舩橋惠子（2000）「『幸福な家庭』志向の陥穽——変容する父親像と母親規範」『少子化時代のジェンダーと母親意識』新曜社

古橋直幸（2016）「クリニックにおけるリワーク支援の実際 発達障害のライフデザイン支援〔事例篇〕」『平成 27 年度 文部科学省発達障害に関する教職員育成プログラム開発事業成果報告書』107-117.

Gilbert, L. A. & Scher, M.（1999）*Gender and Sex in Counseling and Psychotherapy*. Allyn & Bacon.（河野貴代美訳〔2004〕『カウンセリングとジェンダー』新水社）

Gordon, T.（1970）*Parent Effectiveness Training : The Tested New Way*. David McKay Company（近藤千恵訳〔1977〕『P. E. T. 親業』サイマル出版会）

Gottman, J. M. & Silver, N.（1999）*The Seven Principles for Making Marriage Work: A Practical Guide from the Country's Foremost Relationship Expert*. Tree Rivers Press.（松浦秀明訳〔2000〕『愛する二人別れる二人——結婚生活を成功させる七つの原則』第三文明社）

Gray, J.（1992）*Men are from Mars, Women are from Venus*. Harper Collins（大島渚訳〔2001〕『ベスト・パートナーになるために——男と女が知っておくべき「分かち愛」のルール 男は火星から来た，女は金星から来た』三笠書房）

Gregory, J.（2003）*Sickened: The True Story of a Lost Childhood*. Bantam Dell.

Hadfield, J. A.（1962）*Child and Adolescence*. Penguin Books.

Haight, B. K. & Haight, B. S.（2007）*The Handbook of Structured Life Review*. Health Professions Press.（野村豊子訳〔2016〕『ライフレヴュー入門——治療的な聴き手となるために』ミネルヴァ書房）

Haley, J.（1976）*Problem-Solving Therapy: New Strategies for Effective Family Therapy*. Jossey-Bass（佐藤悦子訳〔1985〕『家族療法——問題解決の戦略と実際』川島書店）

濱田結実（2017）「「患者の声」から学ぶ不妊症患者のケア」」『産科と婦人科』84，1037-1041.

原健之（2017）「ワーク・ファミリー・コンフリクトの規定要因および仕事・家庭役割の質との関連——乳幼児を持つ男女を対象として」『家族心理学研究』31，17-28.

原健之（2018）「乳幼児を持つ母親のワーク・ファミリー・エンリッチメント——媒介モデルによる検討」『家族心理学研究』32，29-40.

Hare-Mustin, R. T.（1987）The problem of gender in family therapy theory. *Family Process*, 26, 15-27.

春名苗・越智紀子（2018）「ケアマネジャーの高齢者虐待への対応——地域包括支援センターの調査結果からみた課題」『花園大学社会福祉学部研究紀要』26，71-78.

長谷川啓三（1987）『家族内パラドックス』彩古書房

Hauser, S. T., Allen, J. P. & Golden, E.（2006）Out of the woods: Tales of resilient teens. Harvard University Press.（仁平説子・仁平義明訳〔2011〕『ナラティヴから読み解くリジリエンス——危機的状況から回復した「67分の9」の少年少女の物語』北大路書房）

Hedtke, L. & Winslade, J.（2004）*Re-membering Lives: Conversations with the Dying and the Bereaved*. Baywood.（小森康永・石井千賀子・奥野光訳〔2005〕『人生のリ・メンバリング——死にゆく人と遺される人との会話』金剛出版）

Hedtke, L. & Winslade, J.（2016）*The Crafting of Grief : Constructing Aesthetic Responses to Loss*. Routledge.（小森康永・奥野光・ヘミ和香訳〔2019〕『手作りの悲嘆——死別について語るとき〈私たち〉が語ること』北大路書房）

Herman, J. L.（1992）*Trauma and Recovery*. Basic Books.

樋口恵子（2008）「家族のケア 家族へのケア」上野千鶴子・大熊由紀子・大沢真理・神野直彦・副田義也編『家族のケア 家族へのケア』岩波書店

平木典子（1992）「新婚時代のカウンセリング」岡堂哲雄編『マリッジ・カウンセリング——心豊かな結婚生活のために，婚前・婚後に読む情報』至文堂

平木典子（1993）『アサーション・トレーニング——さわやかな「自己表現」のために』

日本・精神技術研究所

平木典子（1997）『カウンセリングとは何か』朝日新聞社

平木典子（1998）『家族との心理臨床――初心者のために』垣内出版

平木典子（2000）「夫婦関係の発達と危機」日本家族心理学会編『ジェンダーの病――気づかれぬ家族病理』金子書房

平木典子（2005）「ジェンダー・センシティブな夫婦・家族療法」『精神療法』31(2), 171-176.

平木典子（2015）『アサーションの心　自分も相手も大切にするコミュニケーション』朝日選書

平木典子・中釜洋子・藤田博康・野末武義（2019）『家族の心理――家族への理解を深めるために』［第2版］, サイエンス社

平山順子・柏木惠子（2001）「中年期夫婦のコミュニケーション態度――夫と妻は異なるのか？」『発達心理学研究』12, 216-227.

平山順子・柏木惠子（2005）「女性の生き方満足度を規定する心理的要因――今，女性の〝しあわせ〟とは？」『発達研究』19, 97-111.

平山順子・柏木惠子（2009）「育児期男性は妻が働くことをどのように考えているのか？　――妻の就労行動との関連を中心に」『家族心理学研究』23, 110-121.

平山亮（2017）「息子介護者をそのように見るか」伊藤裕子・大野祥子・平山亮・上野千鶴子『研究委員会企画シンポジウム　ケア役割を問う――男性がケアに関わるとき』『教育心理学年報』56, 286-287.

平山史朗（2017）『妊活に疲れたら，開く本――妊活ストレスに悩むあなたに』主婦の友インフォス

広井良典（2018）『持続可能な医療――超高齢化時代の科学・公共性・死生観』筑摩書房

広沢正孝（2015）「おとなの発達障害とその支援」『そだちの科学』24, 87-91.

Hockschild, A. R. (1983) *The Managed Heart: Commercialization of Human Feeling.* University of California Press.（石川准・室伏亜希訳〔2000〕『管理される心――感情が商品になるとき』世界思想社）

Hoffman, L. (1981) *Foundations of Family Therapy: A Conceptual Framework for Systems Change.* Basic Books.（亀口憲治訳〔1986〕『システムの進化――家族療法の基礎理論』朝日出版社）

本田美和子・マレスコッティ, R.・ジネスト, Y.（2014）『ユマニチュード入門』医学書院

保坂亨（2000）『学校を欠席する子どもたち――長期欠席・不登校から学校教育を考える』東京大学出版会

池埜聡（2006）「修復的愛着療法」日本家族相談士継続研修会より

Imber-Black, E. (1998) *The Secret Life of Families: Truth-telling, Privacy, and Reconciliation in a Tell-all Society.* Bantam.（野中ともよ訳〔1999〕『ひとりでは重すぎる

「秘密」——大切な人を傷つけない打ち明け方』講談社）

Ishii-kuntz, M.（1990）Social interaction and psychological well-being: Comparison across stages of adulthood. *International Journal of Aging and Human Development.* 30, 15-36.

ISSP Research Group（2016）GESIS data archive, Cologne. ZA5900 data file version, 4.0.0.

伊藤美奈子（2011）「関係性の病理といじめ」『現代のエスプリ』525，42-51.

伊藤美奈子（2017）「いじめる・いじめられる経験の背景要因に関する基礎的研究——自尊感情に着目して」『教育心理学研究』65，26-36.

伊藤直樹（2006）「進路の選択と就職」齋藤憲司監修／伊藤直樹編『教師をめざす人のための青年心理学』学陽書房

伊藤裕子（2015）「夫婦関係における親密性の様相」『発達心理学研究』26，279-287.

伊藤裕子・池田政子・相良順子（2014）『夫婦関係と心理的健康——子育て期から高齢期まで』ナカニシヤ出版

岩澤美帆・鎌田健司（2013）「婚前妊娠結婚経験は出産後の女性の働き方に影響するか？」『日本労働研究雑誌』55，17-32.

ジネスト，Y.・マレスコッティ，R.・本田美和子（2018）『家族のためのユマニチュード——"その人らしさ"を取り戻す，優しい認知症ケア』誠文堂新光社

亀口憲治（2000）『家族臨床心理学——子どもの問題を家族で解決する』東京大学出版会

狩野真理（2019）「性役割観が夫婦関係満足度に及ぼす影響——パートナーの性役割観を推測したペアデータを用いて」『家族心理学研究』32，81-94.

Karpel, M. A.（1994）*Evaluating Couples: A Handbook for Practitioners.* W.W. Norton.

鹿嶋敬（2019）『なぜ働き続けられない？——社会と自分の力学』岩波新書

柏木惠子（2000）「ジェンダーの視点に立つ家族の心理学へ」日本家族心理学会編『ジェンダーの病——気づかれぬ家族病理』金子書房

柏木惠子（2003）『家族心理学——社会変動・発達・ジェンダーの視点』東京大学出版会

柏木惠子編（1993）『父親の発達心理学——父性の現在とその周辺』川島書店

柏木惠子編（1998）『結婚・家族の心理学——家族の発達・個人の発達』ミネルヴァ書房

柏木惠子・平木典子編（2014）『日本の夫婦——パートナーとやっていく幸せと葛藤』金子書房

柏木惠子・若松素子（1994）「『親となる』ことによる人格発達——生涯発達的視点から親を研究する試み」『発達心理学研究』5，72-83.

柏木惠子・大野祥子・平山順子（2006）『家族心理学への招待——今，日本の家族は？ 家族の未来は？』ミネルヴァ書房

柏木惠子・大野祥子・平山順子（2009）『家族心理学への招待——今，日本の家族は？ 家族の未来は？』［第2版］ミネルヴァ書房

柏木惠子・数井みゆき・大野祥子（1996）「結婚・家族観に関する研究(1)〜(3)」『日本発達心理学会第7回大会発表論文集』240-242.

加藤邦子・石井クンツ昌子・牧野カツコ・土谷みち子（2002）「父親の育児かかわり及び母親の育児不安が 3 歳児の社会性に及ぼす影響——社会的背景の異なる 2 つのコホート比較から」『発達心理学研究』13，30-41.

河合隼雄（1999）『Q&A こころの子育て——誕生から思春期までの 48 章』朝日新聞社

河合隼雄総編集／髙石恭子・武野俊弥・山口素子・川戸圓（2001）『心理療法と物語』岩波書店

川喜田好恵（2005）「女性センターにおける DV カウンセリング」日本家族心理学会編『家族間暴力のカウンセリング』金子書房，44-56.

数井みゆき（2002）「母子関係研究の成果と問題点」日本家族心理学会編『子育て臨床の理論と実際』金子書房

数井みゆき・遠藤利彦編（2005）『アタッチメント——生涯にわたる絆』ミネルヴァ書房

数井みゆき・遠藤利彦（2007）『アタッチメントと臨床領域』ミネルヴァ書房

北島歩美（2019）「思春期・青年期の子どもを育てる時期」日本家族心理学会編『家族心理学ハンドブック』金子書房

北村伸・野村俊明編（2017）『これからの対人援助を考える　くらしの中の心理臨床 5　認知症』福村出版

北村俊則編（2007）『事例で読み解く周産期メンタルヘルスケアの理論——産後うつ病発症のメカニズムの理解のために』医学書院

北山沙和子・石倉健二（2015）「ヤングケアラーについての実態調査——過剰な家庭内役割を担う中学生」『兵庫教育大学学校教育学研究』27，25-29.

キティ，E. F.／岡野八代・牟田和恵編著訳（2011）『ケアの倫理からはじめる正義論——支えあう平等』白澤社（発売；現代書館）

Kitwood, T.（1997）*Dementia Reconsidered: The person first.* Open University Press.（高橋誠一訳〔2017（復刊，旧版は 2005，筒井書房）〕『認知症のパーソンセンタードケア——新しいケアの文化へ』クリエイツかもがわ）

Kleinman, A.（1988）*The Illness Narratives: Suffering, Healig and Human Condition.* Basic Books.（江口重幸・五木田紳・上野豪志訳〔1996〕『病いの語り——慢性の病いをめぐる臨床人類学』誠信書房）

国立社会保障・人口問題研究所（2015a）「第 5 回全国家族動向調査（2013 年社会保障・人口問題基本調査）現代日本の家族変動」

国立社会保障・人口問題研究所（2015b）「第 15 回出生動向基本調査（結婚と出産に関する全国調査——夫婦調査の結果概要）」

国立社会保障・人口問題研究所（2017）「現代日本の結婚と出産——第 15 回出生動向調査（独身者調査ならびに夫婦調査）報告書」

国立社会保障・人口問題研究所（2019）「日本の世帯数の将来推計」プレスリリース平成 31 年 4 月 19 日

小森康永（1999）『ナラティヴ・セラピーを読む』ヘルスワーク協会

小森康永（2018）「ディグニティセラピー」『日本保健医療行動科学会雑誌』33，68-74.

小森康永・チョチノフ，H. M.（2011）『ディグニティセラピーのすすめ——大切な人に手紙を書こう』金剛出版

近藤邦夫（1994）『教師と子どもの関係づくり——学校の臨床心理学』東京大学出版会

近藤邦夫（1995）『子どもと教師のもつれ——教育相談から』岩波書店

近藤邦夫（2000a）「環境としての学校」近藤邦夫・西林克彦・村瀬嘉代子・三浦香苗編『児童期の課題と支援』新曜社

近藤邦夫（2000b）「子どもの成長・変容をうながす心理教育」近藤邦夫・西村克彦・村瀬嘉代子・三浦香苗編『児童期の課題と支援』新曜社

高知女性の会（2000）『模範嫁を訪ねて——介護保険の現代的意味を考える』こうち女性総合センター「ソーレ」

厚生労働省（1978）『厚生白書』

厚生労働省（1998）『厚生白書』ぎょうせい

厚生労働省（2003）「行動計画策定指針（概要）」

厚生労働省（2014）「平成 25 年版 厚生労働白書」

厚生労働省（2015a）「平成 27 年 人口動態統計月報年計（概数）の概況」

厚生労働省（2015b）「児童養護施設入所児童等調査結果の概要」

厚生労働省（2016）「平成 28 年 人口動態統計」

厚生労働省（2017a）「第 22 回 生命表（完全生命表）の概況」

厚生労働省（2017b）「平成 28 年 簡易生命表の概況」

厚生労働省（2017c）「平成 28 年 国民生活基礎調査の概況」

厚生労働省（2017d）「平成 28 年度 福祉行政報告例の概況」

厚生労働省（2018a）「平成 29 年 国民生活基礎調査の概況」

厚生労働省（2018b）「平成 29 年 雇用動向調査結果の概況」

厚生労働省（2018c）「平成 29 年度 福祉行政報告例の概況」

厚生労働省（2018d）「平成 29 年度 児童相談所での児童虐待相談対応件数〈速報値〉」

厚生労働省（2018e）「平成 30 年 人口動態統計月報年計（概数)」

厚生労働省（2018f）「平成 30 年版 自殺対策白書」

厚生労働省（2018g）「新規学卒者の離職状況」

厚生労働省（2018h）「診療報酬と介護報酬の同時改定に向けて」

厚生労働省（2019a）「第 1 回公認心理師試験について」

厚生労働省（2019b）「平成 29 年 雇用動向調査結果の概況」

厚生労働省（2019c）「平成 30 年中における自殺の状況」

厚生労働省大臣官房統計情報部（2007）「児童相談所における相談の種類別対応件数」「平成 18 年度 社会福祉行政報告」

厚生労働省「児童福祉法等の一部を改正する法律（平成 28 年 法律第 63 号）の概要」

厚生労働省雇用均等・児童家庭局編（2016）「平成 28 年版 働く女性の実情」

厚生労働省老健局（2019）「平成 29 年度『高齢者虐待の防止，高齢者の養護者に対する支援等に関する法律』に基づく対応状況等に関する調査結果」

厚生労働省政策統括官（2018a）「平成 30 年 グラフで見る世帯の状況——国民生活基礎調査平成 28 年の結果から」

厚生労働省政策統括官（2018b）「平成 30 年 我が国の人口動態——平成 28 年までの動向」

厚生労働省在宅医療推進室（2012）「在宅医療の最近の動向」

Kübler-Ross, E.（1969）*On Death and Dying*. Routledge.（鈴木晶訳〔1998〕『死ぬ瞬間——死とその過程について』読売新聞社）

久保桂子（2017）「共働き夫婦の家事・育児分担の実態」『日本労働研究雑誌』689, 17-27.

Kuehn, E.（2001）*Divorce: Finding a Place*. Lifematters.（汐見稔幸・田中千穂子監修／上田勢子訳〔2004〕『親の離婚』大月書店）

国谷誠朗（1985）「家族カウンセリング開始期における抵抗ならびにその対応策について」日本家族心理学会編『家族カウンセリングの実際』金子書房

倉石哲也（2006）「虐待と家族」家族相談士養成講座講演より

黒川由紀子（2005）『回想法——高齢者の心理療法』誠信書房

黒川由紀子（2014）『認知症と回想法』金剛出版

黒澤礼子・田上不二夫（2005）「母親の虐待的育児態度に影響する要因の検討」『カウンセリング研究』38, 89-97.

Lerner, H.（1998）*The Mother Dance: How Children Change Your Life*. Harper Collins.（高石恭子訳〔2001〕『女性が母親になるとき——あなたの人生を子どもがどう変えるか』誠信書房）

Lerner, H.（1990）*The Dance of Intimacy: A Woman's Guide to Courageous Acts of Change in Key Relationships*. Harper & Row.（中釜洋子訳〔1994〕『親密さのダンス——身近な人間関係を変える』誠信書房）

Levant, R. F.（1998）Desperately seeking language: Understanding, assessing, and treating normative male alexithymia. In Pollack, W. S. & Levant, R.F.（Eds.）*New Psychotherapy for Men*. John Wiley & Sons.

Levy, T. M. & Orlans, M.（1998）*Attachment, Trauma, and Healing: Understanding and Treating Attachment Disorder in Children and Families*. CWLA Press.（藤岡孝志・ATH研究会訳〔2005〕『愛着障害と修復的愛着療法——児童虐待への対応』ミネルヴァ書房）

牧野カツコ・中西雪夫（1985）「乳幼児を持つ母親の育児不安——父親の生活および意識との関連」『家庭教育研究所紀要』6, 11-24.

牧野暢男・中原由里子（1990）「子育てにともなう親の意識の形成と変容」『家庭教育研究所紀要』12, 11-19.

Malinen, T., Cooper, S. J., & Thomas, F. N.（Eds.）（2012）*Masters of Narrative and Collaborative Therapies: The Voices of Andersen, Anderson, and White*. Rootledge.（小森康永・奥野光・矢原隆行訳〔2015〕『会話・協働・ナラティヴ——アンデルセン・アンダーソン・ホワイトのワークショップ』金剛出版）

Marc, D. & Feldman, M. D.（1998）*Parenthood Betrayed: The Dilemma of Munchausen Syndrome by Proxy*. Self Help Magazine.

Marcia, L. E.（1966）Development and validation of ego-identity status. *Jourvnal of Personality and Social Psychology*, 3, 551-558.

政木みき（2013）「"楽しい"学校，ネットでつながる友だち——『中学生・高校生の生活と意識調査 2012』から①」『放送研究と調査』2013 年 1 月号，26-50.

松島紀子（2003）「子どもが生まれても不妊——『不妊の経験』の語り」桜井厚編『ライフストーリーとジェンダー』せりか書房

McDaniel, S. H., Doherty, W. J. & Hepworth, J.（2013）*Medical Family Therapy and Integrated Care*. 2nd ed. American Psychological Association.（渡辺俊之監訳〔2016〕『メディカルファミリーセラピー——患者・家族・医療チームをつなぐ統合的ケア』金剛出版）

McDaniel, S. H., Hepworth, J. & Doherty, W. J.（1992）*Medical Family Therapy: A Biopsychosocial Approach to Families with Health Problems*. Basic Books.

McDaniel, S. H., Campbell, T. L., Hepworth, J. & Lorenz, A.（2004）*Family-Oriented Primary Care*, 2nd ed. Springer.（松下明訳〔2006〕『家族志向のプライマリ・ケア』シュプリンガー・フェアラーク東京）

McGoldrick, M.（2016）Becoming a couple：The joining of families. In McGoldrick, M., Preto, N.G. & Carter, B.（Eds.）*The Expanding Family Life Cycle: Individual, Family and Social Perspectives*, 5th ed. Pearson. 259-279.

McGoldrick, M. & Carter, B.（2016）The remarriage cycle：Divorced, multi-nuclear and recoupled families. In McGoldrick, M., Preto, N.G. & Carter, B（Eds.）*The Expanding Family Life Cycle: The Individual, Family, and Social Perspectives*, 5th ed. Pearson. 408-429.

McGoldrick, M., Carter, B. & GarciaPreto, N.（2011）*The Expanded Family Life Cycle: Individual, Family, and Social Perspectives*, 4th ed. Allyn and Beacon.

McGoldrick, M., Garcia Preto, N. & Carter, B.（2015）*The Expanding Family Life Cycle: Individual, Family, and Social Perspectives*, 5th ed. Pearson.

McGoldrick, M., Garcia Preto, N. & Carter, B.（2016）*The Expanding Family Life Cycle The Individual, Family, and Social Perspectives*, 5th Edition. Pearson.

McGoldrick, M., Gerson, R. & Petry, S.（2008）*Genograms : Assessment and Intervention*, 3rd ed. W.W. Norton.

McGoldrick, M., Gerson, R. & Shellenberger, S.（1999）*Genograms: Assessment and*

Intervention, 2nd ed. W. W. Norton.

McHall, J. P. & Lindahl, K. M.（2011）*Copearenting: A conceptual and Clinical Examination of Family System*. American Psychological Association.

目黒依子・矢澤澄子編（2000）『少子化時代のジェンダーと母親意識』新曜社

Middelberg, C. V.（2001）Projective identification in common couple dances. *Journal of Marital and Family Therapy*, 27, 341-352.

Miller, J. G.（1978）*Living Systems*. McGraw-Hill.

Minuchin, S.（1974）*Families & Family Therapy*. Harvard University Press.（山根常男監訳〔1984〕『家族と家族療法』誠信書房）

三谷聖也（2016）「発達障害とライフデザイン支援」『保健医療分野に生かす個と家族を支える心理臨床』金子書房

三谷聖也（2019）「ソリューション・ナラティブ」野島一彦・岡村達也監修／布柴靖枝・坂東充彦編『公認心理師実践ガイダンス3　家族関係・集団・地域社会』木立の文庫

三富紀敬（2008）『イギリスのコミュニティケアと介護者──介護者支援の国際的展開』ミネルヴァ書房

三富紀敬（2011a）「家族政策に関する日本の研究動向と介護者の位置」『静岡大学経済研究』16，27-59.

三富紀敬（2011b）「介護の社会化論と介護の歴史認識再考」『立命館経済學』59, 986-996.

光元和憲（2000）「性と身体から父性を考える」『アディクションと家族』17，161-167.

宮前理編（2005）『教育のカウンセリング』八千代出版

宮前理編／佐藤静・布柴靖枝（2005）『教育のカウンセリング』八千代出版

宮坂道夫（2011）『医療倫理学の方法──原則・手順・ナラティヴ』［第2版］医学書院

宮田登（2007）『子ども・老人と性』吉川弘文館

文部科学省（2014）情動の科学的解明と教育等への応用に関する調査研究協力者会議審議のまとめ

文部科学省（2018）「平成29年度　児童生徒の問題行動・不登校等生徒指導上の諸課題に関する調査の結果について」

文部科学省（2019）「平成30年度　学校保健統計調査」

森永康子（2017）「女性は数学が苦手──ステレオタイプの影響について考える」『心理学評論』60，49-61.

森岡清美・望月嵩（1983）『新しい家族社会学』培風館

牟田和恵（1997）「家族──さまざまなかたちと文化」石川実編『現代家族の社会学──脱制度化時代のファミリー・スタディーズ』有斐閣

無藤清子（1979）「『自我同一性地位面接』の検討と大学生の自我同一性」『教育心理学研究』27，178-187.

無藤清子（2012）「高齢者の家族介護者への支援──介護者カウンセリングと地域による

　　支援システム」『家族心理学年報』30，106-120.

無藤清子（2015）「ナラティヴ・プラクティスと PCA──マイケル・ホワイトとカール・ロジャーズの比較と対照」村瀬孝雄・村瀬嘉代子編著『全訂 ロジャーズ──クライエント中心療法の現在』日本評論社

無藤清子（2019）「在宅医療における支援としてのディグニティセラピー──訪問看護ステーションにおける臨床心理士の実践から」日本家族心理学会編『保健医療分野に生かす個と家族を支える心理臨床』金子書房

永田雅子（2012）「発達障害の長早期支援──低出生体重児とそのリスク」『そだちの科学』18，32-36.

内閣府（2015）「平成 27 年版 子供・若者白書」

内閣府（2016）「平成 28 年版 高齢社会白書」

内閣府（2018a）「平成 30 年版 子供・若者白書 概要版」

内閣府（2018b）「平成 30 年版 高齢社会白書」

内閣府男女共同参画局（2016）「男女共同参画白書 平成 28 年版」

内閣府男女共同参画局（2017）「平成 28 年 社会生活基本調査」

内閣府男女共同参画局（2018a）「男女間における暴力に関する調査」

内閣府男女共同参画局（2018b）「男女共同参画白書 平成 30 年版」

内閣府国民生活局（2005）『平成 17 年度 国民生活白書』

中釜洋子（2000a）「家族と友人」近藤邦夫・西村克彦・村瀬嘉代子・三浦香苗編『児童期の課題と支援』新曜社

中釜洋子（2000b）「友人と家族」村瀬嘉代子・三浦香苗・近藤邦夫・西林克彦編『青年期の課題と支援』新曜社

中釜洋子（2001a）『いま家族援助が求められるとき──家族への支援・家族との問題解決』垣内出版

中釜洋子（2001b）「家族の発達」下山晴彦・丹野義彦編『発達臨床心理学』東京大学出版会

中釜洋子（2002）「開発的カウンセリング──学級経営に生かすカウンセリング的手法」一丸藤太郎・菅野信夫編『学校教育相談』ミネルヴァ書房

中釜洋子（2003a）「家族療法」下山晴彦編『よくわかる臨床心理学』ミネルヴァ書房

中釜洋子（2003b）「子どもの心理治療に登場する父親と母親──両者が担う役割の比較」柏木惠子・高橋惠子編『心理学とジェンダー──学習と研究のために』有斐閣

中釜洋子（2005）「中年期夫婦の臨床的問題とその援助」上里二郎監修／岡本祐子編『成人期の危機と心理臨床──壮年期に灯る危険信号とその援助』ゆまに書房

中釜洋子（2006）「家族心理学の立場からみた子どものこころの問題」『小児内科』38，29-33.

中釜洋子（2008）『家族のための心理援助』金剛出版

中川まり（2010）「子育て期における妻の家庭責任意識と夫の育児・家事参加」『家族社

会学研究』22, 201-212.

中村伸一編（2005）「特集 ジェンダー・センシティブ・サイコセラピー」『精神療法』31 (2), 金剛出版

中村正（2001）『ドメスティック・バイオレンスと家族の病理』作品社

中村正（2011）「「加害者治療」の観点から——暴力加害者への臨床論のために」『法と心理』11, 14-20.

中尾達馬（2017）「児童期から成人期のアタッチメント」北川恵・工藤晋平編『アタッチメントに基づく評価と支援』誠信書房

中谷奈美子・本城秀次・村瀬聡美・金子一史（2007）「母親の防衛スタイルと虐待的行為の関係」『心理臨床学研究』24, 675-686.

Napier, A. Y. & Whitaker, C. A.（1978）*The Family Crucible*. Harper & Row.（藤縄昭監修〔1990〕『ブライス家の人々——家族療法の記録』家政教育社）

楢林理一郎（1999）「家族療法の現在」鈴木浩二編／宮本忠雄監修『現代の家族』日本評論社

Neimeyer, R. A.（2001）*Meaning Reconstruction and the Experience of Loss*. American Psychological Association（富田拓郎・菊池安希子訳〔2007〕『喪失と悲嘆の心理療法——構成主義からみた意味の探究』金剛出版）

Neimeyer, R. A.（2006）*Lessons of Loss: A Guide to Coping*. Center for the Study of Loss and Transition.（鈴木剛子訳〔2006〕『「大切なもの」を失ったあなたに——喪失をのりこえるガイド』春秋社）

NICHD Early Child Care Research Network（Ed.）（2005）*Child Care and Child Development: Results from the NICHD Study of Early Child Care and Youth Development*. Guilford Press.

仁平義明（2002）『ほんとうのお父さんになるための 15 章——父と子の発達心理学』ブレーン出版

日本看護倫理学会 臨床倫理ガイドライン検討委員会（2015）「身体拘束予防ガイドライン」

日本家族研究・家族療法学会第 27 回大会運営委員会（2010）『説き明かし・私の家族面接——初回面接の実際』〔DVD〕

日本家族心理学会編（2000）『ジェンダーの病——気づかれぬ家族病理』金子書房

日本家族心理学会編（2017）『個と家族を支える心理臨床実践 III——支援者支援の理解と実践』金子書房

日本家族心理学会編（2019）『保健・医療分野に生かす個と家族を支える心理臨床』金子書房

日本臨床心理士会（2016）「第 7 回「臨床心理士の動向調査」」報告書

日本精神神経学会監修／高橋三郎・大野裕監訳／染矢俊之・神庭重信・尾崎紀夫・三村將・村井俊哉訳（2014）『DSM-5 精神疾患の診断・統計マニュアル』医学書院

日本総合愛育研究所編（2008）『日本子ども資料年鑑』KTC 中央出版

西平直喜（1990）『成人になること──生育史心理学から』東京大学出版会

野沢慎司編／緒倉珠巳・野沢慎司・菊地真理（2018）『ステップファミリーのきほんをまなぶ──離婚・再婚と子どもたち』金剛出版

野末武義（2002）「子育て問題への家族療法的アプローチ──どう理解し，援助し，予防するか」日本家族心理学会編『子育て臨床の理論と実際』金子書房

野末武義（2003）「個人療法と家族療法の統合──個人療法の中で家族療法の理論と技法を生かす」『カウンセリング研究』36，6-15.

野末武義（2005）「家族・地域・社会のなかの子ども」無藤隆・福丸由佳編『臨床心理学』北大路書房

野末武義（2006）「文脈療法における事例」亀口憲治編著『心理療法プリマーズ・家族療法』ミネルヴァ書房

野末武義（2007）「カップル・セラピー──個人の心理・夫婦家族システム・ジェンダーの統合的理解」園田雅代・平木典子・下山晴彦編『女性の発達臨床心理学』金剛出版

野末武義（2013）「家族ライフサイクル」日本家族研究・家族療法学会編『家族療法テキストブック』金剛出版

野末武義（2015a）『夫婦・カップルのためのアサーション──自分もパートナーも大切にする自己表現』金子書房

野末武義（2015b）「心理臨床実践にいかに夫婦・家族面接を取り入れるか」日本家族心理学会編『個と家族を支える心理臨床実践Ⅰ──個人療法に生かす家族面接』金子書房

野末武義（2016）「カップル・セラピーのメリットと難しさ──個人療法との比較と夫への関わりを中心に」『家族療法研究』33，84-87.

布柴靖枝（2005）「子どもの心とカウンセリング」宮前理編／佐藤静・布柴靖枝『教育のカウンセリング』八千代出版

布柴靖枝（2006）「キャリアをもつ女性の夫婦関係の変容」日本家族心理学会編『夫婦・カップル関係──「新しい家族のかたち」を考える』金子書房

小笠原祐子（2018）「男性1人働きモデルの揺らぎとその影響」『日本労働研究雑誌』699, 15-26.

尾形和男編（2006）『家族の関わりから考える生涯発達心理学』北大路書房

大日向雅美（1992）『母性は女の勲章ですか？』産経新聞社

大日向雅美（1999）『子育てと出会うとき』日本放送出版協会

岡田努（2007）「大学生における友人関係の類型と，適応及び自己の諸側面の発達の関連について」『パーソナリティ研究』15，135-148.

岡堂哲雄（1991）「結婚適性の心理」岡堂哲雄編『マリッジ・カウンセリング──心豊かな結婚生活のために，婚前・婚後に読む情報』至文堂

岡堂哲雄編（1992）『家族心理学入門』培風館

岡本祐子（1985）「中年期の自我同一性に関する研究」『教育心理学研究』33，295-306.

岡本祐子（1997）『中年からのアイデンティティ発達の心理学——成人期・老年期の心の発達と共に生きることの意味』ナカニシヤ出版

岡本祐子編（2002）『アイデンティティ生涯発達論の射程』ミネルヴァ書房

Olson, D. H.（2000）*PREPARE / ENRICH Counselor's Manual: Version 2000*. Life Innovations, Inc.

小野寺敦子・柏木惠子（1997）「親意識の形成過程に関する縦断研究」『発達研究』12，59-78.

大町知久（2019）「大学での学生相談における家族支援」日本家族心理学会編『家族心理学ハンドブック』金子書房

大野祥子（2016）『「家族する」男性たち——おとなの発達とジェンダー規範からの脱却』東京大学出版会

長田雅喜編（1987）『家族関係の社会心理学』福村出版

Pagelow, M. D.（1984）*Family Violence*. Praeger.

Parrott, L. & Parrott, L.（2006）*Saving Your Marriage before It Starts: Seven Questions to Ask Before -and After- You Marry*. Zondervan.

パァイファー，S. I.・レディ，L. A.／安東末廣監訳（2005）『幼児期〜青年期までのメンタルヘルスの早期介入——発達に応じた8つの効果的なプログラム』北大路書房

Pence, E. & Paymar, M.（1993）*Education Groups for Men Who Batter: The Duluth Model*. Springer.（波田あい子監訳／堀田碧・寺澤恵美子訳〔2004〕『暴力男性の教育プログラム——ドゥルース・モデル』誠信書房）

Piaget, J.（1952）*La Psychologie deL'intelligence*, 3rd ed. Armand Colin.（波多野完治・滝沢武久訳〔1989〕『知能の心理学』改訂，みすず書房）

Pines, A. M.（1996）*Couple Burnout: Causes and Cures*. Routledge.（高橋丈司・岩田昌子訳〔2004〕『恋愛と結婚の燃えつきの心理——カップルバーンアウトの原因と治療』北大路書房）

Polanin, J., Espelage, D. L. & Pigott, T. D.（2012）. A meta-analysis of school-based bullying prevention programs' effects on bystander intervention behavior and empathy attitude. *School Psychology Review*, 41, 47-65.

Preto, N. G. & Blacker, L.（2016）Families at midlife：Launching children and moving on. In McGoldrick, M., Preto, N.G. & Carter, B.（Eds.）*The Expanding Family Life Cycle The Individual, Family, and Social Perspectives*, 5th ed. Pearson.

労働政策研究・研修機構（2015）「労働政策研究報告書 No.170 仕事と介護の両立」

Sager, C. J.（1994）*Marriage Contracts and Couple Therapy: Hidden Forces Intimate Relationship*. Jason Aronson.

齋藤憲司監修／伊藤直樹編（2006）『教師をめざす人のための青年心理学』学陽書房

斎藤清二・西村優紀美・吉永崇史（2010）『発達障害大学生支援への調整──ナラティブ・アプローチとナレッジ・マネジメント』金剛出版

Satir, V.（1964）*Conjoint Family Therapy: A Guide to Theory and Technique*. Science and Behavior Books.（鈴木浩二訳〔1970〕『合同家族療法』岩崎学術出版社）

佐藤悦子（1999）『夫婦療法──二者関係の心理と病理』金剛出版

佐藤浩一（2018）「学校における効果的いじめ防止要素の考察──包括的いじめ防止プログラムの開発に向けて」『子育て研究』6, 9-20.

佐藤淑子（2015）「ワーク・ライフ・バランスと乳幼児を持つ父母の育児行動と育児感情──日本とオランダの比較」『教育心理学研究』63, 345-358.

澤田忠幸（2018）「育児期父親の幸福感・育児関与と生活スタイル・妻からの役割期待との関連」『心理学研究』89, 611-617.

Schaffer, H. R.（1990）*Making Decisions about Children: Psychological Questions and Answers*. Blackwell.（無藤隆・佐藤恵理子訳〔2001〕『子どもの養育に心理学がいえること──発達と家族環境』新曜社）

Schopler, E., Mesibov, G. B. & Hearsey, K.（1995）Structured teaching in the TEACCH system. In Schopler, E. & Mesibov, G. B.（Eds.）*Current Issues in Autism Learning and Cognition in Autism*. Plenum Press.

石暁玲（2015）「ジェンダー観からみた育児期の働く母親の家庭・仕事役割間のスピルオーバーおよびディストレス──就労形態による比較」『家族心理学研究』29, 99-113.

Sherman, R. & Fredman, N.（1986）*Handbook of Structured Techniques in Marriage and Family Therapy*. Brunner/Mazel.（岡堂哲雄・国谷誠明・平木典子訳〔1990〕『家族療法技法ハンドブック』星和書店）

柴山真琴（2007）「共働き夫婦における子どもの送迎分担過程の質的研究」『発達心理学研究』18, 120-131.

澁谷智子（2018）『ヤングケアラー──介護を担う子ども・若者の現実』中公新書

清水將之（2006）『災害の心理──隣に待ち構えている災害とあなたはどう付き合うか』創元社

下山晴彦編（1998）『教育心理学 II──発達と臨床援助の心理学』東京大学出版会

下山晴彦・丹野義彦編（2001）『臨床心理学とは何か』東京大学出版会

汐見稔幸（2003a）『おーい父親 Part I ──子育て篇』大月書店

汐見稔幸（2003b）『おーい父親 Part II ──夫婦篇』大月書店

汐見稔幸・長坂典子・山崎喜比古（1994）『父子手帖 Part I お父さんになるあなたへ』大月書店

汐見稔幸・田中千穂子・土谷みち子（1999）『父子手帖 Part II 乳幼児──お父さんになったあなたへ』大月書店

Slaughter, A. M.（2015）*Unfinished Business*. Oneworld Publications.（関美和訳／篠田真

貴子解説〔2017〕『仕事と家庭は両立できない？──「女性が輝く社会」のウソとホント』NTT出版）

総務省統計局（2016）「社会生活基本調査」

総務省統計局（2017）「親と同居の未婚者の最近の状況（2016年）」

Stahmann, R. F. & Hiebert, W. J.（1997）*Premarital & Remarital Counseling: The Professional's Handbook.* Jossey-Bass.

Stewart, D. E., MacMillan, H. & Wathen, N.（2013）Intimate partner violence. *Canadian Journal of Psychiatry*, 58, Insert 1‑15, Encart 11‑17.

菅原ますみ（2003）「母親の就労は子どもの問題行動をうむか──3歳児神話の検証」柏木惠子・高橋惠子編『心理学とジェンダー──学習と研究のために』有斐閣

菅原ますみ・詫摩紀子（1997）「夫婦間の親密性の評価──自記入式夫婦関係尺度について」『精神科診断学』8, 155-166.

杉有希・香取洋子（2017）「第1子出生前後における夫婦関係の変化の実態とその影響要因の検討──妊娠後期から産褥期に焦点をあてて」『母性衛生』58, 296-305.

杉山登志郎（2011）『発達障害のいま』講談社現代新書

Sullivan, H. S.（1953）*The Interpersonal Theory of Psychiatry.* Norton.（中井久夫・宮崎隆吉・高木敬三・鑪幹八郎共訳〔2002〕『精神医学は対人関係論である』みすず書房）

鈴木淳子・柏木惠子（2006）『ジェンダーの心理学──心と行動への新しい視座』培風館

鈴木伸子（2005）「文化と子どものロールシャッハ法」小川俊樹・松本真理子編『子どものロールシャッハ法』金子書房

鈴木伸子・松本真理子・白井博美・中林睦美・上田千鶴・髙橋（村松）朋子（2003）「ロールシャッハ法からみた現代の子ども──1950年代の子どもの比較」『心理臨床学研究』21, 441-449.

Sweet, H.B.（2012）*Gender in the Therapy Hour: Voices of Female Clinicians Working with Men.* Routledge.

Taffel, R.（1994）*Why Parents Disagree: How Women and Men Parent Differently and How We Can Work Together.* William Morrow & Company.

高木静（2015）「産後2〜3か月の母親の精神的健康とパートナーのソーシャルサポートとの関連──夫婦の相互評価の一致・不一致に焦点をあてて」『小児保健研究』74, 121-129.

高橋惠子（2019）『子育ての知恵──幼児のための心理学』岩波新書

高橋由紀・玉腰浩司（2011）「多変量解析による産後1ヵ月までの母親の児への愛着に関連する要因分析」『母性衛生』52, 101-110.

高橋祥友（2006）『自殺予防』岩波新書

竹原健二（2014）「わが国の男性における産後のうつの有病割合と，その予防要因の解明に関する縦断研究」科学研究費助成事業研究成果報告書

滝川一廣（2004）『新しい思春期像と精神療法』金剛出版

田中慶子（2012）「『出会い』とその後の妻の夫婦関係満足度の推移」『家計経済研究』96, 58-67.

立松容子・三谷聖也（2016）「高1クライシスの予防と大学との連携 発達障害のライフデザイン支援〔事例篇〕」『平成27年度 文部科学省発達障害に関する教職員育成プログラム開発事業成果報告書』161-166.

十島真理・十島雍蔵（2008）『発達障害の心理臨床――基礎知識と家族システム療法』ナカニシヤ出版

東京都福祉保険局（2001）「児童虐待の実態――東京の児童相談所の事例にみる（通称：児童虐待白書）」平成13年版

東京都健康長寿医療センター研究所（2017）「認知症と共に生きる高齢者の人口」

津止正敏・西田朗子（2015）「ケアが拓くコミュニティ――『ケアメンサミットJAPAN』の実践から」『インクルーシブ社会研究』6, 75-126.

津止正敏・斎藤真緒（2007）『男性介護者白書――家族介護者支援への提言』かもがわ出版

上西創（2016）「社会人になるためのライフデザイン 発達障害のライフデザイン支援〔事例篇〕」『平成27年度 文部科学省発達障害に関する教職員育成プログラム開発事業成果報告書』91-103.

上野千鶴子（1991）「ファミリ・アイデンティティのゆくえ」上野千鶴子ら編『家族の社会史』岩波書店

上野千鶴子（1994）『近代家族の成立と終焉』岩波書店

宇都宮博（2004）『高齢期の夫婦関係に関する発達心理学的研究』風間書房

宇都宮博（2014）「高齢期の夫婦関係と幸福感」柏木惠子・平木典子編『日本の夫婦――パートナーとやっていく幸せと葛藤』金子書房

宇都宮博・神谷哲司編（2016）『夫と妻の生涯発達心理学――関係性の危機と成熟』福村出版

Visher, E. B. & Visher, J. S.（1982）*How to Win As a StepFamily*. Dembner Books.（春名ひろこ監修／高橋朋子訳〔2001〕『ステップファミリー――幸せな再婚家族になるために』WAVE出版）

Walker, L. E. A.（1979）*The Battered Woman*. Harper & Row.

Walker, L. E. A.（1984）*The Battered Woman Syndrome*. Springer.

Walker, L. E. A.（1994）*Abused Women and Survivor Therapy: A Practical Guide for the Psychotherapist*. American Psychological Association.

Walsh, F.（2016）*Strengthening Family Resilience*. 3rd ed. Guilford Press.

渡辺俊之（2005）『介護者と家族の心のケア――介護家族カウンセリングの理論と実践化』金剛出版

渡辺俊之（2019）「認知症になった祖父母と孫の関係」『家族療法研究』36, 157-163.

渡辺俊之・小森康永（2014）『バイオサイコソーシャルアプローチ――生物・心理・社会

的医療とは何か？』金剛出版

渡辺洋子（2016）「男女の家事時間の差はなぜ大きいままなのか――2015 年 国民生活時間調査の結果から」『放送研究と調査』66，50-63.

Watzlawick, P., Bavelas, J. B. & Jackson, D. (1967) *Pragmatics of Human Communication: A Study of Interactional Patterns, Pathologies, and Paradoxes*. Norton.

Weeks, G. R. & Treat, S. R. (2014) *Couples in Treatment: Techniques and Approaches for Effective Practice*, 3rd ed. Routledge.

Werner, E. E. & Smith, R. S. (1992) *Journeys from Childhood to Midlife: Risk, Resilience, and Recovery*. Cornell University Press.

Wexler, D.B. (2006) *Is He Depressed or What?: What to Do When the Man You Love Is Irritable, Moody, and Withdrawn*. New Harbinger Publications.（山藤奈穂子監訳／山藤奈穂子・荒井まゆみ訳〔2010〕『オトコのうつ――イライラし，キレやすく，黙り込む男性のうつを支える女性のためのガイド』星和書店）

White, M.（1997）*Narratives of Therapists' Lives*. Dulwich Centre Publications.（小森康永監訳〔2004〕『セラピストの人生という物語』金子書房）

White, M.（2007）*Maps of Narrative Practice*. W. W. Norton.（小森康永・奥野光訳〔2009〕『ナラティヴ実践地図』金剛出版）

Winnicott, D. W.（1965）*The Maturational Processes and the Facilitating Environment: Studies in the theory of Emotional Development*. Hogarth Press.（牛島定信訳〔1977〕『情緒発達の精神分析理論――自我の芽生えと母なるもの』岩崎学術出版社）

Wolin, S. J. & Wolin, S. W.（1993）*The Resilient Self: How Survivors of Troubled Families Rise above Adversity*. Villard Books.（奥野光・小森康永訳〔2002〕『サバイバーと心の回復力――逆境を乗り越えるための 7 つのリジリアンス』金剛出版）

Worden, M. & Worden, B. D.（1998）*The Gender Dance in Couples Therapy*. Brooks/Cole.

藪垣将・渡辺美穂・田川薫（2015）「中年期における夫婦関係満足度および諸変数の関連――多母集団同時分析による JGSS-2006 の検討」『家族心理学研究』29，51-63.

山崎晃資（1993）『臨床児童青年精神医学入門』安田生命社会事業団

湯原悦子（2014）「家族介護者支援の理論的根拠」『日本福祉大学社会福祉論集』130，1-14.

遊佐安一郎（1984）『家族療法入門――システムズ・アプローチの理論と実際』星和書店

事 項 索 引

人名索引

家族心理学〔第2版〕
——家族システムの発達と臨床的援助
Family Psychology, 2nd ed.

〈有斐閣ブックス〉

2008 年 12 月 5 日　初　版第 1 刷発行
2019 年 12 月 20 日　第 2 版第 1 刷発行
2024 年 11 月 20 日　第 2 版第 10 刷発行

| 編　者 | 中野布無 | 釜末柴藤 | 洋武靖清 | 子義枝子 |

発 行 者　　江　草　貞　治

発 行 所　　株式会社　有　斐　閣

郵便番号　101-0051
東京都千代田区神田神保町 2 -17
https://www.yuhikaku.co.jp/

印　刷　株式会社　暁　印　刷
製　本　大口製本印刷株式会社